W0283096

Übersicht

Christian Heugl
Wolfgang Tonis

Die schönsten Familienwanderungen in Salzburg

91 abwechslungsreiche Ausflüge

löwenzahn

Vorwort

Berge bringen neue Perspektiven. Aber nicht nur wenn man auf einem Gipfel sitzt und die Spielzeuglandschaft darunter betrachtet. Die Vogelperspektive schafft zwar interessante Ansichten, für die Kinder beginnt das Puzzlespiel aus Eindrücken aber bereits viel früher. Schon der Weg auf den Gipfel liegt voller Abenteuer und überraschender Wendungen, die viel Zeit und Anteilnahme brauchen. Diese gemeinsame Zeit draußen in der Natur ist eine lohnende Investition, sich mit Kindern auf den Weg machen ist immer ein Gewinn, ist eine Reise ins Glück. Egal ob die Wanderung nun auf die Berge, zu ebener Erde oder ganz einfach durch das tägliche Leben führt.
Kinder lassen sich gerne führen, noch lieber aber ver-führen. Die Vorschläge auf den folgenden Seiten sollen Anregungen zum Ver-führen in unserer und mit unserer abenteuerlich schönen Bergwelt sein. Urtümliche Baumriesen, versteckte Bergseen oder geheimnisvolle Grotten bringen nicht nur Kinderaugen zum Leuchten.
Garantie gibt es keine, aber vielleicht entsteht auf den gemeinsamen Expeditionen ja jenes Gefühl der Zufriedenheit, von dem alle profitieren: die Natur durch Wertschätzung und natürlich wir selbst, weil wir an ein Ziel kommen, selbst wenn es einmal nicht der geplante Gipfel ist. Kann schon sein, dass die Begeisterung über gemeinsame Bergerlebnisse zwischendurch wieder einmal verflacht, aber die Chance, dass hier ein Kern mit Nachhaltigkeitseffekt entsteht, ist groß. Wie auch immer, genießen wir jetzt im Hier und Heute bergeweise diese herrlich unbeschwerte Zeit mit den Kindern!

Viel Spaß dabei wünschen Christian Heugl und Wolfgang Tonis

Nützliche Hinweise

Was die Berge betrifft, wird es den Familien in Salzburg leicht gemacht. In diesem Wanderparadies gibt es wirklich für jeden Anlass und für jede Altersstufe das passende Angebot. Die geologischen Verhältnisse schaffen einen spannenden Bogen, der von der sanft hügeligen Flyschzone im Alpenvorland, über die Berge der Nördlichen Kalkalpen (u.a. Berchtesgadener Alpen, Chiemgauer Alpen, Loferer- und Leoganger Steinberge, Tennengebirge, Dachsteingebirge und Osterhorngruppe) bis zur südlich anschließenden Grauwackenzone in das Gebiet der mächtigen Hohen Tauern bzw. der östlich angrenzenden Niederen Tauern reicht. Die Einteilung der Touren in diesem Buch orientiert sich an den fünf Salzburger Gauen, zusätzlich werden aber noch die Begriffe „Salzburg-Stadt und Umgebung“, sowie „Salzkammergut“ verwendet.

So wie die Auswahl der Wanderziele von den kinderleichten Hügeln im Alpenvorland bis in die Vorhöfe der höchsten Berge Österreichs reicht, erstreckt sich auch das Altersprofil von den einigermaßen gehfesten Zweijährigen bis in das Jugendlichenalter. Wobei der Hinweis auf die richtige Altersstufe nur ein ungefährer ist, denn zu groß sind da die individuellen Unterschiede. Als Orientierung diente der Alpenvereinsrichtwert, wobei die Tour im Kindergartenalter maximal drei bis vier Stunden dauern soll, während Schulkinder bereits zu kleineren Tagestouren in der Lage sind. Aber nicht vergessen, das wohl wichtigste Kriterium beim Wandern mit Kindern ist der Spaß.

Dementsprechend schwierig ist auch die Zeitangabe, die der großzügig bemessenen Normalgehzeit für Erwachsene entspricht. Also in der Stunde 350 bis 400 Höhenmeter und etwa drei bis vier Kilometer Streckenlänge. Sind Sie mit kleineren Kindern unterwegs, bitte den eineinhalbfachen Wert zugrunde legen. Wenn nicht anders vermerkt, beziehen sich die Angaben auf die gesamte Strecke, also Auf- und Abstieg.

Die abgebildeten Karten sind Ausschnitte der ÖK (Österreichische Karte) des BEV (Bundesamt für Eich- und Vermessungswesen) im Maßstab 1:50.000. Die Blattangabe bezieht sich auf das neue, weltweit standardisierte UTM-System (Universale Transversale Mercator System), das die bisher verwendete Gauß-Krüger-Projektion ablöst. In Klammer sind die Kartenangaben nach diesem alten System aber noch vermerkt.

Einige nützliche Internet-Adressen, die Verkehrsmittel betreffen: www.oebb.at, www.postbus.at, www.taelerbus.at, www.mobilito.at, www.stadtbus.at, www.nationalpark.at/Nationalparktaxis.431.0.html
Hütteninformationen im Internet: www.alpenverein.at, www.alpenvereinshuetten.at, www.oenj.at, www.salzburg.naturfreunde.at
Wetterinformationen im Internet: www.zamg.ac.at/wetter/prognose/salzburg/, www.wetter.orf.at/sbg

Zu den Icons

Der Hinweis auf die Tauglichkeit für Mountainbuggys erfolgt auch dann, wenn nur Teile der Tour für Buggys geeignet sind.

Die meisten der Touren sind mit öffentlichen Verkehrsmitteln erreichbar. Genauere Details zu den Bussen oder Zügen stehen im Infoteil.

Zum größten Teil sind die beschriebenen Touren als Rundwanderung angelegt.

Weil es bei den Kindern sehr gut ankommt, trifft man bei sehr vielen Touren auf irgendeine Art der Bademöglichkeit.

Einige Tipps für einen erfolgreichen Familienwandertag

- → Die Kinder stehen im Mittelpunkt. Kinder sind keine „kleinen Erwachsenen“! Spielend einfach geht's mit gleichaltrigen Freunden oder Geschwistern.
- → Monotone Strecken vermeiden. Am Bergbach entlang läuft es sich wie von alleine, auch gegen den Strom. Lange Forststraßen hingegen sind ein Motivationskiller.
- → Klingt nach Binsenweisheit, aber besonders bei den Vorschulkindern trifft es punktgenau zu: Der Weg ist das Ziel. Die „Sensationen“ am Wegesrand sind vielleicht wichtiger als der Gipfel. Später, im Jugendlichenalter, etwa ab 13 Jahren, kann es natürlich schon ein „vorzeigbarer“ Gipfel sein.
- → Das Jausenweckerl im Rucksack ist gut fürs Gemüt und für die Stimmung, der ausreichende Trinkvorrat aber ist lebenswichtig. Kinder dehydrieren schnell und machen unter Umständen zu spät auf Flüssigkeitsmangel aufmerksam.
- → Jungen Hunden und Kindern ist eines gemeinsam: viele, viele zusätzliche (Höhen-)Meter während eines Ausflugs. Beide (Hund und Kind) ermüden sehr schnell, sind aber auch ebenso rasch wieder am Damm. Daher Pausen einlegen, wann immer sie danach verlangen.
- → Der eigene Rucksack ist wichtig, soll aber die richtige Größe haben. Als Faustregel gilt, dass er bei den Drei- bis Fünfjährigen maximal ein Kilogramm, bei den Sechs- bis Achtjährigen drei Kilogramm und bei den Neun- bis Zwölfjährigen nicht mehr als fünf Kilogramm wiegen sollte.
- → Während im Kinderrucksack vielleicht bloß der Lieblingshase sitzt, muss im Rucksack der Großen Platz für Getränke (und Proviant), Erste-Hilfe-Packerl, Wanderkarte, leichte Stirnlampe und Schlechtwetterausrüstung (Handschuhe, Haube ...) sein.
- → Eine gute Ausrüstung macht sich bezahlt. Manchmal reichen ja solide Sportschuhe, Bergschuhe bieten aber den besseren Halt.
- → Das Alpine Notsignal sollte nur dann zur Anwendung kommen, wenn es unbedingt nötig ist. Es basiert auf einem Signal beliebiger Art, das sechsmal in der Minute wiederholt wird. Dann folgt eine Pause von einer Minute, bevor wieder sechs Signale abgesetzt werden. Die Europäische Notrufnummer lautet 112, die Nummer der Österreichischen Bergrettung 140.

Salzburg Stadt
und Umgebung

1 Hellbrunn

Kalte Schnauze, g'sunder Hund. Hellbrunn zum Angreifen.

Hellbrunn ist wirklich ein Fest für alle Sinne. Eine abwechslungsreiche Schnuppertour durch die verspielte Wunderwelt des Salzburger Barock.

Alter: ab drei Jahren
Voraussetzung: ausreichende Gehlust
Ausrüstung: Turnschuhe
Mountainbuggy: ja
Anfahrt, Ausgangspunkt: über die A 10, Ausfahrt Salzburg Süd Richtung Anif, in die Morzgerstraße nach Hellbrunn
Öffentliche Verkehrsmittel: Bus 25, Bushaltestelle Fürstenweg, Schloss Hellbrunn
Beste Zeit: ganzes Jahr
Wegcharakter: breite Gehwege
Gehzeit: 1:30 Std.
Weglänge: 4,7 km, geringer Höhenunterschied
Einkehrmöglichkeiten: Hellbrunn, Gastronomie in Morzg
Attraktionen: Schlosspark, Spielplatz, Wasserspiele, Steintheater, Tierpark
Informationen: www.stadt-salzburg.at, www.hellbrunn.at
Karte: ÖK 1:50.000 Blatt 3210 (63)

Hellbrunn! Schon der Name ist Programm, hier strömt Wasser in allen erdenklichen Formen. Dazu gehören natürlich auch die einzigartigen Wasserspiele: nicht nur Ausdruck barocker Lebenslust, sondern auch ein technisches Meisterwerk aus dem 17. Jahrhundert. In Richtung großer Parkwiese wurde dann vor einiger Zeit ein kleiner Parcours mit neuen Wasserspielstationen inklusive Kneippbecken errichtet. Natürlich übt auch der phantastische Spielplatz bei den großen Weiden eine unwiderstehliche Anziehungskraft aus. Herrlich ebenso die Wiese: hier wird gepicknickt, gespielt und Platz genug für luftige Drachentänze ist auch noch da. Südländisches Lebensgefühl auf englischem Rasen! Wirklich einzigartig dann wieder das Steintheater, in dem schon vor beinahe 400 Jahren barocke Opern aufgeführt wurden und in dem nun das Kinderlachen die lebendige Hauptrolle spielt.

Der Weg: Von den Parkplätzen geht es über den Fürstenweg an der Schlossmauer entlang ein paar Meter aufwärts zum Zebrastreifen über die Morzgerstraße (Bushaltestelle). Über den Zebrastreifen, dann rechts in die Zufahrt und gleich wieder rechts durch die Obstbaumallee auf den Montforterhof zu. Am prachtvollen Herrensitz über das Feldwegerl rechts vorbei auf den an der Rückseite verlaufenden Weg, nun nach links am sonnigen Morzgerhügel entlang, dann rechts durch den Wald, den Dossenweg queren und

Blick in fremde Gärten: Schloss Emslieb an der Hellbrunner Allee.

vor dem Fußballfeld rechts in die Siedlung Morzg. An der Kirche vorbei die Morzgerstraße queren und kurz dem Bliemhofweg folgen. Links erhebt sich Schloss Emsburg, 1619 im Auftrag Marcus Sittikus angeblich für die von ihm verehrte Frau von Mabon erbaut. Edle Pferde traben auf der Wiese Richtung Hellbrunner Allee und es scheint, als ob sie sich der Exklusivität dieses Ortes recht bewusst wären. Dann geht es nach rechts in die Hellbrunner Allee,

Im Zoo um die Ecke wartet das echte Nashorn.

in der es sogar noch einige Baumriesen aus der Entstehungszeit (1613–1615) gibt. Auch Schloss Emslieb auf der linken Seite wurde in dieser Zeit errichtet. In Auftrag gab es ein Neffe Markus Sittikus, der sich allerdings auf Grund seiner Maßlosigkeit nicht sehr lange in diesem Prachtbau aufhielt. Eine interessante Verbindung zur Moderne schafft der jetzige Benutzer, der bekannte Salzburger Galerist Thaddäus Ropac. Faszinierende Skulpturen verzaubern den Park und das Schloss. Am Ende der Allee öffnet sich aber erst die Wunderwelt von Hellbrunn, wo die barocke Schatzsuche ja erst so richtig beginnen kann. Schön ist es hier zu jeder Jahreszeit und los ist in diesem einzigartigen Park auch immer was. Genauso wie im Tiergarten Hellbrunn, der immer einen Besuch wert ist.

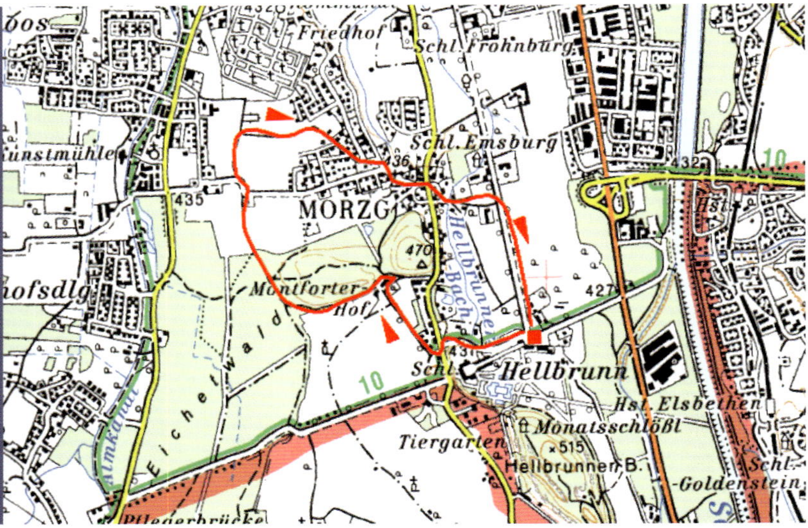

2 Rauchenbichl (Gaisberg)

Der Abstieg über den alten Fagerweg.

Zum Glück für die Stadt-Salzburger gibt es beinahe direkt vor der Haustüre den Gaisberg.
Die herrliche Rundwanderung über den Rauchenbichl kann sogar ab der O-Bushaltestelle Glasenbach beginnen.

Alter: ab vier Jahren
Voraussetzung:
ausreichende Basiskondition
Ausrüstung: Wanderausrüstung
Mountainbuggy: nein
Anfahrt, Ausgangspunkt: von der A 10, Abfahrt Salzburg Süd, über die Alpenstraße und die Hellbrunner Brücke nach Glasenbach.
Im Kreisverkehr (Ausgangspunkt O-Bushaltestelle) rechts und gleich wieder links in die Auffahrt „Oberwinkl, Vorderfager". Nach 2,2 km Parkplatz Vorderfager (links).
Öffentliche Verkehrsmittel: städt. O-Buslinie 7 (Haltestelle Glasenbach)
Beste Zeit: Frühling bis Herbst
Wegcharakter: Wald- und Wiesenwege
Gehzeit: ab Glasenbach 3:30 Std., ab Vorderfager 2 Std.
Höhenunterschied, Weglänge:
ab Glasenbach (O-Bushaltestelle) 500 Hm., 7 km,
ab Vorderfager 300 Hm., 4,4 km
Einkehrmöglichkeiten:
Rauchenbichlhütte (geöffnet Freitag, Samstag und Sonntag),
Gasthof Mitteregg
Attraktionen: Wandern in der Stadt, Rauchenbichlhütte
Informationen: www.gaisberg.org
Karte: ÖK 1:50.000 Blatt 3210 (64)

Den Salzburger Hausberg, den ehrwürdigen Gaisberg, braucht man wohl nicht mehr extra vorzustellen. Und trotzdem hat auch dieses beliebte Wanderziel der Stadt-Salzburger seine weniger bekannten Seiten. Dazu gehört vielleicht auch der südliche Vormugl Rauchenbichl und noch vielmehr die Rauchenbichlhütte. Diese auf den ersten Blick recht einfache Hütte der Salzburger Naturfreunde liegt ziemlich versteckt zwischen dem Gasthof Mitteregg und der Zistelalm. Die vorzügliche Hüttenküche ist, obwohl nur an den Wochenenden geöffnet, allerdings alles andere als einfach. Zu diesem Feinschmeckerziel führen zwei unterschiedliche Genussvarianten: die längere beginnt direkt bei der O-Bushaltestelle in Glasenbach, die andere, halb so lange Runde startet einen Stock höher auf dem Wanderparkplatz Vorderfager.

Der Weg: Von der Bushaltestelle Glasenbach Kreisverkehr geht es quer über die Straße zur Abzweigung der Auffahrt „Vorderfager, Oberwinkl“. Der angeschriebene Weg 10 (oder Weitwanderweg 810) Richtung Rauchenbichl quert in der Folge noch zweimal die Bergstraße. Der schöne Buchenwald ist wohl zu jeder Jahreszeit attraktiv, egal ob im frühlingshaft frischen Grün oder leuchtend gelb im Herbst. Nach einer halben Stunde bei den ersten Häusern wird das Gelände offener, hier

Wie ein verstecktes Hexenhäuschen: der Feinschmeckertreffpunkt Rauchenbichlhütte.

Ein Schauerlebnis hoch über der Stadt Salzburg.

stoßen nun die Wanderer mit dem Ausgangspunkt „Parkplatz Vorderfager“ dazu. Am linken, äußeren Waldrand entlang geht es sehr aussichtsreich mit dem Weg 10 zügig bergan. Nach einer schönen Lichtung führt der Steig noch einmal über eine kurze Steilstufe in den Wald, links zweigt hier der kurze Abstecher auf den nicht wirklich lohnenden Rauchenbichlgipfel (985 m) ab. An jener Stelle, wo der nun flache Waldweg wieder auf eine Lichtung hinausführt, zweigt ein unmarkierter Wiesenpfad nach rechts zur nahen Rauchenbichlhütte (950 m) ab. Der Rückweg folgt der Hauszufahrt, dann wenige Meter nach rechts entlang der Straße zum Gasthof Mitteregg und hier mit der Route 10a „Elsbethen über Oberberg“ abermals nach rechts (S). Großteils über eine breite Wegtrasse geht es an einem verlassenen Bergbauernhof vorbei zurück auf den Parkplatz Vorderfager. Der weitere Abstieg zur O-Bushaltestelle orientiert sich nun 300 Meter an der Gemeindestraße Richtung Elsbethen, zweigt dann aber in Höhe des schönen Fagerhofes (Straßenkilometer 1,8) nach links ab und folgt rechter Hand der alten Fagerwegtrasse. Dieser Abschnitt ist in schneereichen Wintern eine beliebte Rodelbahn, die in der ersten Kurve der Gemeindestraße endet. Entlang dieser 300 Meter zum Kreisverkehr in Glasenbach (O-Bushaltestelle).

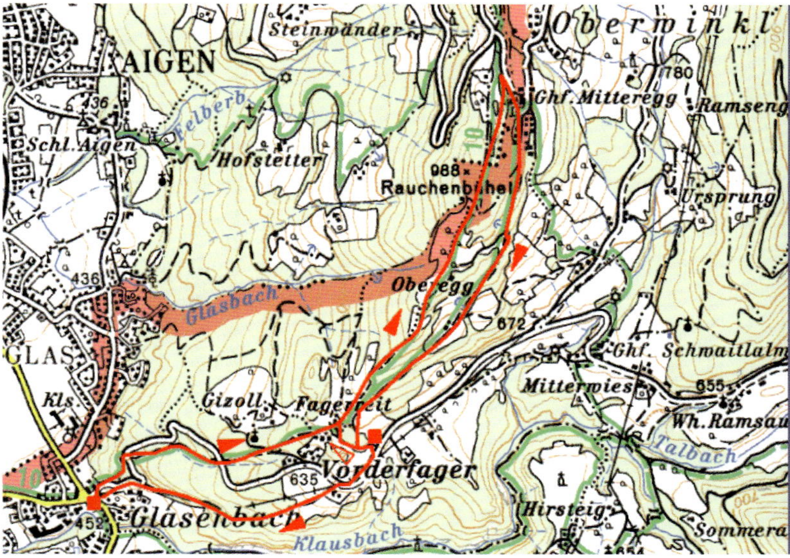

3 Aigner Park

Höhlenforscher im Aigner Park.

Der Zauber von damals ist ein wenig zugewachsen, aber es gibt sie noch, die verschlungenen Wege, Aussichtspunkte und Grotten wie etwa das mystische Hexenloch. Der Aigner Park ist ein Paradies für Romantiker und abenteuerlustige Kinder!

Alter: Aigner Park-Runde ab vier, große Runde ab fünf Jahren
Voraussetzung: Basiskondition
Ausrüstung: Wanderausrüstung, festes Schuhwerk
Mountainbuggy: nein
Anfahrt, Ausgangspunkt: aus dem Zentrum über Rudolfskai und Bürglsteinstraße in die Aignerstraße bis zur Abzweigung Ernst-Grein-Straße. Über die Ziegelstadl-Straße und Revertera-Allee zu Kirche und Schloss und 50 Meter weiter zum kleinen Parkplatz am Beginn der Lotte-Lehmann-Promenade.
Öffentliche Verkehrsmittel: mit Bahn (Bahnhof Aigen) oder Stadtbus 7 in die Aignerstraße (Haltestelle Salzachstraße). Durch die Fußgängerunterführung gegenüber Olivier-Straße, in die Revertera-Allee. Zwischen Kirche und Schloss vorbei zum linken Parkeingang (Baumlehrpfad).
Beste Zeit: Frühling bis Herbst
Wegcharakter: teils steile Wege
Gehzeit: Aigner-Park-Runde 1 Stunde, große Runde 2:30 Std.
Höhenunterschied, Weglänge: Aigner-Park-Runde 100 Hm., 1,8 km, große Runde 350 Hm., 6,8 km
Einkehrmöglichkeiten: Schlosswirt Aigen, Campingplatz Aigen
Attraktionen: Abenteuer-Naturlandschaft mit Höhlen, Bächen und Felsen
Informationen: www.stadt-salzburg.at
Karte: ÖK 1:50.000 Blatt 3210 (63, 64)

Ein Besuch im Aigner Park gehörte für die Reisenden des 19. Jahrhunderts zum Salzburger Pflichtprogramm. Vom einstigen Glanz der teils künstlich angelegten Landschaft im Schwarzenbergschen Privatgarten ist noch genau so viel zu sehen und zu spüren, wie unsere Phantasie benötigt, um ein Stück Geschichte lebendig werden zu lassen.
Da eine alte Inschrift, dort ein verfallenes Gemäuer oder eine verborgene Höhle. Der Aigner Park liegt im Dornröschenschlaf, was manchmal viel besser ist als Wachküssen, denn der Zauber von damals wäre dann vermutlich sauber weggeputzt.

Der Weg: „Aigenartigerweise" ist gerade die schönste, im Folgenden vorgestellte Runde über Mahbach leider recht dürftig markiert. Aber wie gesagt, ein wenig herumirren ist im Aigner Park kein großer Verlust. Wie überhaupt ein Besuch im Aigner Park mit seinem klassischen, etwa einstündigen Rundweg auch schon Tagesprogramm sein kann. Diese „kleine" **Aigner-Park-Runde** führt zunächst mit dem Weg 15 am Felberbach entlang. Noch bevor es steil wird, zweigt ein Stichweg über ein Brückerl zum Hexenloch, einer kleinen, wasserführenden Höhle, ab. Ebenfalls an diesem Bachbett, aber auf der gegenüberliegenden Seite, befindet sich wenig unterhalb des obersten Überganges eine weitere, allerdings sehr gut getarnte Höhle, in der eine alte Inschrift angebracht ist. Am Graben entlang geht es steil aufwärts, dann nach rechts über den Scheitelpunkt wieder zurück. Am höchsten Punkt führt ein kurzer Abstecher auf eine der viel gepriesenen Aussichtskanzeln.

Die „große Runde" über Mahbach.

Die **Runde über Mahbach** aber führt über den eigentlichen Parkbereich weit hinaus. Vom Parkplatz zuerst mit dem Weg 15 („Zistel"), später dem Weg 15d steil bergauf, bis dieser nach einer halben Stunde auf eine Zufahrt trifft. Dieser rechts entlang herrlich sonnig bis zum Edelanwesen Obersteinwänder. Bald danach (Straßenschild „1,5 Tonnen"), also kurz unterhalb

Im Frühling verwandelt sich der Aigner Park in einen grünen Bärlauchgarten.

der Gaisbergstraße, den Weg 15 nach rechts abzweigend verlassen und der flachen Zufahrt Richtung Baching einen Kilometer folgen. Bei der ersten scharfen Linkskurve in den nun wieder deutlich rot markierten Waldweg nach rechts abwärts zum Speckgut und von dort wenige Meter links zum Hof Mahbach. Über einen steilen Wirtschaftsweg geht es mit herrlichem Ausblick in den lichten Wald und weiter zum Campingplatz Aigen. Das letzte, ein Kilometer lange Wegstück führt rechts abzweigend weitgehend eben über einen Bach und an der Hubertuskapelle vorbei zurück an den Ausgangspunkt.

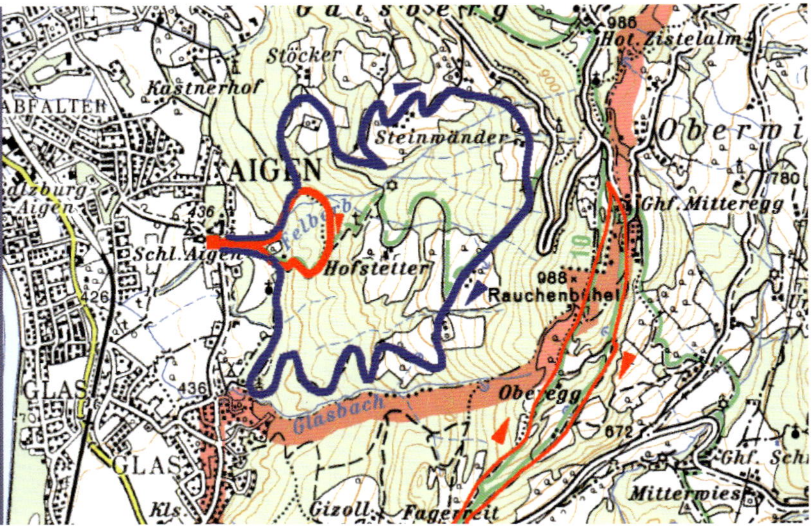

4 Kapuzinerberg

Die Kapuzinerberg-Gams unter dem Basteiturm hat den Überblick.

Wo gibt's denn so was? Gämsen mitten in der Stadt! Mit etwas Glück lassen sie sich am Kapuzinerberg blicken. Der alte Basteiweg führt vom Kapuzinerkloster über viele Stufen zum Franziskischlössl am nordöstlichsten Punkt.

Alter: ab vier Jahren
Voraussetzung: Basiskondition
Ausrüstung: feste Wanderschuhe
Mountainbuggy: Ein – allerdings sehr steiler – Weg für Mountainbuggys führt von der Linzergasse zum Franziskischlössl.
Anfahrt, Ausgangspunkt: von der A 1, Abfahrt Salzburg Nord, über die Voglweider-, Sterneck-, Fürberg- und Gaisbergstraße zum Volksgarten
Öffentliche Verkehrsmittel: Stadtbusse 6, 7, 10 Haltestelle Volksgarten
Beste Zeit: ganzjährig, allerdings nur bei schneefreien Bedingungen
Wegcharakter: Stiegen, Steige, Gehwege
Gehzeit: 2 Std.
Höhenunterschied, Weglänge: 200 Hm., 5,6 km
Einkehrmöglichkeiten: Franziskischlössl
Attraktionen: alte Befestigungsmauer, Begegnungen verschiedenster Art
Informationen: www.stadt-salzburg.at, www.salzburg.info
Karte: ÖK 1:50.000 Blatt 3204 (63), Stadtplan

Man muss nicht unbedingt hinter den Pass Lueg fahren, um einen richtigen Berg zu erwandern. Es geht auch mitten in der Stadt Salzburg! Ein paar Schritte auf den Kapuzinerberg und in diesem alpinen Zaubergarten öffnet sich eine andere Welt. Sogar Gämsen gibt es hier heroben mitten im Zentrum der Stadt. Sie sind vor vielen Generationen vom weit entfernten Untersberg zugezogen. Gäbe es nicht das Kloster, das Franziskischlössl und die Befestigungsmauer, würde man sich wirklich irgendwo weit drinnen im Gebirge wähnen. So aber folgt unsere Route quer über den Kapuzinerberg dem alten Basteiweg, der vor einiger Zeit dank einer Initiative des Alpenvereines und der Stadt Salzburg mit Hilfe eines Sozialprojektes wieder aus dem Dornröschenschlaf geweckt wurde und durchgehend begehbar ist.

Der Weg: Ein gutes „Basecamp" für die Expedition Kapuzinerberg ist der Volksgarten. Von hier nun ein paar Meter entlang der verkehrsreichen Bürglsteinstraße zentrumeinwärts. Ganz interessant, vor allem aus archäologischer Sicht, ist der beinahe in Vergessenheit geratene Bürglstein rechts in der Kurve vor dem Unfallkrankenhaus. Ein geschickt angelegter Rundsteig führt in ein paar Minuten über dieses geheimnisvolle Berglein. Nach dieser kleinen Vorexkursion geht es am Krankenhaus vorbei an den Fuß des Kapuzinerberges und nun entlang der Steingasse bis zur Imbergstiege. Am Johanneskircherl vorüber zweigt unterhalb der Klostermauern der zweieinhalb Kilometer lange Basteiweg nach rechts ab. Bis auf einen kurzen Abschnitt folgt der Weg in stetigem Auf und Ab der alten Mauer mit ihren teils wieder besetzten, teils fest versperrten

Uneinnehmbares Bollwerk aus dem Dreißigjährigen Krieg. Heute ist im Franziskischlössl ein Gastronomiebetrieb untergebracht.

Die Mozartbüste am alten Standort des „Zauberflötenhäuschens“, das heute im Garten des Mozarteums steht.

Wehrtürmen. Von dieser Seite öffnen sich die spektakulärsten Ausblicke auf die Altstadt und den dahinter liegenden Untersberg. Am höchsten Punkt der Wehranlage steht das unter Paris Lodron errichtete Franziskischlössl, in dem heute eine Jausenstation mit einem einladend netten Innenhof untergebracht ist. Von hier führt der eineinhalb Kilometer lange Doblersteig über unzählige Stufen hinab nach Schallmoos. Wieder in der Stadt zweigt ein Fußweg nach rechts ab und führt hinter dem Einkaufszentrum „ZIB“ am Berg entlang zur belebten Fürbergstraße hinüber. Entlang dieser geht es nach zehn Minuten in die Borromäumsstraße nach rechts. Kurz vor dem Straßenende zweigt eine Treppe nach links in die Elsenheimerstraße, über die es zum Basislager Volksgarten zurückgeht.

5 Leopoldskron und Mönchsberg

Abtauchen unter der Festung.

Ein bisschen Afrika, ein wenig mittelalterliche Ingenieurskunst, ein kurzer Blick in eine riesige, mit Trinkwasser gefüllte Kaverne und dann vielleicht noch Badespaß im „Lepi“: Diese Stadt hat doch einiges zu bieten!

Alter: ab vier Jahren
Voraussetzung: Basiskondition
Ausrüstung: Turnschuhe
Mountainbuggy: bis zum Stiegenabgang Richtung Neutor ja, dann aber entweder auf dem gleichen Weg zurück oder mit dem Mönchsbergaufzug (Museum der Moderne) in die Stadt hinab
Anfahrt, Ausgangspunkt: über die Moosstraße oder die Sinnhubstraße in die Leopoldskronerstraße bis zum Parkplatz Freibad
Öffentliche Verkehrsmittel: keine direkte Haltestelle beim Bad, mit den Stadtbussen 22 oder 21 zur Haltestelle Firmianstraße
Beste Zeit: ganzjährig, mit Badbesuch natürlich Sommer
Wegcharakter: gut befestigte, allwettertaugliche Wege
Gehzeit: 1:30 Std.
Höhenunterschied, Weglänge: 80 Hm., 3,5 km
Einkehrmöglichkeiten: Stadtalm und Kiosk am Mönchsberg
Attraktionen: Flamingos, fallweise Almkanalstollen, Trinkwasserhochbehälter, Freibad
Informationen: www.almkanal.at, www.stadt-salzburg.at, der Wasserhochbehälter Mönchsberg ist jeden ersten Samstag im Monat von 13 bis 17 Uhr geöffnet, Führungen nach Bedarf
Karte: Stadtplan. ÖK 1:50.000 Blatt 3204, 3210 (63)

Salzburg ist immer wieder für Überraschungen gut, aber dass hier, zumindest aus geologischer Sicht, mitten durch die Stadt die Grenze zwischen Afrika und Europa verläuft ist doch mehr als überraschend. Neben der 250 Millionen Jahre alten, bis hierher verschobenen afrikanischen Gesteinslinie gibt es aber immerhin noch eine stattliche Kolonie Flamingos inmitten der St. Peter-Weiher. Auch die Wasserversorgung der Teiche verdient Beachtung, denn das dafür verantwortliche Almkanalsystem reicht bis in das achte Jahrhundert zurück und ist damit ein einzigartiges Wirtschaftsdenkmal. Vor allem der 400 Meter lange Stiftarmstollen durch den Festungsberg (errichtet 1136 bis 1143) ist ein bautechnisches Meisterwerk, dass man sogar einmal im Jahr, mit Stiefeln und Taschenlampe bewaffnet, durchwandern kann! Ein ebenso grandioses Erlebnis ist ein Besuch des Wasserhochbehälters am Mönchsberg, der ebenfalls an diesem Wanderweg liegt. Irgendwie spielt also bei dieser allwettertauglichen Stadtwanderung das Wasser eine Hauptrolle. Und sollte dieses nicht in Form eines Salzburger Schnürlregens von oben kommen, dann könnte die interessante Runde ja durchaus um einige lustige Stunden im Leopoldskronerbad verlängert werden.

Multi-Kulti am St. Peter-Weiher.

Der Weg: Ausgangspunkt ist das Leopoldskroner Freibad, von den Stadtsalzburgern „Lepi“ genannt. Vom Parkplatz also die Allee queren und in der Schwimmschulstraße bis zum Almkanal stadteinwärts. Diesem künstlichen Bachverlauf folgend nun nach rechts und über Wiesen zum „Peterer-Weiher“ mit den köstlichen, rosaroten Flamingos, die da einbeinig die (Wasser-)Welt beobachten. Es geht leicht aufwärts über die Leopoldskroner-Allee und dann links zu einem weiteren Weiher. Der Weg begleitet nun den Almkanal, bis dieses 1200 Jahre alte Meisterwerk hochmittelalterlicher Baukunst im Berg verschwindet. Der „normale Fußweg“ aber quert die Brunnhausgasse und verläuft ein sehr steiles Stück durch das sogenannte Bürgermeisterloch auf den Festungsberg. Hier nun über den Bergrücken nach links (W) zu einer weiteren Wassersensation, dem riesigen unterirdischen Hochbehälter, in dem

Der St. Peter-Weiher unter der Richterhöhe.

25.000 Kubikmeter glasklares Trinkwasser gespeichert sind. Der Weg führt an der Abzweigung Richterhöhe vorbei, wo es gute Spielmöglichkeiten und eine grandiose Aussicht gibt. Weiter geht es hoch über dem Neutor an der Abzweigung zur netten Stadtalm vorbei, dann durch das Tor der Befestigungsmauer und bald darauf nach links über viele Stufen steil abwärts zurück in die städtische Betriebsamkeit. Nun links am Berg entlang die Neutorstraße queren und über die Bucklreuthstraße aufwärts am Rainberg vorbei zur Sinnhubstraße. Auch diese queren und über die Schwimmschulstraße zurück an den Ausgangspunkt.

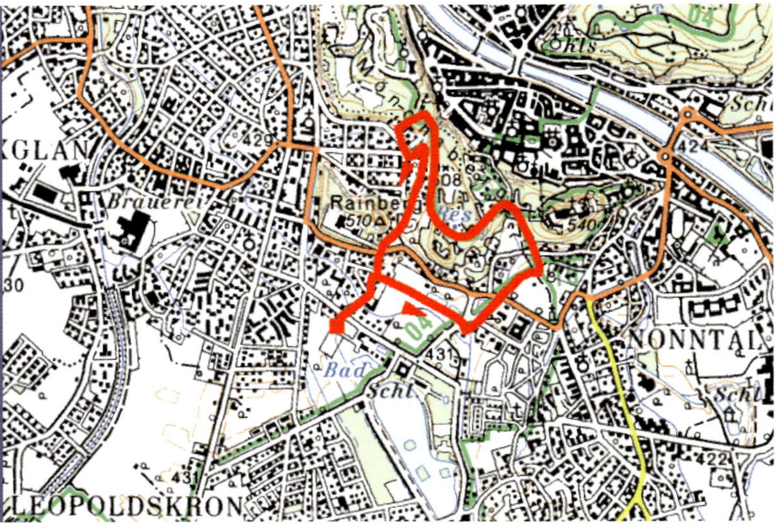

6 Untersberg und Schellenberger Eishöhle

Gondelblick auf Familie Watzmann links, die Toni-Lenz-Hütte in der Bildmitte und der Berchtesgadener Hochthron rechts.

Eine sagenhaft schöne Begehung über und durch den Untersberg führt zur Toni-Lenz-Hütte, macht einen frostigen Abstecher in die Eishöhle, benützt einen spektakulären Felsendurchstieg in die Mittagsscharte und endet bei der Seilbahnstation.

Alter: ab acht Jahren
Voraussetzung: sehr gute Kondition, sonst ist die umgekehrte Reihenfolge, also Auffahrt mit der Seilbahn und Abstieg nach Markt Schellenberg sinnvoller. Beide Varianten erfordern aber Trittsicherheit und Schwindelfreiheit.
Ausrüstung: Wanderausrüstung. Warme Kleidung für die Eishöhle nicht vergessen.
Mountainbuggy: nein
Anfahrt, Ausgangspunkt: von der Tauernautobahn A 10 (Abfahrt Salzburg Süd) oder der Stadt Salzburg über die B 160 (Alpenstraße) zum Parkplatz Untersbergseilbahn in St. Leonhard oder 3 km weiter entlang der Deutschen Alpenstraße auf den Wanderparkplatz kurz vor dem markanten Befestigungsturm bei Markt Schellenberg.

Öffentliche Verkehrsmittel: Linie 840 (Watzmannexpress), Haltestelle Markt Schellenberg, Abzw. Eishöhle bzw. Haltestelle Grödig Untersbergbahn (Bundesstraße); www.albus.at
Beste Zeit: Sommer bis Spätherbst (Südausrichtung!)
Wegcharakter: alpine Steige
Gehzeit: Aufstieg 3:30 bis 4 Std., zur Eishöhle 2:30 Std.
Höhenunterschied, Weglänge: ges. 1350 Meter, zur Eishöhle 1000 Meter, ges. Weglänge 7,5 km
Einkehrmöglichkeiten: Toni-Lenz-Hütte, Hochalm
Attraktionen: Eishöhle, Thomas-Eder-Felsensteig, Seilbahn
Informationen: www.marktschellenberg.de, Führungen in die Eishöhle jeweils zur vollen Stunde, Dauer 45 Min.
Karte: ÖK 1:50.000 Blatt 3209 u. 3210 (93)

Dohlen am Untersberg sind das Schlafmittel für Kaiser Karl.

Unübersehbar steht der Untersberg als eine der letzten großen Bastionen der Nördlichen Kalkalpen vor den Toren der Stadt Salzburg. Er markiert gewissermaßen den Übergang von den (Berchtesgadener) Alpen in das hügelige, sanfte Alpenvorland. So vielseitig wie der Untersberg selbst ist der anspruchsvolle Weg über die Toni-Lenz-Hütte und die Mittagsscharte auf den Salzburger Hochthron (1853 m). Eine Eishöhle, ein abenteuerlicher Felssteig und zur Belohnung die Rückfahrt mit der Gondel sind dabei nur einige Höhepunkte. Natürlich kann die Untersbergwanderung auch umgekehrt erfolgen. Trittsicherheit und gutes Gehvermögen sind jedoch immer gefragt.

Der Weg: Ausgangspunkt ist der große Parkplatz bzw. die Haltestelle eineinhalb Kilometer nach dem Grenzübergang Hangenden Stein auf der linken Seite der Deutschen Alpenstraße. Der erste Abschnitt zur Toni-Lenz-Hütte benützt noch kurz die geteerte Zufahrt, folgt dann mäßig ansteigend dem breiten Hüttenweg und geht schließlich in einen schmalen Steig über. Kurz vor der Toni-Lenz-Hütte gibt es noch eine letzte kleine Quelle. Von der aussichtsreich gelegenen Hütte (1411 m) nun weiter Richtung Mittagsscharte, bald zweigt ein Stichweg zur Schellenberger Eishöhle ab. Die Temperaturen liegen auch im Sommer nur um den Gefrierpunkt, warme Kleidung ist also sehr ratsam. Durch die 70 Meter lange und bis acht Meter hohe Eingangshalle geht es über

In der Schellenberger Eishöhle.

Eisfälle immer tiefer in diese statische Eishöhle. Die schätzungsweise 60.000 Kubikmeter Eis erreichen eine Mächtigkeit von bis zu 30 Meter.
Wieder in der warmen Tagessonne wartet schon die nächste Attraktion. Die weitere Route in die Mittagsscharte ist ein Meisterwerk alpiner Wegemacher. In den 30er-Jahren des 19. Jahrhunderts

wurde dieses schwindelerregend steile Verbindungsstück mit einem Höhenunterschied von 130 Meter durch den Fels getrieben. Benannt ist der wohl spektakulärste Felsensteig im Berchtesgadener Land nach dem Höhlenpionier Thomas Eder. Übrigens gehörte in der prähistorischen Zeit die Mittagsscharte genauso wie die Hauptgipfel zu einer tropischen Hügellandschaft, auf deren Nordseite jenes Gestein abgelagert wurde, das heute als Untersberger Marmor weltberühmt ist. Nach einer kurzen Erholungsphase in der Mittagsscharte (1671 m) geht es Richtung Salzburger Hochthron schon wieder steil bergan. Allmählich verflacht das Gelände, aber richtig eben wird das von Dolinen und Latschen geprägte Plateau nicht. Die letzten 20 Minuten hinüber zur Seilbahnstation folgt der Weg der breiten Schneise, die im Winter als Skiabfahrt dient. Von der Talstation St. Leonhard mit dem Bus (Haltestelle an der Bundesstraße) zurück an den Ausgangspunkt.

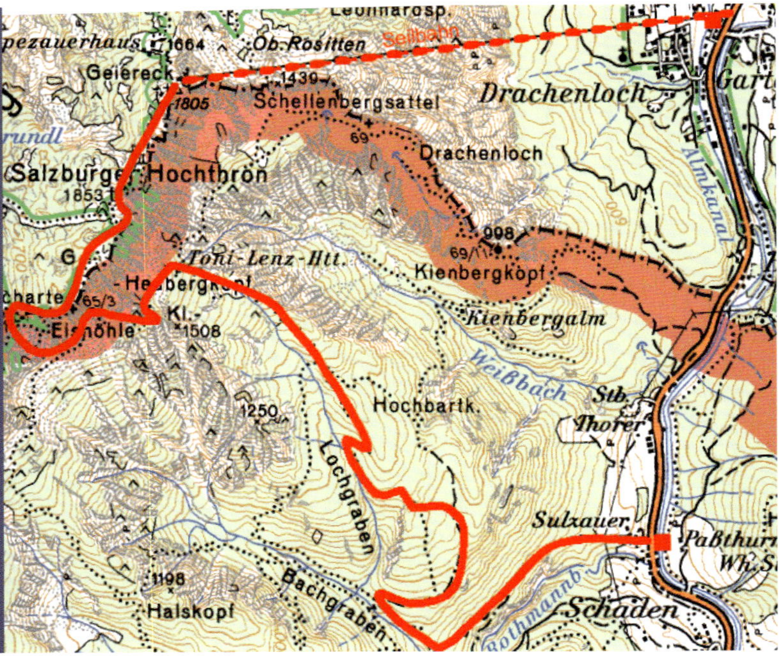

7 Untersberg (Überquerung)

Rast am Salzburger Hochthron (1853 m).

H Bei dieser langen Tour über den Untersberg zeigt dieser wuchtige Eckpfeiler der Berchtesgadener Alpen sein wahres Gesicht – spektakuläre Ausblicke inkludiert.

Alter: ab zehn Jahren
Voraussetzung: Berg- und Wandererfahrung, sehr gute Kondition, nicht bei Nebel, markierte Wege keinesfalls verlassen!
Ausrüstung: Bergausrüstung (Hüttenschlafsack)
Mountainbuggy: nein
Anfahrt, Ausgangspunkt: nach St. Leonhard zur Talstation der Untersbergseilbahn (bei Übernachtung im Zeppezauerhaus mit der letzten Gondel auf den Berg)
Öffentliche Verkehrsmittel: Buslinie 25 zur Talstation der Untersbergseilbahn, Buslinie 837 (RVO, vom Gasthof Bachgütl in Hintergern nach Berchtesgaden), Buslinie 840 (Watzmannexpress/ RVO, von Berchtesgaden nach St. Leonhard zurück)
Beste Zeit: Juli bis Mitte Sept.
Wegcharakter: Alpine Steige, Waldweg (im unteren Bereich vor Hintergern)
Gehzeit: 6:30 Std.
Höhenunterschied, Weglänge: 1500 Hm. (Abstiege)/ 550 Hm. (Anstiege), 11,5 km
Einkehrmöglichkeiten: Zeppezauerhaus, Stöhrhaus, Gasthaus Bachgütl
Attraktionen: Seilbahnfahrt, Hüttenübernachtung
Informationen: www.rvo-bus.de, www.svv-info.at, www.untersbergbahn.at; Zeppezauerhaus (ÖAV), Tel. 0662/629862; Stöhrhaus (DAV), Tel. 0049/8652/7233
Karte: ÖK 1:50.000 Blatt 3210 u. 3209 (93)

Letzte Schritte zum Bayerischen Hochthron.

Abwechslungsreich und von der Weglänge und den Höhenmetern her anspruchsvoll ist die Überquerung des langgezogenen Untersberg allemal. Natürlich ist diese Bergtour für flinke junge „Bergfexe" auch in einer ausgefüllten Tagestour zu schaffen, doch gerade mit Kindern sollte man schon wegen dem Hüttenerlebnis in einer der beiden Alpenvereins-Schutzhütten (Zeppezauerhaus auf der Salzburger Seite oder Stöhrhaus auf der Bayerischen Seite) am Berg nächtigen. Es sind schon ganz besondere Eindrücke, die letzten Sonnenstrahlen auf den höchsten Untersberg-Erhebungen (auf einem der beiden Hochthrone oder dem Geiereck) einzufangen und die Stille am Berg zu erfahren, wenn die Tagestouristen längst wieder mit der Seilbahn ins Tal geschwebt sind. Dabei sind auch unerwartete Begegnungen nicht ganz auszuschließen. Etwa mit den Untersberg-Gämsen, die sich von den letzten Wanderern nicht weiter stören lassen.

Der Weg: Das Zeppezauerhaus (1663 m) liegt etwa zehn Minuten von der Bergstation der Untersbergseilbahn entfernt. Die erste Etappe der Überschreitung führt zunächst zum Salzburger Hochthron, wobei bereits das Geiereck oberhalb der Bergstation den ersten glanzvollen Aussichtspunkt über das Salzburger Becken bietet. Der Hochthron auf Salzburger Seite (1853 m) ist meist Endpunkt für Genießer des prächtigen Panoramas, die mit der Seilbahn heraufgekommen sind. Der Weg hierher ist gut markiert und ausgebaut. Nun am Kamm entlang südwestwärts und in Kehren steil in die felsige Mittagscharte (1670 m) hinab. Beim anschließenden Gegenanstieg zeigt sich das wahre Gesicht des Untersberg. Latschenfelder erstrecken sich bis zu den Gipfeln und Gratlagen hinauf. Der Weg ist gesäumt von Dolinen, über Jahrmillionen gebildete Abflusstrichter des Wassers, die oft ganzjährig mit Schnee gefüllt sind. Während der gesamten Tour am Plateau gibt es keine Wasserstelle, also sollte man genügend Trinkvorrat im Rucksack dabei haben. Vorbei am Ochsenkamm und über das Rauheck steht man nach gut drei Stunden am nächsten Gipfelziel, dem Berchtesgadener Hochthron (1972 m). Auch hier heroben ist man selten alleine. Einerseits ist das Stöhrhaus nicht weit entfernt, andererseits scheinen sich die geselligen Alpendohlen von jedem Wanderer eine „Zwischendurch-Mahlzeit" zu erwarten. Beim Stöhrhaus (1894 m) beginnt der lange Abstieg. Zunächst geht es zur Einsattelung und Weggabelung beim „Leiterl". Mit den wuchtigen Südwänden im Rücken führt der Weg am Fuß der Almbachwand (sog. Stöhrweg Nr. 410/417) entlang und schließlich nach Hintergern hinunter. Nach einem letzten kurzen Stück auf der Asphaltzufahrt erreicht die Route den Endpunkt beim Gasthaus Bachgütl (Bushaltestelle).

„Untersberg-Gams" – eine Begegnung der besonderen Art.

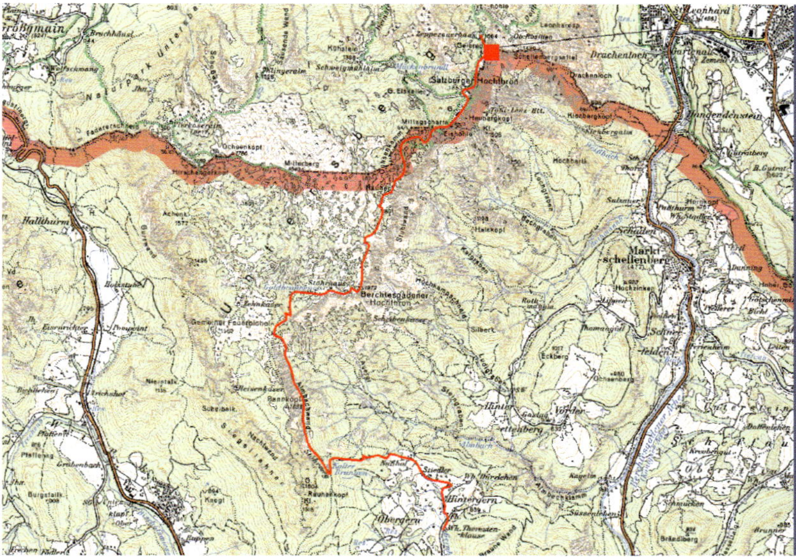

8 Aschauer Weiher – Märchenpfad

Nach der Märchenstunde geht es zur Belohnung ins sagenhaft schöne Aschauer-Weiher-Bad.

Die Aschauer Märchenrunde ist ein idealer Appetitanreger für die ganz kleinen Wanderflöhe: eine kurzweilige Märchenstunde, die bei schönem Sommerwetter höchstwahrscheinlich im Naturbad Aschauer Weiher enden wird.

Alter: ab drei Jahren
Voraussetzung: längere eigenständige Gehstrecken
Ausrüstung: leichte Wanderausrüstung oder Turnschuhe
Mountainbuggy: ja
Anfahrt, Ausgangspunkt: über die A 10, Abfahrt Salzburg Süd, nach St. Leonhard und über den Grenzübergang Hangenden Stein nach Berchtesgaden. Am Ortsanfang, auf der gegenüberliegenden Seite des Salzbergwerks, nach rechts Richtung „Bischofswiesen, Aschauer Weiher“ abzweigen. Großer Parkplatz vor der Naturbadeanlage Aschauer Weiher.
Beste Zeit: ganzjährig, bei kombiniertem Badebesuch natürlich der Sommer
Wegcharakter: breite Waldwege
Gehzeit: 1 Std.
Höhenunterschied, Weglänge: 50 Hm., 2,5 km
Einkehrmöglichkeiten: Restaurant Aschauer Weiher
Attraktionen: Märchenfiguren, Naturbad
Informationen: www.berchtesgaden.de/de/mrchenpfad-am-aschauerweiher
Karte: ÖK 1:50.000 Blatt 3209 (93)

Der Aschauer Weiher liegt auf einer Hochebene zwischen Berchtesgaden und Bischofswiesen. Das Traditionsbad gibt es zwar schon seit 1880, aber erst in den letzten Jahren hat sich das weitläufige Gebiet zu einem regelrechten Freizeit- und Sportzentrum mit einem Ganzjahresangebot entwickelt. Im Winter treffen sich hier heroben Langläufer aller Klassen, ebenso gibt es geräumte Winterwanderwege und sogar eine Sprungschanze wurde für die Überflieger gebaut.
Der Sommer gehört aber ganz der phantastischen Naturbadelandschaft, die in einem finanziellen Kraftakt mit Euregio-Beteiligung in den Jahren 2003 und 2004 von Grund auf neu gestaltet wurde. 4200 Quadratmeter glasklare Wasserfläche stehen nun zur Verfügung. Die Reinigung läuft über eine Pflanzenfilteranlage, die für sich schon sehenswert ist, und die angenehme Wassertemperatur wird zur Gänze über Solarenergie erreicht. An schönen Sommertagen werden Sie an diesem einladend schönen Bad kaum vorbei kommen, wenn auch der köstliche Märchenweg vorerst einmal drum herum führt. Dieser zweieinhalb Kilometer lange Waldweg ist ganz im Sinne des umweltfreundlichen Naturbades ausgeführt, die vorgestellten Märchenfiguren sind wunderbare Schnitzarbeiten, wahre Kunstwerke aus heimischen Holzarten.

Der Weg: Ausgangspunkt ist der große Parkplatz vor dem Aschauer-Weiher-Bad. Dort beginnt in der Nordwestecke der Märchenweg. Er folgt zunächst der Umzäunung des Naturbades, berührt zur Kostprobe eine nette Kneippanlage und führt dann sanft ansteigend in den Wald. Nun kommen die unterschiedlichsten Märchenfiguren, aber nicht nur diese, auch

So entstehen Prinzen.

ein Riesenschwammerlwald und ein verwunschenes Schloss sind dabei. Alles in massiver Schnitzarbeit in einer wunderbaren Umgebung, welche die Phantasie noch zusätzlich beflügelt. Am Wendepunkt dieser spannenden Märchenstunde wartet bis dato der Froschkönig auf einen beherzten

Wegbegleiter durch den Märchenwald.

Kuss und seine Verwandlung, dann folgen noch ein paar besonders schöne Exemplare heimischer Baumarten, die ebenfalls vorgestellt werden. Am Waldrand entlang geht es wieder zurück an den Ausgangspunkt und bei Sonnenschein aller Voraussicht nach weiter in die Naturbadeanlage Aschauer Weiher.

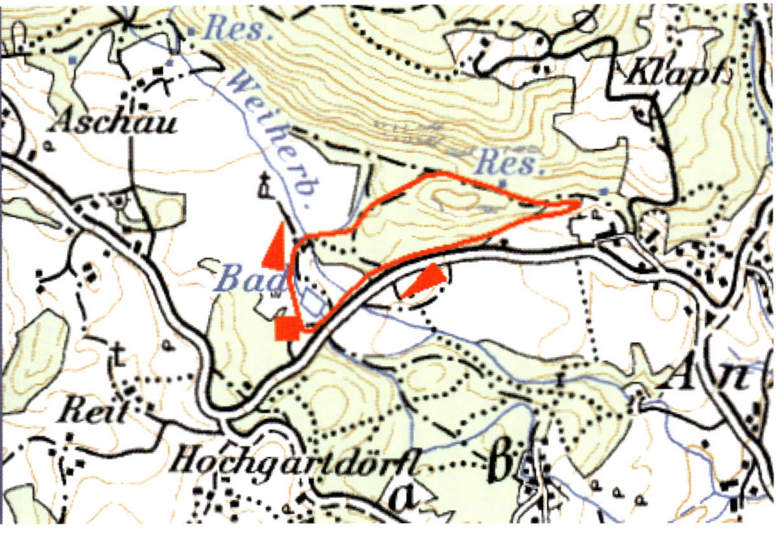

9 Johanneshögl bei Piding

Die Högllandschaft (Ulrichshögl und Johanneshögl) vor dem Untersberg.

Ein Högl mit Geschichte: Der sanft geformte Johanneshögl (705 m) vor den Toren der Stadt Salzburg ist ein wunderbares Familienwandergebiet, das sich besonders für erste Ausflüge in den Frühling anbietet.

Alter: ab vier Jahren
Voraussetzung: Basiskondition
Ausrüstung: leichte Wanderausrüstung
Mountainbuggy: nein
Anfahrt, Ausgangspunkt: über den Autobahngrenzübergang Walserberg auf der A 8 Richtung München. In die Autobahnabfahrt Piding abzweigen, dann einen Kilometer Richtung Freilassing (B 20) und über die Abzweigung „Högl" (links) nach einem weiteren Kilometer auf einen großen Wanderparkplatz (Übersichtskarte) auf der linken Seite.
Beste Zeit: Frühling bis Herbst, sehr lohnend im Frühling
Wegcharakter: Wald- und Feldwege, kurze Abschnitte auf Zufahrten
Gehzeit: 2:30 Std.
Höhenunterschied, Weglänge: 250 Hm., 8 km
Einkehrmöglichkeiten: Gastwirtschaft Johannishögl, Café Sonnenhang
Attraktionen: Spielplatz, Kirche, Aussicht, Hochlandrinder
Informationen: www.piding.de
Karte: ÖK 1:50.000 Blatt 3203, 3209 (63)

Der Högl nördlich von Piding schaut aus wie er heißt: ein sanfter Höhenzug in Ost-West-Ausrichtung, der sich für erste Frühlingserkundungen geradezu anbietet. Nicht zu hoch, sodass die vielleicht noch vorhandenen Schneereste nicht zum Problem werden können, aber doch hoch genug für wunderbare Aussichten. Wahrscheinlich ist der Högl eben gerade aus diesen strategischen Gründen seit durchgehend zwei Jahrtausenden ein so begehrtes Siedlungsgebiet. Die höchste Höglkuppe misst 827 Meter, übertroffen wird sie nur vom benachbarten Sendemasten der Deutschen Telekom, der mit 157 Meter sogar das höchste Bauwerk des ganzen Landkreises ist. Auch himmelwärts ragend und weithin sichtbar ist das mit einem überaus wertvollen Flügelaltar ausgestattete Kirchlein St. Johannes am Högl. Die Kirche steht zwar nur zu besonderen Feiertagen offen, den Schlüssel verwaltet der Wirt. Aber auch der Blick durch das Gitter in das Innere ist auch schon sehr eindrucksvoll. Von überragender und sogar überregionaler Bedeutung war der nahe Ulrichshögl gebrochene Sandstein. Vor allem für die damals noch zahlreichen Kugelmühlen war die Högler Sandsteinqualität unübertroffen.

Der Weg: Vom Parkplatz an der Höglerstraße nahe Piding folgt die Rundwanderung dem Weg 2 (Johannishögl). Sehr abwechs-

Die letzten Meter auf den Johanneshögl.

Auch mit kleinen Schritten kommt man irgendwann ans Ziel.

lungsreich geht es durch Wald, über Lichtungen und an einem Bächlein entlang auf die Zufahrt. An einer renovierten Kapelle aus der Barockzeit vorbei, endet diese wenig befahrene Sackgasse nach einem Kilometer bei der schönen Wirtschaft mit dem einladenden Gastgarten. Die oberhalb gelegene Johanneskirche ist ein kulturhistorisches Kleinod, in dem durch seine abgeschiedene Lage wunderbare Schätze der Gotik erhalten geblieben sind. Aber auch die Rast- und Lagerplätze sind durch ihre herrliche Sonnen- und Aussichtslage wahre Schätze. Nach dieser Entspannung pur am höchsten Punkt der Rundwanderung führt der Weg 2 nun wieder südwestlich unterhalb der Kirche durch eine Weidenallee an einem Feuchtbiotop und an fotogenen Hochlandrindern vorbei zu einer Weggabelung. Hier folgt die Route nun der Nummer 6 (Aufham) nach links. Wieder geht es durch Wald, über Lichtungen und an schönen Höfen vorüber bis der Rückweg 6 nach zwei Kilometer auf die Autostraße Richtung Kleinhögl trifft. Nun dieser Straße 400 Meter nach rechts aufwärts folgen und dann nach links Richtung „Piding. Café Sonnenhang“ abzweigen. Wieder im Talboden führt ein angenehm sonniger Panoramaweg in Waldrandlage nach eineinhalb Kilometer an den Ausgangspunkt zurück.

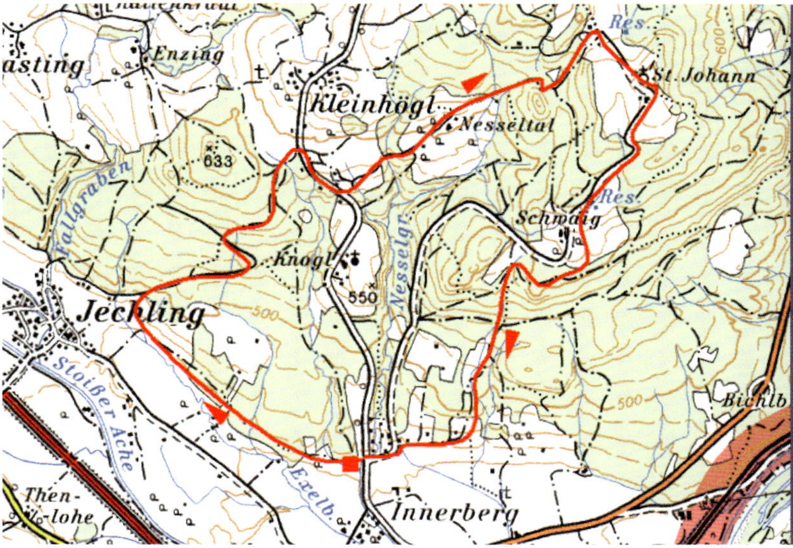

Flachgau

10 Weidmoos, Ibmer Moor

Der Aussichtsturm verschafft einen guten Überblick im Weidmoos.

Moore und Seen bestimmen die Landschaft im nördlichen Flachgau und Grenzgebiet zum Innviertel. Eine Radtour zum Weidmoos und zum Ibmer Moor.

Alter: ab acht Jahren
Voraussetzung: Grundmaß an Kondition
Ausrüstung: Fahrrad, Proviant
Anfahrt, Ausgangspunkt: am besten (und umweltfreundlichsten) mit der Salzburger Lokalbahn und dem Fahrrad zum Bahnhof Lamprechtshausen
Öffentliche Verkehrsmittel: sehr gute Verbindung mit der Salzburger Lokalbahn, halbstündlich von Salzburg aus (www.slb.at)
Beste Zeit: Mai bis Okt.
Wegcharakter: befestigte Wege durch beide Moorkomplexe
Gehzeit: jeweils 45 Min. (Themenwege durch die beiden Moore)
Radstrecke, Länge: Lamprechtshausen (Richtung Braunau) – auf Höhe Sportplatz links Abzweigung nach Holzhausen, Bruck – Holzhausen (beim Gasthof Höfer rechts abzweigen) – Weidmoos – Maxdorf – Hackenbuch – Richtung Ibm – nach 1 km Ibmer Moor – Lamprechtshausen. Die Streckenlänge beträgt 22 km (gesamt).
Einkehrmöglichkeiten: Gasthof Leopolder
Attraktionen: Themenwege, Moormuseum in Hackenbuch, Baden im Heratinger See in Ibm (Sommeraktivität), ca. 2 km vom Ibmer Moor entfernt
Informationen: www.weidmoos.at; informativ und sehenswert ist das Moormuseum in Hackenbuch beim Gasthof Leopolder „Steiner“. Geöffnet April bis Ende Okt. täglich außer Montag und Dienstag
Karte: ÖK 1:50.000 Blatt 3327, 3203 (63, 45)

Wie wäre es mit einem Familienausflug mit den Fahrrädern? Der nördliche Flachgau ist für eine solche Unternehmung wie geschaffen und die Salzburger Lokalbahn bietet neben der umweltfreundlichen Anreise auch das Service, dass Fahrräder problemlos im Zug mitgenommen werden können. Die Wegstrecke zu und zwischen den Mooren lässt sich ohne große Höhenunterschiede auch für Kinder gut bewältigen. Das Gebiet zwischen Lamprechtshausen und dem angrenzenden Innviertel beherbergt eine reizvolle Landschaft aus Mooren, Wäldern und eingebetteten Seen. Ein besonderes Naturjuwel ist das Weidmoos an der Landesgrenze. Als Teil der Moorlandschaft zwischen Ibmer und Bürmooser Moor, die mit rund 2000 Hektar den größten zusammenhängenden Moorkomplex Österreichs bildet, wurde auch hier die bis zu sechs Meter mächtige Torfschicht abgebaut. Seit dem ausgehenden 18. Jahrhundert wurde das Moor trockengelegt und Torf abgebaut. Als die Torfvorräte zur Neige gingen, stellte man im Jahr 2000 den Abbau ein. Durch ein erfolgreiches Renaturierungsprojekt entstand auf den tristen Frästorfflächen ein Mosaik aus Feuchtbiotopen, Gehölzinseln, Schilf- und Streuwiesen und ein wertvoller Lebensraum „aus zweiter Hand“. Es ist wieder Leben ins Moor eingezogen und besonders für einige selten gewordene Vogelarten wurde das Weidmoos zur neuen Heimat. Torfabbau und Trockenlegung haben auch dem Ibmer Moor stark zugesetzt. Der letzte intakte Rest im sogenannten „Pfeifenanger“, dem aufgrund der schützenswerten Pflanzenarten große Bedeutung zukommt, wurde unter Schutz gestellt. Es sind vor allem seltene

Auf dem Weg durchs Ibmer Moor.

Vogelarten wie Bekassine, Kiebitz oder der Große Brachvogel, die sich hier heimisch fühlen und mit ihren Flugkünsten und seltsam klingenden Lockrufen auf sich aufmerksam machen. Der ans Moor angrenzende Seeleiten See ist vom beginnenden Frühling an Tummelplatz der Wasservögel.

Die Infostelle im Weidmoos.

Der Weg: Durch beide Moore führen Themenwege. Die einzelnen Stationen geben einen guten Überblick über die jeweiligen Besonderheiten und die Geschichte, vom Abbau bis hin zu den Renaturierungsmaßnahmen. Der Weg im Weidmoos ist eineinhalb Kilometer lang, entlang der Runde liegen die Infostelle, ein Aussichtsturm sowie ein Beobachtungsstand. Mittlerweile ist das Weitmoos für über 150 Vogelarten zum Brut-, Durchzugs- oder Überwinterungsgebiet geworden. Das Ibmer Moor liegt etwa fünfeinhalb Kilometer davon entfernt, unweit von Hackenbuch an der Straße nach Ibm. Auf Holzbohlen leitet uns der Moorlehrweg durch den Pfeifenanger. In seiner großen Runde führt der Weg auch durch das angrenzende Niedermoor.

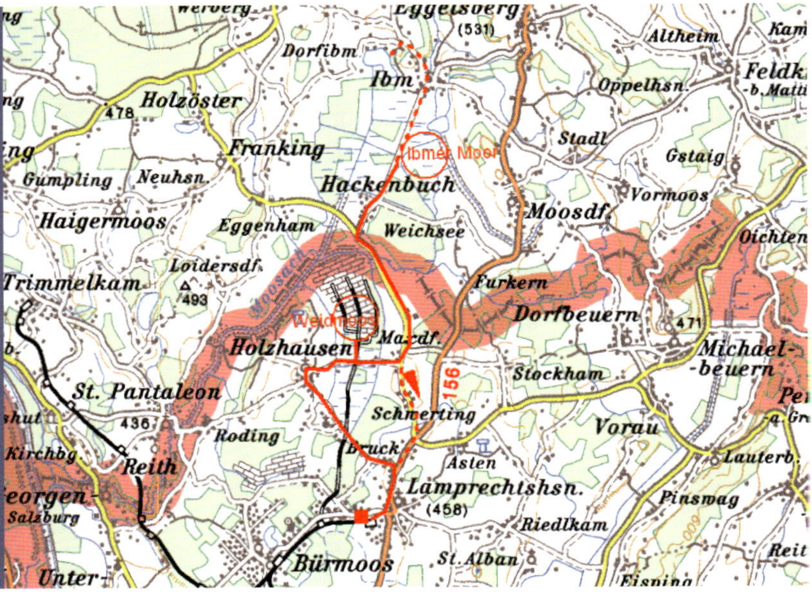

11 Teufelsgraben bei Seeham

Der Wildkar-Wasserfall kurz vor der Röhrmoosmühle.

Obwohl im Teufelsgraben die Zeit wie im Flug vergeht, kommt man kaum von der Stelle. Das liegt aber weniger an magischen Kräften als vielmehr am Zauber der vielen Stationen. Eine Hauptrolle spielt bei dieser „kinderleichten" Waldwanderung natürlich der Bach in all seinen Facetten.

Alter: ab drei Jahren
Voraussetzung: ausreichendes Gehvermögen
Ausrüstung: leichte Wanderausrüstung oder Turnschuhe, wenn möglich wasserfest
Mountainbuggy: ja
Anfahrt, Ausgangspunkt: von der A 1, Abfahrt Salzburg Nord, Richtung Trumer Seenland nach Obertrum. Hier über einen Kreisverkehr Richtung Seeham bis nach Matzing (Bushaltestelle) und gemäß der Beschilderung „Hochseilpark, Teufelsgraben" nach links auf einen 500 Meter entfernten Parkplatz.
Öffentliche Verkehrsmittel: Bus 120 direkt ab Salzburg, Haltestelle Matzing (zusätzlich 15 Gehminuten)
Beste Zeit: Sommer
Wegcharakter: bequeme Waldwege
Gehzeit: 1:30 Std.
Höhenunterschied, Weglänge: 50 m, 2,5 km
Einkehrmöglichkeiten: Röhrmoosmühle
Attraktionen: Walderlebnisweg, Kletterpark, Wasserfall
Informationen: www.teufelsgraben.at, www.hochseilpark.at
Karte: ÖK 1:50.000 Blatt 3204 (63)

Der Hochseilpark am Beginn des Weges durch den Teufelsgraben.

Nach Starkregen oder in Hochwassersituationen kann der idyllische Bach im Teufelsgraben wahrscheinlich auch seine Krallen zeigen und hat daher wie auch der Wildkar-Wasserfall seinen gar schauerlichen Namen erhalten. Für alle, die nicht gerade an solchen höllischen Unwettertagen hierher kommen, garantiert der Teufelsgraben in der Nähe des Obertrumersees aber einen geradezu himmlischen Wanderspaß. Da kommen die Großen genauso auf ihre Rechnung wie die kleinen Wandermäuse. Schließlich lockt ein Kletterpark ebenso wie jede Menge herrlicher Einstiegsstellen in den Bach. Spielerisch wird nebenbei Wissen, hauptsächlich rund um das Thema Wald, vermittelt. Dabei machen die insgesamt 17 Stationen nicht den Eindruck, als ob sie einen Bildungsauftrag erfüllen müssten, hier ist einfach Freude an dieser großartigen Natur das Hauptmotiv. So geht man mit offenen Augen und mit gespitzten Ohren, also einfach mit geschärften Sinnen, durch den magischen Teufelsgraben. Der kühle Waldwanderweg eignet sich bestens für heiße Sommertage und der Obertrumersee mit seinen netten Strandbädern liegt ja auch gleich ums Eck.

Der Weg: Von der Bushaltestelle Matzing an der Obertrumer Uferstraße sind es etwa 500 Meter auf der angeschriebenen Zufahrt „Hochseilpark. Teufelsgraben" bis zu einem großen Parkplatz. Nun geht es Schlag auf Schlag: Gleich zu Beginn folgt ein wahrlich beeindruckender Hochseilpark, der alle Stückeln spielt. Aber auch zu ebener Erde tut sich Sensationelles. Wenn etwa der Blick bei den drei Teufelriesen nach oben geht, ist die Spitze dieser gut 40 Meter hohen, 220 Jahre alten Bäume gar nicht mehr zu erkennen. Oder natürlich der zum Naturdenkmal erklärte Wildkar-Wasserfall, der sich an einer vier und einer sieben Meter hohen Stufe aus besonders hartem Kalkgestein mit zahlreichen eingelagerten Fossilien – fast müsste man sagen – die Zähne ausbeißt.

Andererseits macht sich die angrenzende Kugelmühle genau diese Wasserkraft zunutze. Die Seehamer Kugelmühle wurde nach alten Plänen an historischer Stelle wieder aufgebaut. Die nahe Röhrmoosmühle gibt es ebenfalls schon sehr lange, seit 1835 steht sie in einem kleinen Paradies mit Hühnern, Gänsen, Ziegen und Katzen. Wenn man genug Zeit mitbringt, lässt es sich hier in dieser gemütlichen Jausenstation gut rasten, bevor es auf diesem wunderbaren Sinnesweg weitergeht. An seinem Ende führt der Weg kurz aus dem Graben hinauf zur aussichtsreich gelegenen Biopension Schießentobel. Dann geht es aber wieder an der Startrampe der Europarutsche vorbei hinab in den Graben, wo sich die Runde beim Hochseilpark Seeham schließt.

Kurz vor der Röhrmoosmühle.

12 Naturpark Buchberg

Nach der Besteigung des Buchbergs (im Hintergrund) ist der Obertrumersee eine erfrischende Ergänzung.

Ein kraftvoller Ort über dem Mattsee, der ungeahnte Energien freisetzt. Insgesamt sechs Themenwege führen auf den Buchberg, der seit 2009 wieder ein Naturpark ist.

Alter: ab fünf Jahren
Voraussetzung: Basiskondition
Ausrüstung: Wanderausrüstung
Mountainbuggy: ab dem Ausgangspunkt „Parkplatz Waldweg" auf der Buchbergringstraße ja
Anfahrt, Ausgangspunkt: auf der A 1, Abfahrt Nord, Richtung Mattsee. Gebührenpflichtiger Parkplatz Weyerbucht im Ort.
Öffentliche Verkehrsmittel: gute Busverbindung aus dem Zentralraum, Bus 120
Beste Zeit: ganzjährig, durch den relativ hohen Straßenanteil auch bei weniger idealen Bedingungen empfehlenswert
Wegcharakter: Waldwege, Hofzufahrten
Gehzeit: 3 Std.
Höhenunterschied, Weglänge: 300 Hm., 5,8 km
Einkehrmöglichkeiten: Gasthof Alpenblick, Gastronomie im Ort
Attraktionen: Spielplatz am Gipfel, Themenwanderwege, Bajuwarendorf in der Weyerbucht
Informationen: www.mattsee.at, www.geoglobe.at
Karte: ÖK 1:50.000 Blatt 3204 (94)

Mit 801 Meter Höhe ist er zwar ein Berglein, aber wirklich atemberaubend ist dann der Blick Richtung Süden auf 120 Alpengipfel. Statt Größe hat der Buchberg bei Mattsee eben andere Qualitäten. Dank seiner günstigen Lage und Beschaffenheit war der sanfte Hügel schon sehr bald begehrtes Siedlungsgebiet. Die Wurzeln reichen bis in die Späte Bronzezeit (1300–800 v. Chr.) zurück. Die Holzbauten aus dieser Zeit sind natürlich längst verschwunden, nahe dem Hiabergut an der südlichen Buchberg-Ringstraße (Ausgangspunkt des „Kraftweges") aber lässt sich noch ein altes Hügelgrab erkennen. Alte Siedlungs- und Kultorte sind auch häufig starke Energieplätze. Auf dem flachen Gipfelplateau wurde mit radiästhetischen Untersuchungsmethoden eine geradezu sensationelle Energiekonzentration gemessen. Also hinsetzen und träumen. Oder abheben, je nachdem. Die Kinder werden ohnehin unter Hochspannung stehen, denn einen Stock tiefer, auf dem „Vorgipfel", wurde gerade ein neuer Spielplatz eingerichtet. Und da wird Energie ganz von alleine freigesetzt.

Der Weg: Auf den Buchberg führen sternförmig sechs unterschiedliche Themenwege mit verschiedenen Ausgangspunkten und einer Gehzeit von jeweils etwa eine Stunde. Eine etwas längere Variante mit einem sehr passenden Ausgangspunkt startet am Parkplatz Weyerbucht im Zentrum von Mattsee, denn hier im Bajuwarendorf wird ein lebendiger Einblick in die Wohn- und Lebensumstände der frühen Siedler geboten. An den rekonstruierten Holzbauten vorbei geht es an das Seeufer, diesem ein kurzes Stück nach rechts entlang und dann nochmals nach rechts

Die Weyerbucht mit dem Bajuwarendorf ist ein möglicher Ausgangs- und Endpunkt der Runde.

in den Stampfweg. Die Route „Auf den Buchberg über Gaisberg. Vogelweg M 3" ist nun durchgehend markiert. Die Köstendorfer Landesstraße wird überquert (Ausgangspunkt auch hier ab den Parkplätzen. Zeitersparnis gesamt 40 Min.), dann geht es durch lichten Buchenwald zu den Höfen am Gaisberg. Bei einer folgenden Weggabelung geradeaus auf den Feldweg und kurz darauf wieder in den Wald. Die gängigsten heimischen Vögel werden vorgestellt, mit etwas Glück kann man sie auch hören. Das Gipfelplateau mit seinen Kraftsitzen ist nicht mehr weit, von dort geht es über einen kurzen Verbindungsweg auf die südlich darunterliegende „Spielebene“. Auch ein Gipfelrundweg wurde angelegt, über den auch der Gasthof „Alpenblick“ erreichbar ist. Eine nette Abstiegsvariante folgt dem Waldweg M 3 über „Römersberg“. Viele Informationstafeln stellen den Wald in all seinen Facetten vor. Nach dem Wald folgt wieder schönes, bäuerliches Siedlungsgebiet, die markierte Route orientiert sich nun an den asphaltierten Zufahrtswegen. Mit herrlichem Blick auf die Drei-Seenlandschaft geht es wieder in den geschichtsträchtigen Markt Mattsee zurück.

Der Buchberg fest in Kinderhand.

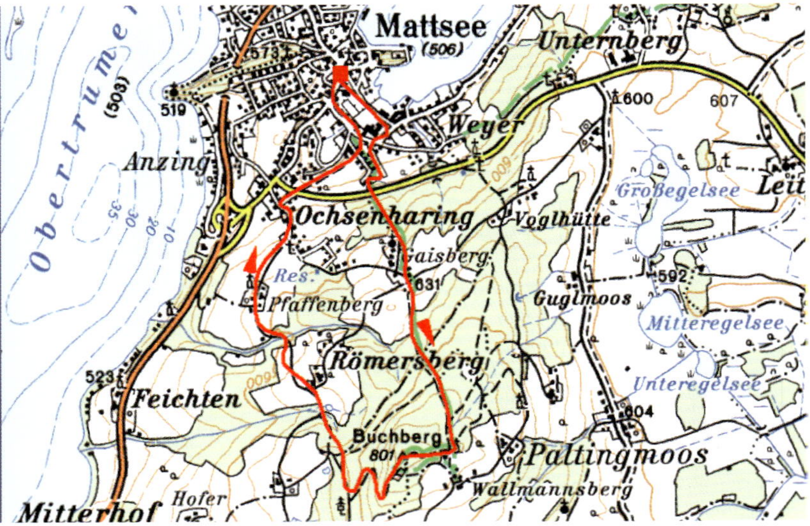

13 Tiefensteinklamm

In der Tiefensteinklamm.

Im Schaudorf Schleedorf gibt es wirklich eine ganze Menge zu sehen. Die größte Überraschung mitten im hügeligen Flachgau aber ist die eiszeitliche Tiefensteinklamm.

Alter: ab vier Jahren
Voraussetzung: Basiskondition
Ausrüstung: leichte Wanderausrüstung
Mountainbuggy: ja, im Wald aber schwieriges Buggy-Gelände
Anfahrt, Ausgangspunkt: über die Westautobahn A 1, Abfahrt Wallersee, nach Seekirchen, weiter Richtung Köstendorf bis zur Abzweigung Schleedorf nach links. Oder über die A 1, Abfahrt Salzburg Nord, nach Mattsee und dort nach rechts über die Köstendorfer Landesstraße nach Schleedorf. Parken im Ort.
Öffentliche Verkehrsmittel: über Mattsee (Bus 120) und Bus 332
Beste Zeit: Frühling bis Herbst
Wegcharakter: Asphaltwege und Waldsteige
Gehzeit: 1:15 Stunde
Höhenunterschied, Weglänge: 50 Hm., 3,8 km
Einkehrmöglichkeiten: zwei Dorfgasthöfe
Attraktionen: Klamm, Schleedorf (Käsewelt, Puppenauslagen ...)
Informationen: www.schleedorf.salzburg.at
Karte: ÖK 1:50.000 Blatt 3204 (64)

Ausgangspunkt Schaudorf „Schleedorf“.

Der sympathische Ort Schleedorf hat sich als Schau-Dorf einen Namen gemacht. Von der Bio-Käserei bis zum Dorfschneider, von alten Gerätschaften bis zu den wertvollen Guggenbichler-Figuren in der neugotischen Pfarrkirche gibt es viel zu entdecken. Seinen Namen verdankt der Ort der Schlehe bzw. dem Schlehdorn, den es hier vermutlich in früheren Zeiten noch häufiger gab. Der Strauch liefert nicht nur köstliche Früchte, sondern seine Rinde auch einen tintenähnlichen Schreibstoff, der allerdings den Nachteil hat, dass die Schriftzeichen im Laufe der Zeit unsichtbar werden. Ganz im Gegensatz zu Schleedorf selbst: 874 erstmals urkundlich erwähnt, steckt es auch heute noch voller sichtbarer Vitalität.
Vorerst noch unsichtbar und für diese sanft hügelige Landschaft eine wirkliche Überraschung ist die tief eingeschnittene Klamm, zu der unsere Wanderung führt. Entstanden ist die Tiefensteinklamm bereits in der vorletzten Eiszeit (250.000 bis 100.000 Jahre). Aus dem ursprünglich 200 Meter dicken Eis entwickelte sich der Riss-Wallersee, der 70 Meter über dem heutigen Seeniveau lag. In diesen See mündete ein Bach von der Ostseite des Buchberges und lagerte hier einen Schwemmkegel ab. Nach dem Absinken des Seeniveaus wurde dieser mittlerweile verfestigte Konglomeratkegel aus Sand und Schotter durchschnitten. Die Geburtsstunde der phantastischen Tiefensteinklamm!

Der Weg: Ausgangspunkt ist das Ortszentrum von Schleedorf. Am Kollerwirt und an der Kirche vorbei geht es zu einer Kreuzung mit vielen Wegschildern. Hier der Markierung „Rundwanderweg Tiefensteinklamm 1“ nach rechts folgen. Zunächst geht es auf einem Asphaltsträßchen aus dem Ort und leicht abwärts auf den Waldrand zu. Entlang diesem nach links, auf der Waldseite macht sich bald der Tiefenbach bemerkbar. Die markierte Route folgt mehr oder weniger dem Bach, der sich immer tiefer in den Waldboden einschneidet.

Alte Hofmühle im neuen Kleid. Die Tagesleistung betrug einst 200 Kilogramm Getreide.

Schließlich zweigt der Pfad über einige Stufen in die klammartige Verengung hinab. Aus dieser Wunderwelt aus Licht und Schatten, aus Wasserfällen und Stille führt der gleiche Weg wieder zurück. Nun aber bei einer Weggabelung nach rechts, der angenehme Waldweg zweigt in eine schmale Zufahrtstraße, die in den weithin sichtbaren Ort Schleedorf zurückführt.

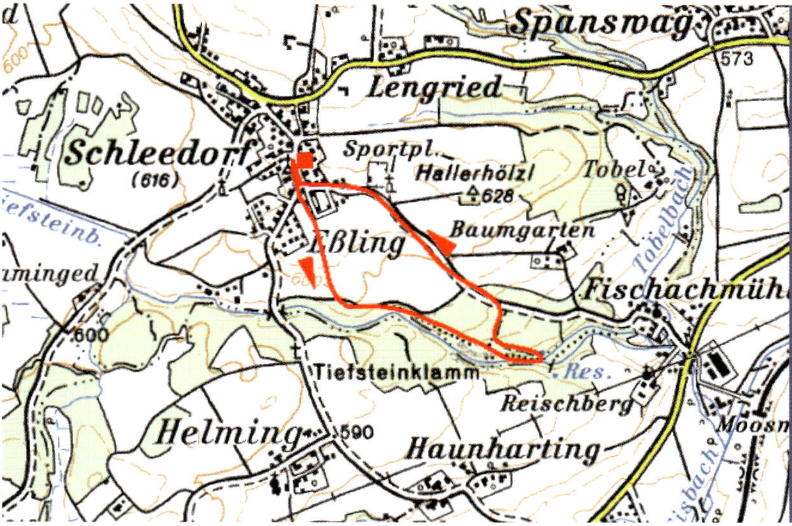

14 Naturerlebnisweg Seekirchen und Wenger Moor

Am Naturerlebnisweg mit Blick auf die Seeburg.

Baden oder Forschen? Der neue Naturerlebnisweg Seekirchen oder die Radtour in das Wenger Moor ergeben gemeinsam mit dem Strandbad Seekirchen einen wunderbaren Kompromiss!

Alter: ab drei Jahren (Naturerlebnisweg)
Voraussetzung: Basiskondition
Ausrüstung: Freizeitausrüstung, Badesachen, Fernglas
Mountainbuggy: ja
Anfahrt, Ausgangspunkt: auf der A 1, Abfahrt Wallersee (Eugendorf), Richtung Seekirchen. Über die Umfahrung Richtung Köstendorf bis zur Abzweigung Seewalchen. Am Schloss Seeburg vorbei auf den im Sommer gebührenpflichtigen Parkplatz Strandbad (3 Euro Gebühr).
Öffentliche Verkehrsmittel: Bahnhof Seekirchen, 10 Gehminuten zum Strandbad bzw., im Sommer, eigener „Bummelzug-Zubringer“
Wegcharakter: Kieswege, Asphalt (Radweg) und Holzstege (Naturerlebnisweg)
Gehzeit: Naturerlebnisweg 30 Min., Radweg 1 bis 2 (Seeumrundung) Std.
Weglänge: Naturerlebnisweg 1,5 km, Radweg Seekirchen Bahnhof – Wierer 8 km
Einkehrmöglichkeiten: Seebad Seekirchen, Campingplatz Wallersee-Zell
Attraktionen: Aussichtsplattformen, Seebad, Vogelwelt
Informationen: www.seekirchen.salzburg.at, www.salzburg.gv.at/wengermoor
Karte: ÖK 1:50.000 Blatt 3204 (64)

Einerseits ist der Wallersee einer der wärmsten Badeseen im Salzburger Land, andererseits ist er auch für die Naturwissenschaft von größtem Interesse. Die beiden Tourenvorschläge bei Seekirchen bringen alles unter einen Hut. Besonders der neue Naturerlebnisweg liegt mit einer Einstiegsstelle beim Spielplatz des Strandbades so günstig, dass er sogar in einer längeren Badepause durchwandert werden kann. Das Wenger Moor wiederum lässt sich am bequemsten erradeln, der neue Rad- und Wanderweg führt durch diese wunderbare, zum Europaschutzgebiet erklärte Landschaft.

Naturerlebnisweg: Ein günstiger Startpunkt für den eineinhalb Kilometer langen Naturerlebnisweg ist das Strandbad. Der Weg wurde mit Hilfe von Stadt, Land und Naturschutzbund errichtet. Spektakuläre Installationen sind nicht nötig, denn aufregend ist die Natur selbst. Die Runde führt mehr oder weniger um den Campingplatz, östlich wird das Gelände vom Hochwasserschutzdamm begrenzt. 15 Schautafeln, eine Vogelwarte, eine Wasser-Plattform und der Seemoosstadl helfen bei der Spurensuche. Zum Schutz der empfindlichen Moorwiesen führt die Runde teils über Holzstege. Den (irrtümlich ausgesetzten) Waller im See gibt es zwar wirklich, seinen Namen verdankt der See aber einem adeligen Grundherrn. Eine Auswahl an Wallersee-Fisch für zu Hause bietet der letzte Berufsfischer Kapeller unweit des Naturerlebnisweges an. Er betreibt auch den kleinen Seekiosk neben dem Bootsverleih, in dem man ganz wunderbar sitzen und das Strandleben genießen kann: die Kleinen mit einer Portion Eis, die Größeren mit geräuchertem Saibling und einem Glas Prosecco.

Bildschöne Landschaft Wenger Moor.

Radtour Wenger Moor: Die Radtour beginnt am Bahnhof Seekirchen und führt über die Bahnhofsstraße unterhalb der Seeburg Richtung Seebad. Nun aber geradeaus, anfänglich mehr oder weniger der Westbahnstrecke entlang, dann auf einem schmalen Weg an einigen Strandhäusern vorbei zur sehr interessanten kleinen Kirche von Wallersee-Zell,

Vogelbeobachtung im Strandbad Seekirchen.

die auf ältestem Siedlungsboden steht. Am Camping- und Strandbadgelände vorbei über den Mühlbach, den renaturierten Altbach und den Wallerbach in das Naturschutzgebiet Wenger Moor. Schautafeln und ein Aussichtsturm verschaffen einen schönen Überblick über diese phantastische Moorlandschaft. Hin und wieder sorgen Kunstaktionen für einen zusätzlichen reizvollen Kontrast. Auch der Wiererhof steht auf einem wunderbaren Logenplatz mit Aussicht auf See und Berge. Wird nicht die ganze, sehr anstrengende 23-Kilometer-Runde um den Wallersee gewählt (grünes Schild), geht es von hier wieder durch das Wenger Moor zurück.

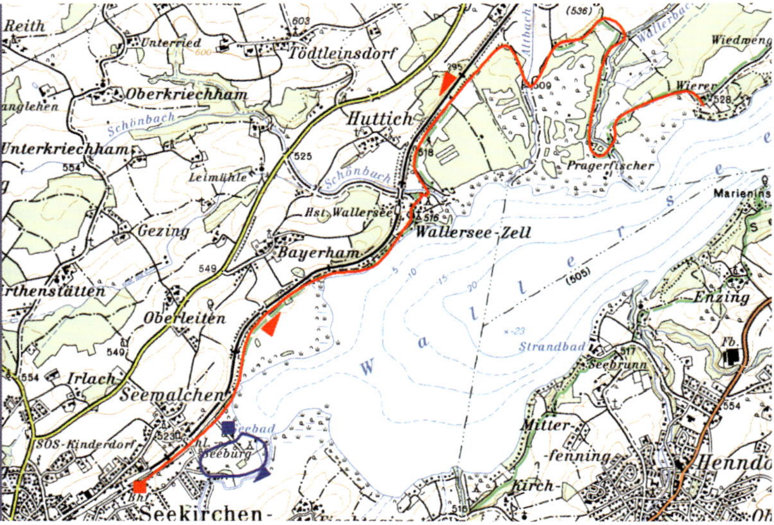

15 Dichtlalm (Wunderfichte) und Ruine Lichtentann

Der Weg zur Dichtlalm.

Eine interessante Spurensuche führt zur sogenannten „Wunderfichte" in der Nähe der Dichtlalm und, bei Lust und Laune, zur Ruine Lichtentann.

Alter: ab vier Jahren
Voraussetzung: konditionelles Grundmaß
Ausrüstung: leichte Wanderausrüstung
Mountainbuggy: nur bis zur Dichtlalm
Anfahrt, Ausgangspunkt: über die A 1, Abfahrt Wallersee (Eugendorf), nach Henndorf. Am nördlichen Ende des Umfahrungstunnels nach rechts über Ölling nach „Kienberg". Am Kirchlein St. Brigida vorbei 4 km zum Gasthof Kienberg. Entweder hier parken (dabei aber unbedingt um Erlaubnis fragen) oder noch 1 km weiter bis zum Straßenende, dort einige wenige Parkplätze.
Beste Zeit: Frühling bis Herbst
Wegcharakter: Wald-, Wiesen- und Zufahrtswege
Gehzeit: Runde Dichtlalm – Kienberg 1:15 Std., Ruine Lichtentann zusätzlich 45 Min.
Höhenunterschied, Weglänge: Dichtlalm 70 Hm., 3,4 km; Lichtentann 100 Hm., zusätzlich 2,6 km
Einkehrmöglichkeiten: Dichtlalm Samstag, Sonntag und Feiertag ab 14 Uhr, Gasthof Kienberg
Attraktionen: Kandelaberfichte („Wunderfichte"), Ruine Lichtentann
Informationen: www.henndorf.at, www.salzburger-seenland.at
Karte: ÖK 1:50.000 Blatt 3204 (94)

Eigentlich ist die Dichtlalm in der Nähe von Henndorf für eine richtige Alm etwas zu klein und die Wunderfichte heißt vielleicht so, weil es ein Wunder ist, dass sie überhaupt noch steht oder dass sie überhaupt auffindbar ist. Aber seien wir nicht ungerecht, das Unerwartete ist ja oft das Spannendste an einer Wanderung. Zumindest sehen das bestimmt die Kinder so. Wer nach der kleinen Runde noch Lust auf mehr hat, könnte sich auf den Weg zur Burgruine Lichtentann machen, wo ja auch nicht mehr alles vorhanden ist. Aber das wäre von einer Ruine ja auch zu viel verlangt.

Der Weg: Vom kleinen Parkplatz am Ende der Zufahrt geht es bergwärts auf dem Wirtschaftsweg (Weg N 5) weiter, der aus dem Wald auf die offene Wiese hinausführt. Am höchsten Punkt steht die Dichtlalm, eine winzig kleine, gemütliche Holzhütte, wie angelehnt an den rückwärtigen dichten Nadelwald. Die Sitzgelegenheiten davor sind mit einem herrlichen Ausblick gesegnet und es gibt viel Platz zum Spielen. Der weitere Wegverlauf folgt dem Waldrand nach rechts (O), bald tauchen dann auch wieder die gelben Schilder mit dem Hinweis zur „Wunderfichte“ auf. Nach wenigen Minuten ist dieser Platz in einer geschützten Grabenstelle mitten im Wald erreicht und obwohl die Wunderfichte mit einst gewaltigen Dimensionen eigentlich nur noch ein Baumskelett ist, sieht sie mit ihren weit ausladenden Ästen noch recht imposant aus. Ein kurzes Stück geht es auf dem Pfad wieder zurück, dann folgt der weitere Abstieg mehr oder weniger dem sanften Waldrücken nach links, der zur Jägerwiese hinunterführt. Am Rand dieser idyllischen Feuchtwiese abermals links und bei der Einmündung in das Asphaltsträßchen nach rechts. Entlang dieser 800 Meter bis zur Abzweigung „Kienberg N5“

Durch das äußere Tor der Ruine Lichtentann.

Die ehemalige Wunderfichte besteht nur noch aus kahlen Ästen.

und über den Feldweg bzw. zum Schluss über die Zufahrt an den Ausgangspunkt zurück.

Ruine Lichtentann: Die Runde über die Dichtlalm und die Wunderfichte ist nicht allzu lang, eine interessante Ergänzung bietet sich mit der romantischen Ruine Lichtentann an. Dazu bei der Abzweigung Kienberg nicht nach rechts, sondern entlang der schmalen Straße noch 800 Meter geradeaus (Weg N8 Lichtentann) bis zu einer Weggabelung. Hierher gelangt man auch mit dem Auto, einige Parkplätze gibt es vor dem Holzstoß. Der kurze, 20-minütige Aufstieg zur Ruine ist gleichzeitig ein Teil des sehr anschaulichen Eiszeitrundwanderweges. Bis zur Station kurz vor dem Wald reichte vor 20.000 Jahren das Gletschereis. Die oberhalb gelegene Anlage Lichtentann gab es zu dieser Zeit noch nicht, sie wurde um 1270 illegal, also ohne erzbischöfliche Erlaubnis errichtet, was einige Sanktionen nach sich zog, war aber zu ihrer Blütezeit doch recht bedeutend. Auch die jetzt noch vorhandenen Reste sind beeindruckend und geben einen herrlichen Rahmen für Picknick, Ritterspiele oder Erforschungen ab. In der südöstlichen Burghofecke lässt sich etwa unter hohem Gras die verschüttete Zisterne ausmachen. Der Rückweg folgt bis zur Weggabelung dem Aufstieg, wenn dort nicht das Auto steht, weiter nach links am Bach entlang und dann rechts am Gasthof Kienberg vorbei an den Ausgangspunkt.

16 Ruine Plainburg und Wolfschwang

Die mächtige Ruine Plainburg von außen ...

Die mächtige Plainburg ist zwar schon seit dem beginnenden 17. Jahrhundert dem Verfall preisgegeben, aber der unkomplizierte Abstecher dort hinauf regt die Phantasie an. Auch der weitere Waldweg nach Wolfschwang ist unschwierig und recht lohnend.

Alter: ab vier Jahren
Voraussetzung: konditionelles Grundmaß
Ausrüstung: Wanderausrüstung
Mountainbuggy: ja, der Abstecher auf die Ruine ist allerdings steil
Anfahrt, Ausgangspunkt: auf der A 1, Abfahrt Salzburg West, dann über Walserfeld nach Großgmain. Vor dem Ortszentrum nach links in die Plainburgstraße. 700 m aufwärts bis zu Parkplätzen auf der rechten Straßenseite.
Öffentliche Verkehrsmittel: Bus 180, Haltestelle Lindenstraße (15 zusätzliche Gehminuten)
Beste Zeit: ganzjährig, auch nach Schneefall sind die Wege bald ausgetreten
Wegcharakter: breite Waldwege
Gehzeit: 1:20 Std.
Höhenunterschied, Weglänge: 150 Hm., 3,7 km
Einkehrmöglichkeiten: Wolfschwang
Attraktionen: Ruine, Wildgehege, Freilichtmuseum Großgmain
Informationen: www.grossgmain.salzburg.at, www.tourismusverband-grossgmain.at, www.freilichtmuseum.com
Karte: ÖK 1:50.000 Blatt 3210 (63)

Obwohl von der gewaltigen Gesamtanlage der stolzen Plainburg nicht mehr viel zu sehen ist, reicht die verbliebene acht bis zehn Meter hohe, innere Ringmauer doch für großes Staunen und für einen eindrucksvollen Überblick. Eine sehr gute Vorstellung von der einstigen Macht und Größe kann man sich übrigens bei der relativ baugleichen, nicht allzu weit entfernten Burg Staufeneck am Nordfuß des Vorderstaufen oberhalb von Piding machen. Im Volksmund wurde die Plainburg auch „Salzbüchsel" genannt, da die gewaltige Anlage zur Sicherung der Salzproduktion dienen sollte. Der Weg zur Burg ist nicht allzu lang, eine sinnvolle Ergänzung ist noch die waldreiche Wanderung nach Wolfschwang, wo ein netter Gastwirt, herrliche Ausblicke und jede Menge Hirsche warten.

Der Weg: Es gibt zwar direkt am Fuß des Burghügels einen Parkplatz, besser ist aber die weiter unten im Ortsgebiet gelegene Parkfläche nahe des Schwimmbades, da sich hier auch wieder die Runde schließt. Von hier nun also links bergwärts über die Plainburgstraße in wenigen Minuten zum beginnenden Aufstiegspfad Richtung Plainburg. Über die Reste des äußeren Mauergürtels führt der Steig an der ehemaligen Zugbrücke vorbei zu einem spitzbogigen Eingangstor in der beeindruckenden inneren Ringmauer. Im Inneren ist nicht mehr viel zu sehen, dafür gibt es jetzt genügend Platz, den der tadellos gleichmäßig wachsende Nussbaum in der Burghofmitte vielleicht eines Tages auch braucht.

... und von innen.

In der Nordwestecke wurde eine große hölzerne Aussichtsplattform errichtet, von der man ganz nach Ritterart einen grandiosen Blick auf das umgebende Land werfen kann. Wieder auf der Parkfläche vor dem Burghügel ist dort die Richtung Wolfschwang angeschrieben. Dieser breite Weg führt sanft ansteigend, hauptsächlich durch dichten Wald in 25 Minuten zur sehr schön gelegenen Gastwirtschaft Wolfschwang. In

In Wolfschwang gibt es viel zu entdecken. Links der Staufen.

einigen Minuten wieder auf den Parkplatz zurück folgt die Route nun der Richtung „Großgmain" nach links. Wieder geht es über einen breiten, sehr angenehmen Waldweg auf die schönen Bauernwiesen hinaus und ein kurzes Stück entlang der Zufahrtsstraße auf den Parkplatz zurück. Ausgesprochen empfehlenswert ist auch noch eine Durchquerung des ganzen Bundeslandes in mehr oder weniger kurzer Zeit im Freilichtmuseum Großgmain. Alle fünf Salzburger Gaue sind durch ihre baulichen Besonderheiten vertreten, etwas erhöht liegt natürlich der Lungau. Die Rückfahrt in die Stadt Salzburg führt an diesem überaus sehenswertes Museum vorbei, das auch immer wieder sehr familienfreundliche Angebote und Attraktionen im Programm hat.

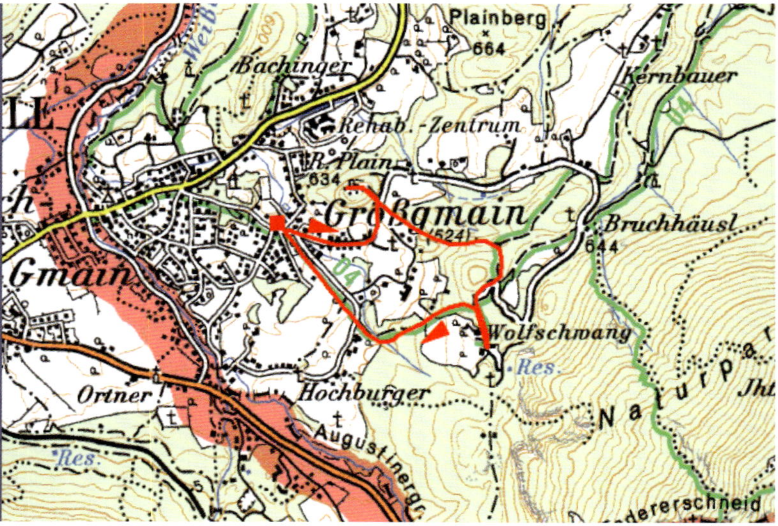

17 Trockene Klamm

Die Erentrudisalm ist ein beliebtes Ausflugsziel.

Ver-rückte Steine: Vor den Toren der Stadt Salzburg belebt ein steinerner Irrgarten aus gewaltigen Felsblöcken seit jeher die Phantasie und verleiht selbst gehschwachen Kindern plötzlich Flügel.

Alter: mit Kletterunterstützung ab fünf Jahren
Voraussetzung: Basiskondition, Trittsicherheit
Ausrüstung: Wanderausrüstung, rutschfeste Schuhe
Mountainbuggy: nein
Anfahrt, Ausgangspunkt: über die Tauernautobahn A 10, Abfahrt Puch-Urstein. Auf der Landesstraße Richtung Salzburg. Nach 2,5 km in Elsbethen-Zieglau direkt bei der Brücke über den Kehlbach (Steinfigur) nach rechts in den Stadlerweg, bei der nächsten Gabelung nach links und am Naturdenkmal „Strudelloch" vorbei bis zu einigen Parkplätzen unterhalb des beeindruckenden Archsteins.
Öffentliche Verkehrsmittel: Bus 160, Haltestelle Zieglau. Bahn, Haltestelle Elsbethen. Zusätzliche Gehzeit 30 Min.
Beste Zeit: Sommer
Wegcharakter: Fels-, Wald- und Wiesensteige und ein Stück Hofzufahrt
Gehzeit: 3 Std.
Höhenunterschied, Weglänge: 400 Hm., 6,3 km
Einkehrmöglichkeiten: Erentrudisalm
Attraktionen: Klettergarten, Spielplatz und Wildgehege bei der Erentrudisalm
Informationen: www.elsbethen.net
Karte: ÖK 1:50.000 Blatt 3210 (64, 94)

Wo geht's weiter?

Im Unterschied zu anderen Klammen wie etwa der benachbarten Glasenbachklamm war bei der Bildung dieser „Klamm" kein Bach beteiligt. Die Trockene Klamm entstand vielmehr durch eine regelrechte Felszerreißung, als der bis dahin stützende Sockelfuß in Form des Gletschereises wegschmolz und die häusergroßen Blöcke ins Tal rutschten. Durch diese steinerne Zauberwelt, diesen märchenhaften Irrgarten aus Licht und Schatten wurde ein gelb markierter Rundweg angelegt. Es sind zwar noch keine Kinder verschwunden, aber ganz ungefährlich sind die Spalten und Klüfte auch wieder nicht. In der bezeichnenderweise Wildfang genannten, 40 m langen, 60 cm breiten und 17 m tiefen Kluft wurden zahlreiche Reh- und andere Skelette gefunden. Also bitte am Weg bleiben oder zumindest nur sicheres Gelände betreten.

Der Weg: Die Zufahrt endet bei einem Hof, der neben dem gewaltigen Archstein steht. Dieses beeindruckende Naturdenkmal gibt schon einen ersten Vorgeschmack auf die Trockene Klamm, die übrigens zum Teil gar nicht so trocken ist. Gute, rutschfeste Sohlen sind also sehr wichtig. Am Wegbeginn steht eine Informationstafel. Wer die Durchquerung der Klamm auslassen will, geht hier südwärts ein paar Meter geradeaus und zweigt in Höhe des Hofes nach links auf den steilen, unmarkierten Wirtschaftsweg ab, der oberhalb der Felsen wieder in den gelb markierten Steig mündet. Aber auch in der Trockenen Klamm gibt es eine gemäßigte Variante, die mehr oder weniger auf der rechten, sonnigen Seite bleibt. Der linke, nordwestseitige Teil der Runde passiert im oberen Teil eine drahtseilgesicherte Stelle. Wieder vereint geht es über einen herrlichen Waldweg zu einem Gehöft. Hier scharf nach rechts über den sonnigen Bergrücken zur Erentrudisalm. Dort wartet neben guter Hausmannskost und Augustinerbräu-Bier ein toller

Spielplatz, der alle Stückeln spielt. Ein paar Meter geht es von hier wieder entlang der Straße zurück, dann nach links aufwärts Richtung „Puch, Vollererhof“. Der Weg führt an einem Riesenahorn vorbei auf eine idyllische Lichtung unterhalb der Schwarzenbergalm. Von hier steil nach rechts in die leicht zu übersehende Route 11 „Steig über Kainzreit“. Auf diesem nun wieder gut erkennbaren Pfad teils durch lichten Wald, teils über Wiesen eineinhalb Kilometer abwärts bis zu einem Bach und nun entlang diesem auf dem breiten Weg nach rechts. Über eine Hofzufahrt weiter abwärts und bei der nächsten Gabelung links in den Steinerweg Richtung „St. Jakob“. Auf dem Steinerweg einen Kilometer abwärts bis zur beschilderten Abzweigung „Archstein“ (rechts). Ein kurzer Abstecher führt hier nach rechts zu einem beeindruckenden Wasserfall. Wieder auf dem offiziellen Weg zurück geht es über ein Holzbrückerl hinüber an den Ausgangspunkt Archstein.

Mit Blick auf den Untersberg zurück an den Ausgangspunkt.

18 Plötz und Ebenauer Mühlenwanderweg

Die Waschlmühle steht am Beginn der Mühlenwanderung.

Die Ebenauer Mühlenwanderung ist ein abwechslungsreicher Weg in einer abenteuerlich schönen Landschaft. Bei heißem Sommerwetter könnte sogar der Badeanzug zum Einsatz kommen.

Alter: ab fünf Jahren
Voraussetzung: konditionelles Grundmaß. Der Abschnitt Plötz erfordert diszipliniertes Gehen.
Ausrüstung: Wanderausrüstung
Mountainbuggy: nein
Anfahrt, Ausgangspunkt: über die A 10, Abfahrt Hallein, oder die A 1, Abfahrt Thalgau, in das Wiestal und weiter nach Ebenau. Dort in einer Schleife auf den Parkplatz am Receyclinghof auf der westlichen Landesstraßenseite.
Öffentliche Verkehrsmittel: Bus 154 ab Hof
Beste Zeit: Sommer, Herbst
Wegcharakter: Steige, teils im Steilgelände
Gehzeit: 2:30 Std.
Höhenunterschied, Weglänge: 150 Hm., 6 km
Einkehrmöglichkeiten: Gastronomie im Ort
Attraktionen: Wasserfall, Mühlen, Felsenbad
Informationen: www.ebenau.at
Karte: ÖK 1:50.000 Blatt 3204, 3210 (64)

Ebenau ist ja in vielerlei Hinsicht ein ganz bemerkenswerter Ort mit einer besonderen Dichte an Sehenswürdigkeiten. Das Naturdenkmal Plötz ist dabei wirklich noch einmal herausragend. Hier an der Nahtstelle zweier großer Gletscher, entstand eine phantastische Landschaftsform, die viele Bedürfnisse bedient. Der von Koppl abfließende Rettenbach durchschnitt die beiden Endmoränenwalle und entwickelte sich durch die Felsstufen zu einem idealen Mühlenbach. Viele dieser Mühlen stehen noch immer, etwa die spektakuläre Schroffenmühle über dem Wasserfall, die um 1540 errichtet wurde und bis 1954 in Betrieb war. Diese behutsam renovierten und revitalisierten Mühlen sind nun die eine Attraktion des Weges, eine andere ist der Bach selbst, wie er da in bis zu 20 Meter hohen Kaskaden in die Tiefe donnert, um dann einige Meter weiter talwärts als ruhiger Badeteich zur Verfügung zu stehen. So hat eben jeder etwas von dieser einmaligen „Plötz" und alle Sinne kommen auf ihre Rechnung.

Der Weg: Ausgangspunkt ist der Parkplatz beim Ebenauer Recyclinghof neben der Wiestal-Landesstraße. Von hier aus geht es mit dem Mühlenwanderweg 61 zur nahen Waschlmühle, die mit ihren beiden mächtigen Wasserrädern zum Einstieg ein besonders eindrucksvolles Bild abgibt. Der Mühlenweg biegt nach rechts in den Ortsteil Pertill ab und zweigt dann nach den letzten Häusern nochmals nach rechts über die Wiese in den angrenzenden Wald ab. Nun folgen einige steilere, schweißtreibende Meter auf den Wieselberg. Auf der höchsten Stelle (759 m) gibt das Blätterdach den Blick auf den fernen Watzmann frei, der da genau über dem Wiestal thronend, zum Vorschein kommt. In einer langen Querung führt der grün-gelb markierte Mühlenweg zur Brücke über den Rettenbach hinüber, hier beginnt die Plötz mit ihren fünf Mühlen. Sehr entspannte Jausenplätze mit wunderbaren Spielmöglichkeiten finden sich noch ein paar Meter bachaufwärts, während in die

Der Rettenbach im freien Fall. Ganz oben steht die Schroffenmühle.

Die Färbung des Rettenbaches stammt aus dem Koppler Moor.

andere Richtung ein spektakulärer, steiler Abschnitt beginnt. Abenteuerlich ist die Lage der Schroffenmühle, die da direkt über dem Abgrund des 20 Meter hohen Wasserfalles steht. Auch ans andere Ende des Falles führt ein kurzer Stichweg, er beginnt bei der Edermühle und ist ein unbedingter, äußerst eindrucksvoller Pflichtteil. Bis zum gemauerten Badebecken folgen wir noch dem Rettenbach talwärts, dann geht es über die künstliche Einfassung nach rechts in den Wald und in 20 Minuten zurück in das Mühlendorf Ebenau.

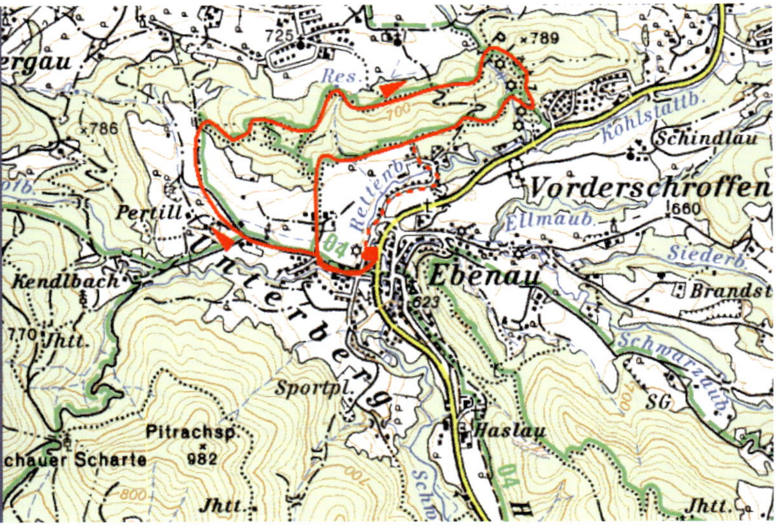

19 Nockstein

Zwischenstopp am Weg zur Spechtenschmiede.

Die letzten Meter auf den Nocksteingipfel vermitteln ein wenig hochalpines Flair, der Rest aber ist angenehmes Genusswandern.

Alter: ab sechs Jahren
Voraussetzung: gute Basiskondition, Trittsicherheit besonders am Nocksteingipfel, der aber auch ausgelassen werden kann.
Ausrüstung: Wanderausrüstung
Mountainbuggy: nein
Anfahrt, Ausgangspunkt: über die Wolfgangsee-Bundesstraße B 158 in das Ortszentrum von Koppl (Parkplätze)
Öffentliche Verkehrsmittel: Bus 150 bis Haltestelle Sperrbrücke, von hier 15 Gehminuten bis Koppl; oder Bus 152
Beste Zeit: Frühling bis Herbst
Wegcharakter: Wald- und Feldwege, Zufahrten, aber auch steile Steige
Gehzeit: gesamt 3 Std., Variante Spechtenschmiede gesamt 3:30 bis 4:30 Std.
Höhenunterschied, Weglänge: 300 Hm., 7,5 km, Variante Spechtenschmiede (mit Gaisbergrundwanderweg) zusätzlich 150 Hm., 9,5 bis 10,5 km
Einkehrmöglichkeiten: im Ort Koppl
Attraktionen: steiles Gipfelerlebnis, Naturschutzhaus Spechtenschmiede, Koppler Moor
Informationen: www.koppl.at
Karte: ÖK 1:50.000 Blatt 3204 (64)

Blick vom Nockstein Richtung Koppler Moor.

Bei der Spechtenschmiede finden immer wieder tolle Naturerlebnistage statt.

Der Nockstein ist unverkennbar. Genau deswegen wurde er auch sehr bald ein wichtiger Grenzpunkt in alten Urkunden. Aber auch umgekehrt eröffnet der Gipfelblick mitten hinein in die Salzburger Altstadt ungeahnte Perspektiven. Genauso interessant ist die Geologie oder die Botanik, denn der abwechslungsreiche Weg streift von Moor- bis Alpinflora ganz unterschiedliche Vegetationsformen. Den Kindern wird's gefallen, denn der felsige Abschluss ist wie ein Ausflug ins hochalpine Gelände. Etwas Vorsicht und Umsicht ist auf diesem kurzen Gipfelstück, gerade über der 1000-Meter-Marke, aber angebracht.

Der Weg: Ausgangspunkt der Rundwanderung ist die große Informationstafel im Ortszentrum von Koppl (Parkplatz). Von hier aus ein Stück entlang der Dorfstraße aufwärts, dann mit dem Weg 70 rechts an der Prangerschützenkapelle vorbei auf den Eggerl- und den Ebenweg (links). Der Ebenweg führt zu einem letzten Anwesen, dort kurzzeitig ohne Markierung nach rechts in den Wald. Bei einer Waldkapelle mündet dieser Weg wieder in die Route 70 ein. Der folgende Abschnitt auf den Nocksteinsattel gehört zum eindrucksvollsten der ganzen Runde. Mit jedem Schritt eröffnen sich neue Ausblicke, bizarre Felstürme tauchen auf, es ist wie beim Gehen auf einer Burgmauer von Bastion zu Bastion. Die Festung ist dann der Nockstein (1042 m) und dieser letzte, steile Anstieg über vielleicht 20 Minuten erfordert recht aufmerksames Wandern. Wieder auf dem Sattel zurück geht es zunächst ein kurzes Stück auf dem bekannten Weg bis zur Abzweigung 70a nach rechts. Dieser Weg führt bald hinaus auf eine schöne Lichtung, peilt dann ein markantes Wegkreuz auf der Anhöhe gegenüber an und trifft auf eine Zufahrt (Parkplatz). Auf diesem zwei Kilometer langen Sträßchen geht es an schönen Höfen wie etwa dem Kirchweiler Au vorbei zurück in den Ort Koppl.

Variante Koppler Moor, Spechtenschmiede: Auch bei dieser um einiges längeren Variante wieder auf den Sattel vor dem Nockstein-Gipfel zurück. Nun aber Richtung „Gaisbergspitze" weiter. Bei der nächsten Weggabelung eröffnen sich zwei Möglichkeiten: entweder geradeaus auf den oberhalb führenden Gaisberg-Rundwanderweg, diesem links folgen und abermals links zurück Richtung Koppl. Oder die kürzere Variante und gleich nach links abwärts. Auf dem Waldweg geht es in einer halben Stunde bis zu einer Asphaltstraße, hier unmarkiert weiter zum Hof der Familie Leitner und über schöne Feld- und Waldwege nach Gaisbergau auf den markierten Weg 73. Nun über die Aschaustraße am Moorrand zurück nach Koppl. Eine lohnende Variante bietet sich bei einer Weggabelung mit dem etwa halbstündigen Umweg über das Naturschutzhaus „Spechtenschmiede" (grünes Schild) an. Rund um diese Selbstversorgerhütte der Österreichischen Naturschutzjugend gibt es Naturerlebnisstationen wie etwa den Barfußweg oder eine Insektenpension. Von der Hütte am kleinen Teich vorbei über den Bach, den Feldweg aufwärts und bei einer Kreuzung nach links (Schmiedhäuslweg) zurück in den Ort Koppl.

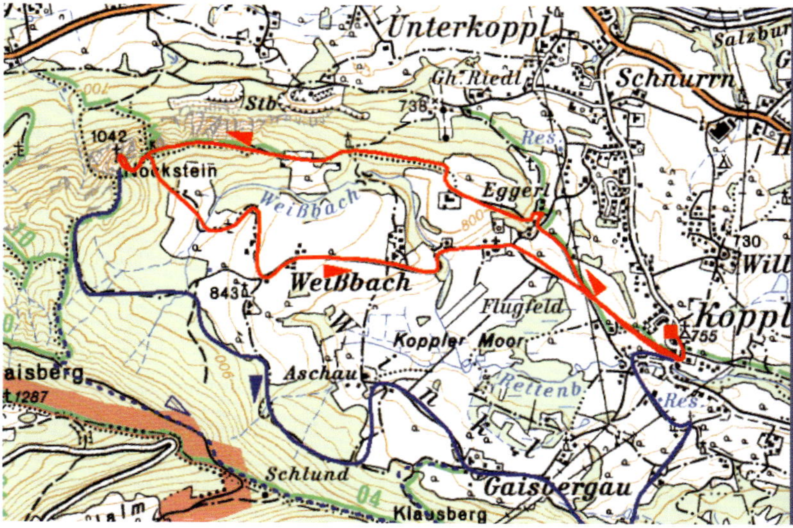

20 Nocksteinschlucht

Die Achse Nockstein – Stadt Salzburg – Staufen liegt auch geologisch auf einer Linie, dem Tirolikum.

Ganz schön cool, dieser steile Schluchtensteig über die Nockstein-Nordseite.

Alter: ab sechs Jahren
Voraussetzung: Grundkondition, Trittsicherheit, sauberes Gehen
Ausrüstung: festes Schuhwerk
Mountainbuggy: nein
Anfahrt, Ausgangspunkt: über die Wolfgangsee-Bundesstraße B 158 nach Guggenthal. Nun 200 m entlang der Gaisbergstraße und dann nach rechts in die Zufahrt zum ehemaligen Braugasthof Guggenthal. Parkplatz.

Öffentliche Verkehrsmittel: Bus 150, Haltestelle Guggenthal
Beste Zeit: Sommer
Wegcharakter: größtenteils steile Steige
Gehzeit: 2:30 Std.
Höhenunterschied, Weglänge: 400 Hm., 4,5 km
Attraktionen: Schluchten in Stadtnähe
Informationen: www.koppl.at
Karte: ÖK 1:50.000 Blatt 3204 (64)

Der Nockstein ist eine bekannte Erscheinung, jedes Kind kennt die knapp über 1000 Meter hohe Felsspitze östlich der Stadt Salzburg. Von der Koppler Seite aus gehört der Nockstein ja ohnehin zum Fixstern am Familienwanderhimmel (siehe auch Tour 19), dass es dort hinauf aber auch einen Schluchtweg gibt, ist vielleicht weniger bekannt. Einigen engagierten Bergkennern und Tourismusfachleuten aus Koppl ist es zu verdanken, dass es diesen herrlich kühlen Steig durch die wildromantische Nocksteinschlucht noch oder, besser gesagt, wieder gibt. Sie haben den anspruchsvollen Weg von Guggenthal aus wieder in Stand gesetzt. Diese Nocksteinvariante durch steiles Waldgelände ist eine nette Herausforderung für fortgeschrittene, verantwortungsbewusste Gebirgsgämsen.

Der Weg: Vom Parkplatz neben dem ehemaligen Braugasthof Guggenthal geht es entlang der Zufahrt zurück über die Gaisbergstraße und nun, dem Schild Nockstein folgend, an der Volksschule vorbei in den Wald. Hier zweigt eine Forststraße rechts in Richtung „Nocksteinschlucht" (Weg 72) ab. Als nette, kurzweiligere Variante kann auch ein Steig am Bach entlang dienen, der weiter oben wieder in den Weg einmündet. Nach der eher gemütlichen Eingehstrecke zweigt ein schmaler Pfad bergwärts ab und nun wird es allmählich wirklich schluchtartig. Durch eine tolle Felssturzlandschaft folgt der Weg später dem Bachverlauf, der abhängig von der Wetterlage von ganz trocken bis tosend offensichtlich alle Stückeln spielen kann. Am Ende der Schlucht, nach einer Stunde Gehzeit zweigt eine Variante Richtung Gersbergalm nach rechts ab, unser Weg 72 aber peilt als weiteren

Der Nocksteingipfel ist nicht mehr weit.

Die farbenprächtigen Azurjungfern in der Nocksteinschlucht haben andere Ziele als den Gipfel.

Höhepunkt natürlich noch den felsigen Nockstein (1042 m) an. Der Abstieg von der sagenhaften Nocksteinspitze führt über den steilen Gipfelsteig wieder in den Sattel zurück, nun aber nach links (Weg 70) und nach zehn Gehminuten abermals linker Hand Richtung „Guggenthal“. Auch dieser Steig quert über unzählige Serpentinen recht steiles Gelände, bevor es im letzten Abschnitt wieder sehr locker und gemütlich an den Ausgangspunkt zurück geht.

21 Gruberalm und Feichtensteinalm

Die „Original“ Gruberalm unter dem Regenspitz.

Wie in einem gewaltigen Amphitheater liegen die drei Gruberalmen auf einer gut geschützten Hochfläche. Mit ihren kinderfreundlichen Angeboten sind sie ein ideales, leicht erreichbares Familienwanderziel.

Alter: ab vier Jahren
Voraussetzung: für gesamte Runde gute Basiskondition
Ausrüstung: Wanderausrüstung
Mountainbuggy: bis zur Gruberalm über die Almzufahrt
Anfahrt, Ausgangspunkt: über die A 1, Abfahrt Thalgau, nach Hof und weiter nach Faistenau. Oder hierher über die A 10, Abfahrt Hallein, und weiter durch das Wiestal. Von Faistenau 9 km in die kleine Ortschaft Hintersee und nochmals 3,5 km in den Talschluss Lämmerbach (Parkplatz).
Öffentliche Verkehrsmittel: ab Salzburg Bahnhof direkt mit dem ÖBB-Postbus 155, Haltestelle Lämmerbach
Wegcharakter: Almwege und -zufahrten, Steige
Gehzeit: Anstieg Gruberalm 1 Std. (Abstieg 45 Min.), Feichtensteinalm zusätzlich 1 Std. (Abstieg 1:20 Std.)
Höhenunterschied, Weglänge: Gruberalm 250 Hm., 2,6 km (einfach), Feichtensteinalm 500 Hm., 5 km (einfach).
Einkehrmöglichkeiten: Grubenbachhütte, Hinterleit'n Hütte, Mayerlehenhütte (Gruberalm), Feichtensteinalm
Attraktionen: Almen mit netten Spielmöglichkeiten
Informationen: www.gruberalm.at, www.hintersee.salzburg.at, www.hintersee.at
Karte: ÖK 1:50.000 Blatt 3210 (94)

Die Feichtensteinalmen stehen auf dem Nordausläufer des Regenspitz.

Der Parkplatz Lämmerbach im Talschluss südlich der Ortschaft Hintersee ist ein beliebter Ausgangspunkt, an schönen Wanderwochenenden wird selbst diese große Parkfläche zu klein. Aber von hier aus sind ja viele Ziele möglich, ein besonders lohnendes ist die Gruberalm. Eigentlich sind es ja drei Almen, die da gut geschützt unter dem Dreigestirn Gennerhorn – Gruberhorn – Regenspitz auf einer wahrhaft paradiesischen Hochfläche stehen. Es gibt viel Platz zum Spielen und jede Alm hat ein anderes Zuckerl parat. Hier sind es die Streicheltiere, dort der Kletterturm – und der Brunnentrog wirkt sowieso immer anziehend. Die Zeit vergeht wie im Flug, wer dennoch weiter hinauf will, kann noch die wunderbar aussichtsreich gelegene Feichtensteinalm anpeilen.

Der Weg: Vom Ausgangspunkt Lämmerbach folgt die angeschriebene Route 57 zur Gruberalm die erste halbe Stunde dem Wirtschaftsweg oder auch Abkürzungen durch den Wald. Von einer Brücke öffnet sich ein netter Blick auf einen kleinen Wasserfall, zu dem auch ein kurzer Stichweg führt. Wenige Meter nach der Brücke zweigt ein steiler Steig nach links ab, der nach 20 Minuten recht unerwartet auf die schöne Almebene auf 1000 Meter Seehöhe hinausführt. Hierher gelangt man auch über den Wirtschaftsweg. Die Grubenbachhütte, die Hinterleit'n Hütte und die Gruberalm vom Mayerlehengut mit der Sennerin Lisi und ihren Kindern stehen dicht beieinander, aber es ist Platz genug für alle und eine jede Alm glänzt auf ihre eigene Weise. Von diesem kleinen Paradies führt der Weg 57 in der Nordecke der Hochebene wieder in den Wald und trifft nach einer Dreiviertelstunde auf jenen langen Bergrücken, auf dem die

Feichtensteinalmen (1280 m) stehen. Der markierte Fußweg zweigt ganz zum Schluss direkt unter den Almen abrupt steil nach links ab. Nach der Almrast geht es auf dem bekannten Weg 57 wieder bis zu jener Weggabelung zurück, bei der die „Gruberalm“ mit 15 Minuten Gehzeit angeschrieben ist. Nun orientiert sich der Abstieg aber nicht mehr an dieser Richtung, sondern folgt dem unmarkierten Steig geradeaus, der auf eine Forststraße hinabführt. Diese Forststraße wird schräg gequert und der weitere Weg über einen gut erkennbaren Pfad fortgesetzt. Schließlich trifft diese nette alternative Abstiegsroute auf die Wiesen rund um die Höfe im Talschluss Lämmerbach. Am Wiesenrand und über die Hofzufahrt geht es auf den nahen Parkplatz zurück.

Gepflegtes Brunntrog-Biotop auf der Gruberalm.

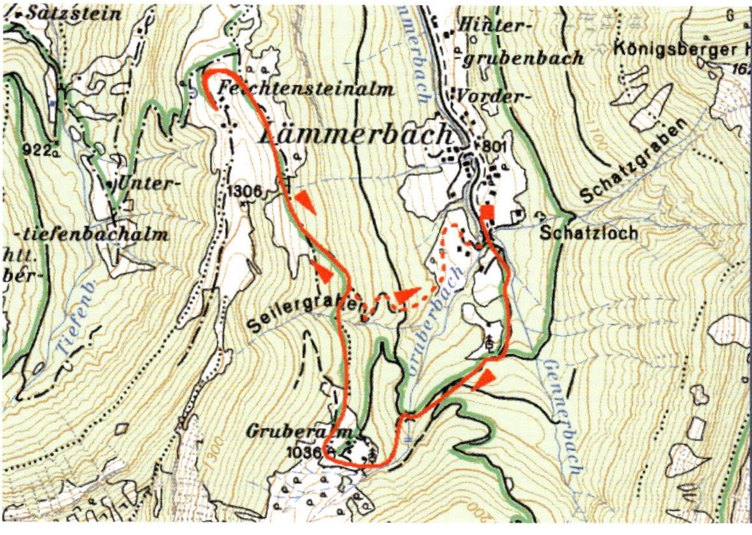

Route 21 Gruberalm und Feichtensteinalm

22 Hintersee und Eiskapelle

Talschnee im Hochsommer bietet die Eiskapelle im Griesbachgraben.

Eiszeit am Hintersee: Das muss nicht unbedingt etwas mit der Wassertemperatur zu tun haben. An die Seeumrundung lässt sich jedenfalls spielend das Naturphänomen „Eiskapelle" im schattigen Griesbachkessel einbauen.

Alter: Seerunde ab drei, Eiskapelle ab vier Jahren
Voraussetzung: Basiskondition. Gefahrenbewusstsein und Eigenverantwortung im Bereich der Eiskapelle
Ausrüstung: leichte Wanderausrüstung
Mountainbuggy: bis auf den letzten Teil Eiskapelle ja
Anfahrt, Ausgangspunkt: durch das Wiestal (A 10 Abfahrt Hallein) oder über Hof (A 1 Abfahrt Thalgau) nach Faistenau und weiter Richtung Hintersee. In Vordersee, gegenüber dem Fischerwirt, nach rechts abzweigen und nach 1 km auf dem großen Bundesforste-Parkplatz das Fahrzeug abstellen.
Öffentliche Verkehrsmittel: ab Salzburg Bahnhof direkt mit dem ÖBB-Postbus 155, Ausgangs- und Endpunkt Haltestelle Hirschpoint
Beste Zeit: Sommer
Wegcharakter: bequeme Wanderwege
Gehzeit: 2:30 Std. (Seerunde alleine 1:30 Std.)
Höhenunterschied, Weglänge: Eiskapelle 100 Hm., gesamte Weglänge 9,5 km, Seerunde (kein Höhenunterschied) 5,7 km
Einkehrmöglichkeiten: Hirschpoint, Asis Seestüberl, Fischerwirt
Attraktionen: Eiskapelle (Betretungsverbot beachten!), Hintersee
Informationen: www.hintersee.at
Karte: ÖK 1:50.000 Blatt 3210 (64, 94)

Der Hintersee hat mit 70 Hektar eine überschaubare Größe, was die Kinder besonders freuen wird, denn es gibt unzählige tolle Rast- und Badeplätze, für die man natürlich auch etwas Zeit einplanen sollte. Noch kälter als der Hintersee ist dann die sogenannte Eiskapelle im Grießbachkessel unter den steilen Nordabstürzen des Wieserhörndls. Die Mächtigkeit dieses Schneekegels, der nur in den heißesten Jahren ganz abschmilzt, hängt vom Lawinenschnee ab, der im Laufe des Winters herunterdonnert. Für die Sommergäste gilt aus Sicherheitsgründen weitgehend ein Betretungsverbot, ein Erlebnis ist dieser Ausflug in die Eiszeit mitten im Sommer aber auf jeden Fall.

Der Weg: Ein möglicher Ausgangspunkt ist der große Bundesforste-Parkplatz in Vordersee an der Nordseite des Sees. Hier gegen den Uhrzeigersinn nach rechts (SW) über den Almbach. Am eher steilen Westufer entlang folgt der breite Weg einer ehemaligen Waldbahn-Trasse, die am Beginn des 20. Jahrhunderts nach einer verheerenden Waldwurfkatastrophe errichtet wurde. Bei einer Weggabelung zweigt die Seerunde nach links ab, während unsere Richtung „Eiskapelle" geradeaus weiterverläuft. Bei den Häusern von Langreith folgt der Anstieg dem Grießbach nach rechts. Leicht aufwärts geht es durch den Graben immer näher an den Bergfuß heran. Ein Schild verweist noch einmal auf die Gefahren der Eiskapelle, dann öffnet sich der Blick auf den Schneekegel, der laut Glaziologen durchaus das Zeug zum Minigletscher hat. Der Rückweg zum See folgt zunächst dem bereits bekannten Weg. Bei

Es lockt der Hintersee.

Am Badeplatz Hirschpoint wartet ein großer Spielplatz.

der Gabelung geht es dann rechts zum schönen Naturbad am Tauglspitz und dort entweder über die Straßenbrücke oder, bei Niedrigwasser, direkt durch das Bachbett hinüber in das herrliche Badegelände von Hirschpoint. Hier warten eine große Badewiese, ein gut sortierter Kiosk, ein Spielplatz, ein Boot zum Ausleihen und einige Streicheltiere. Eine Rast ist also irgendwie vorprogrammiert. Auch im folgenden Teil öffnen sich unterhalb des Weges immer wieder idyllische Buchten, dann passiert der Weg jene Stelle, an der der Fischerwirt stand, bevor das Gebäude in den See rutschte. In Vordersee wurde das Gebäude wieder neu aufgebaut. An einem netten Badeplatz und dem schmucken Seestüberl vorbei schließt sich die Runde über den neu angelegten Uferweg. Eine besondere Augenweide sind hier zur Blütezeit im Frühsommer die streng geschützten Sibirischen Schwertlilien.

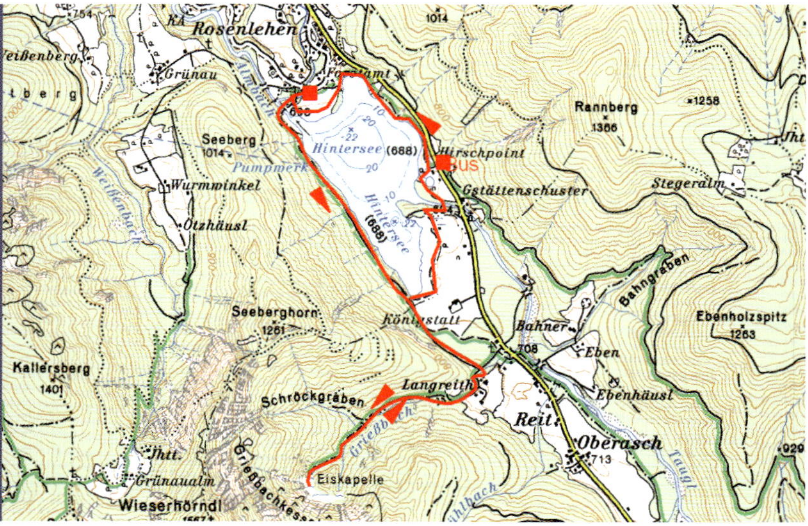

23 Waldzauber Hintersee

Glitzerwelt am Tiefenbach.

www.Hintersee.at: Diesmal stehen die drei w einmal nicht für das world-wide-web, sondern für die beiden großartigen Wasser-Wunderwelt-Wege rund um den idyllischen Ort Hintersee.

Alter: ab drei Jahren
Voraussetzung: Basiskondition
Ausrüstung: Wanderausrüstung
Mountainbuggy: nein
Anfahrt, Ausgangspunkt: von der A 1, Abfahrt Thalgau, über Hof, oder der A 10, Abfahrt Hallein, durch das Wiestal, nach Faistenau und 9 km weiter in den Ort Hintersee.
Zur Wildfütterung noch 400 m weiter Richtung Talschluss Lämmerbach, beim Kurvenstüberl links Richtung Sportplatz.
Öffentliche Verkehrsmittel: ab Salzburg Bahnhof direkt mit dem ÖBB-Postbus 155, Haltestelle Hintersee
Beste Zeit: Frühling bis Herbst, Wildfütterung ab Mitte Nov.
Wegcharakter: gut befestigte Pfade und Steige
Gehzeit: gesamt 3 Std., je Runde 1:30 Std.
Höhenunterschied, Weglänge: Weg „Waldzauber" kein Höhenunterschied, 2,7 km, Weg „Wasserwunder Tiefenbach" 100 Hm., 2,4 km
Einkehrmöglichkeiten: Gasthof Hintersee
Attraktionen: Bachplätze, Aussichtsplattform, Puppenmuseum, im Winter Hirschfütterung
Informationen: www.hintersee.at, Hirschfütterung Information und Kontakt: Otto Oberascher, Telefon: 06224-205, Futtergeld 3 Euro, Kinder frei
Karte: ÖK 1:50.000 Blatt 3210 (94)

Ein Stein erzählt Geschichten.

Eine der kleinsten Gemeinden im Salzburger Land hat allergrößtes Freizeitpotential. Hier in Hintersee findet alles statt, was die Seele zum Lächeln und die Kinderaugen zum Leuchten bringt. Wie einfach und unkompliziert diese Verbindung ist, beweisen die beiden Rundwege „Waldzauber Hintersee" und „Wasserwunder Tiefenbach", die man entweder separat oder im Ganzen genießen kann. Ersterer bleibt mehr in der Ebene und eignet sich auch gut für Kleinkinder, während der Wunderweg entlang des Tiefenbaches einige steilere Höhenmeter zurücklegt.
In der kalten Jahreszeit gesellt sich zu den drei „w" von Wald, Wasser und Wiesen noch ein viertes, winterlich wildes „w" dazu: „Wildfütterung" ist das Zauberwort. Tagtäglich ziehen an die 150 Hirsche aus weitem Umkreis zur Dämmerung herbei und verwandeln die Lichtung nahe des Sportplatzes in eine beinahe unglaubliche Konferenz der Tiere. Die Zuschauer sitzen mucksmäuschenstill in einem einseitig offenen Stadel und kommen aus dem Staunen nicht mehr heraus. Ebenfalls sehr empfehlenswert ist ein Besuch des Puppenstubenmuseums im Joseph-Mohr-Haus (gegenüber Gasthof Hintersee): geöffnet von 12 bis 17 Uhr, Montag und Dienstag Ruhetag, November und April geschlossen.

Der Weg: Der gut beschilderte Ausgangspunkt des Rundweges „Waldzauber Hintersee" liegt direkt im Ort neben der Gastwirtschaft. Von hier aus geht es in nördlicher Richtung in wenigen Minuten zur Taugl. Dort wartet als erste Station ein Waldspielplatz der etwas anderen Art. Ein Baum steht auf dem Kopf und das Baumxylophon sorgt für schräge Töne. Auch die nächste Station "Wasser bewegt" präsentiert sich manchmal anders als erwartet.

Es kann nämlich durchaus sein, dass der Tauglbach gar kein Wasser führt. Aber auch das gehört zu Bewegung, zu Dynamik. Dann taucht der Weg am Fuß des Feichtensteins in die kühle Welt der Baumriesen ein. Beim Satzstein, einem riesigen überhängenden Findling, besteht die Möglichkeit zur Rückkehr in den Ort Hintersee. Viel lohnender aber ist es, auch noch den „Wasserwunderweg Tiefenbach“ anzuhängen, der hier beginnt. Es ist ein kühler Bachweg zum Staunen und zum Angreifen und so nebenbei schaffen unaufdringliche Stationen den botanischen oder geologischen Hintergrund. Höhepunkt ist die eindrucksvolle Plattform über dem Tiefenbach, bevor es über die sonnige und aussichtsreiche Hofzufahrt wieder zurück zum Parkplatz Satzstein geht.

Fast wie Weihnachten: die Hirsche von Hintersee freuen sich über den reich gedeckten Tisch.

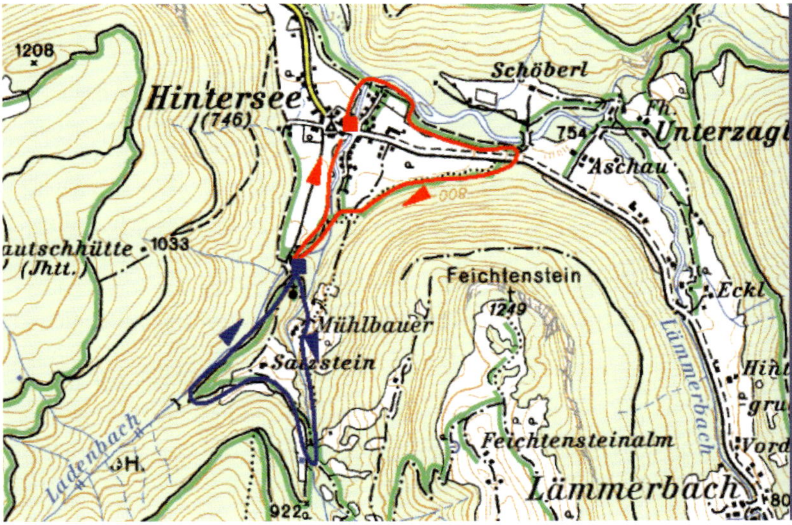

24 Loibersbacher Höhe

Die Lanznhütte liegt im Sattel zwischen Faistenauer Schafberg und Loibersbacher Höhe.

Der Weg von der Tiefbrunnau auf die Loibersbacher Höhe ist ein garantierter Wanderspaß für die ganze Familie.

Alter: ab fünf Jahren, Märchenweg zur Schafbachalm (1 Std. Anstieg) auch darunter
Voraussetzung: gute Basiskondition
Ausrüstung: Wanderausrüstung
Mountainbuggy: entlang Zufahrt ja, aber steil
Anfahrt, Ausgangspunkt: über Hof (A 1 und B 158) oder das Wiestal (A 10 bis Hallein) nach Faistenau. Kurz Richtung Hintersee, bis zur Abzweigung links „Tiefbrunnau“ nahe der Feuerwehr. Nach 5 km beim Ortsschild Tiefbrunnau nach rechts und weiter auf den gebührenpflichtigen Parkplatz. Zufahrt zur Schafbachalm möglich (Maut 3 Euro).
Öffentliche Verkehrsmittel: gute Busverbindung nach Faistenau. Ab Faistenau Schule mit Bus 155 bis Haltestelle Tiebrunnau, Keflaubrücke.
Beste Zeit: Frühsommer bis Spätherbst
Wegcharakter: Fahrweg, Steig
Gehzeit: Aufstieg 2 (Loibersbacher Höhe) bis 2:30 Std. (Faistenauer Schafberg). Aufstieg Schafbachalm 1 Stunde. Bei Zufahrt bis zur Schafbachalm entsprechend kürzer.
Höhenunterschied, Weglänge: 650 oder 750 Hm. (Faistenauer Schafberg), 10,5 km (ab Parkplatz Tiefbrunnau)
Einkehrmöglichkeiten: Schafbachalm (geöffnet Freitag, Samstag und Sonntag), Oberwieshütte, Lanznhütte, Grögernalm
Attraktionen: Spielgeräte bei den Almen, Streicheltiere. Märchenwanderweg
Informationen: www.faistenau.at, www.schafbachalm.at
Karte: ÖK 1:50.000 Blatt 3210 (64, 94)

Das Gebiet rund um die Loibersbacher Höhe ist ein ideales Familienwandergebiet. Kinderfreundliche, leicht erreichbare Almen und ein sanfter Gipfel, der viel Frei- und Spielraum lässt. Dann auch noch für die Jäger und Sammler unter uns zur richtigen Zeit Beeren aller Art (natürlich auch Hollerbeeren!). Und wer noch höher und steiler hinauf will, der kann den spitzen Faistenauer Schafberg dranhängen. Also Möglichkeiten genug für einen vergnüglichen Wandertag inmitten der Osterhorngruppe. Die Schafbachalm ist übrigens auch im Winter ein viel besuchtes Ziel, denn hier auf diesen Sattel führt eine beliebte, knapp vier Kilometer lange Rodelbahn. Rodeln können gegen Entgelt ausgeliehen werden.

Der Weg: Auch der Sommeranstieg könnte diesem Wirtschaftsweg folgen, über den im Winter die Rodelstrecke führt. Das holprige Sträßchen ist nur für Gäste und Anrainer geöffnet. Wer es noch ruhiger liebt und dazu sogar eine spannende Geschichte serviert bekommen will, sollte auf den Märchenwanderweg ausweichen, den die Faistenauer Hauptschüler gestaltet haben. Dem hilfsbereiten Hollerweiberl wird übel mitgespielt, aber so viel sei verraten: Die Geschichte geht dank gesunder Hollerbeeren gut aus. Ab der Schafbachalm (1038 m) geht es zügiger bergan, das kurzzeitig unmarkierte Steiglein rechts hinter der Alm wird vorübergehend steiler. Wieder auf dem breiten Wirtschaftsweg sind nach dem Waldteil die ersten Almen bald sichtbar, der Weg verläuft nun in schöner Sonnenlage um den Südhang des Schafberges auf den Sattel zwischen Loibersbacher Höhe und Faistenauer Schafberg zu. Dort wartet auf die großen und kleinen Wandermäuse die überaus einladende Lanznhütte oder die ebenfalls sehr freundliche, benachbarte Oberwieshütte. Der Pfad auf den

Praktisch, alles an seinem Platz!

Mit letzter Kraft im Kriechgang auf die Loibersbacher Höhe. Im Hintergrund der Faistenauer Schafberg.

Faistenauer Schafberg (1559 m) zweigt nach rechts ab (Vorsicht bei Nässe, Steilgelände!), während der mäßig steile, 20-minütige Genussweg auf die Loibersbacher Höhe (1456 m) dem sanften Bergrücken nach links folgt. Die Aussicht ist von beiden Gipfeln großartig, auf dem Faistenauer Schafberg reicht der Blick neben sechs anderen Seen sogar bis zum bayerischen Chiemsee. Der Abstieg folgt dem Anstieg, führt dann aber nicht mehr zur Schafbachalm hinüber, sondern zweigt nach links auf den Weg 41 „Tiefbrunnau Hatz“ ab. In einer Dreiviertelstunde geht es zurück an den Ausgangspunkt.

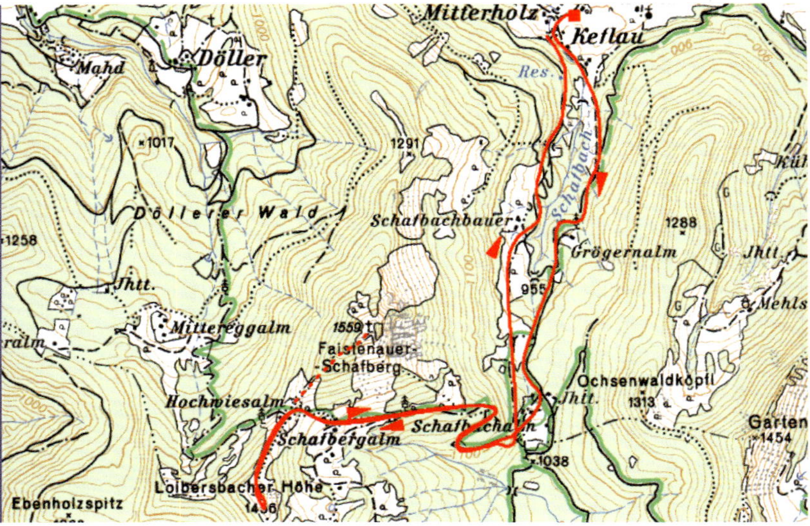

25 Rund um den Kugelberg

Da kann sich jeder die passende Steinwanne aussuchen.

Einmal rund um den Kugelberg schärft das Wissen und stärkt die Kondition. Danach wartet noch ein herrlicher Gastgarten oder das einzigartige Felsenbad.

Alter: ab vier Jahren
Voraussetzung: Basiskondition
Ausrüstung: leichte Wanderausrüstung
Mountainbuggy: stellenweise, aber sehr schmaler Pfad
Anfahrt, Ausgangspunkt: über die A 1, Abfahrt Thalgau, nach Hof und weiter nach Faistenau. Oder hierher über die A 10, Abfahrt Hallein, und weiter durch das Wiestal.
In Faistenau am Friedhof und den Schulen vorbei zum Bramsaubräu.
Ausgangspunkt Felsenbad:
Vom Wiestal kommend über die Strubklamm Richtung Faistenau, dann aber nicht in den Ort Faistenau hinein, sondern geradeaus weiter Richtung Hintersee bis zur Abzweigung Weißenbergerstraße (Steinbrücke) nahe des Felsenbades. Auf beiden Uferseiten gibt es einige Parkplätze. Erfolgt die Anfahrt von Hof, an Faistenau vorbei Richtung Hintersee. Nach 3 km in Vordersee nach rechts Richtung Hallein abzweigen und 2 km am Almbach entlang zum Felsenbad (Brücke).
Öffentliche Verkehrsmittel: bis Faistenau mit dem Bus 155
Beste Zeit: Frühling bis Herbst
Wegcharakter: Gehwege und Pfade
Gehzeit: 1 bis 1:30 Std.
Höhenunterschied, Weglänge: 4 km, ab Felsenbad 4,8 km, 80 Hm.
Einkehrmöglichkeiten: Bramsaubräu
Attraktionen: Felsenbad, Denksportaufgaben
Informationen: www.faistenau.at, www.fuschlseeregion.com, www.bramsau-braeu.com
Karte: ÖK 1:50.000 Blatt 3210 (64)

Blick auf den Almbach und das Felsenbad.

Der Kugelberg-Rundweg nahe Faistenau deckt viele Bedürfnisse ab: für die Freizeitsportler bietet er eine metergenau ausgeschilderte Laufstrecke und einen schattigen Fitnessparcour, an die Denksportler werden interessante Fragen gestellt, die jeweils bei der nächsten Station beantwortet werden, und für die Liebhaber des einzigartigen Felsenbades ist er eine feine Aufwärmstrecke, nach der ein Bad im kalten Almbach gleich um einige Grad wärmer wirkt.

Dementsprechend bieten sich auch zwei gleichwertige Ausgangspunkte an. Bei Badewetter empfiehlt sich aus praktischen Gründen das Felsenbad als Start- und Zielpunkt, das ganz korrekte Eingangstor zum Kugelberg mit der Startposition „Null Meter“ aber ist das Bramsaubräu.

Der Weg: Wer möchte, kann also direkt aus dem herrlichen Gastgarten des Bramsaubräus in den Kugelberg-Rundweg einsteigen. Die Aussichten, hier nach einer guten Stunde wieder zu landen, sind auf jeden Fall verlockend. Ein paar Meter unterhalb liegt ein großer Spielplatz, die Erwachsenen können sich auf das selbstgebraute Bier freuen. Aber vorher geht es natürlich im Uhrzeigersinn, dem Wegverlauf folgend, um den Berg. Interessant ist dabei auch die angepasste Vegetation. Die Eibe etwa liebt die kühle Nordseite. Eine kurze Beschreibung bescheinigt ihr ein unglaubliches Alter von bis zu 1000 Jahren und weist zudem auf Mitteleuropas größten Eibenbestand im gegenüberliegenden Lidaunwald hin. Wie die Holzarbeiter in früheren Zeiten im Wald hausten, zeigt die originalgetreue Rindenhütte. Auf der Sonnenseite des Kugelberges verändern sich Weg und Vegetation schlagartig. Die vielen Korbblütler und der warme Aufwind entlang des nun sehr schmalen Steiges ziehen unzählige Schmetterlinge an. Es ist zwar kein Absturzgelände, aber ein wenig sollte man in diesem Abschnitt doch auf den Pfad achten, bevor der Weg zum Schluss wieder breiter und die Exposition kühler wird.

Ausgangspunkt Felsenbad: Hier startet man bei der Steinbrücke, die am südlichen Ende des Felsenbades besonders spektakulär über den an dieser Stelle klammartigen Almbach führt. An einem Uferweg oder auf der schmalen Straße geht es gemäß der Beschilderung „Faistenau über Kugelberg“ (Wege 43 und 48) oberhalb des Felsenbades 700 Meter entlang des Almbaches, dann über eine Holzbrücke nach rechts und nach der Querung der Straße steil bergauf in den Kugelberg-Rundweg. Dem Rundweg im Uhrzeigersinn nach links am Bramsaubräu vorbei folgen, bis nach einer halben Stunde bei der Rätselstation 10 ein Weg Richtung „Hintersee“ abzweigt. Diesem entlang, dann aber bald darauf in den Weg Richtung „Felsenbad“ nach rechts abzweigen.

Vor dem Bramsaubräu beginnt und endet der Kugelberg-Rundweg.

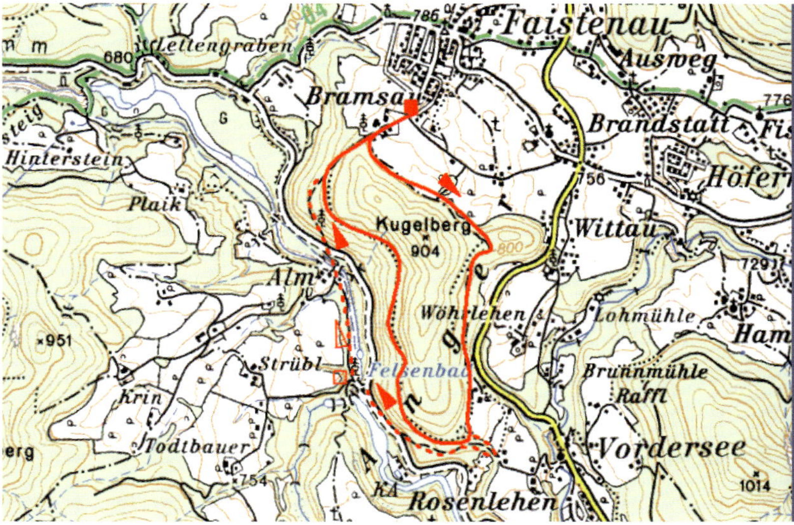

26 Rund um den Fuschlsee

Frühlingsluft im Strandbad Hof.

Der Fuschlsee hat Trinkwasserqualität, ebenso kristallklar ist seine Umgebung. Dieser herrliche See lässt sich auf viele Arten erforschen, eine besonders spannende und abwechslungsreiche ist die knapp über elf Kilometer lange Seh-Runde.

Alter: ab vier Jahren (halbe Seerunde)
Voraussetzung: gute Basiskondition
Ausrüstung: leichte Wanderausrüstung
Mountainbuggy:
für besonders sportliche Eltern ja, die schmalen Uferwege führen aber über einige Stufen und Wurzeln.
Anfahrt, Ausgangspunkt:
auf der Wolfgangsee-Bundesstraße B 158 über Hof nach Fuschl, gebührenpflichtiges Parken im Ort.
Öffentliche Verkehrsmittel:
sehr gute Busverbindung aus dem Zentralraum Salzburg, Bus 150
Beste Zeit:
mit Badeprogramm Sommer, aber auch Frühling und Herbst
Wegcharakter: schmale Wald-, Wiesen- und Uferwege
Gehzeit: gesamte Runde 3 Std.
Höhenunterschied, Weglänge:
180 Hm., 11,3 km
Einkehrmöglichkeiten:
u.a. Holzknechtstuben, Seeholzeinkehr, Jausenstation Berger
Attraktionen: vielfältige Badegelegenheiten, „Seh-Weg"-Stationen, Fischverkauf, Bootsfahrt
Informationen:
www.fuschlseeregion.com
Karte:
ÖK 1:50.000 Blatt 3204 u. 3210 (64)

Der Fuschlsee ist so sauber und klar, dass sich manche Fische vielleicht schon fast mehr Schwebstoffe, sprich ein reichhaltigeres Nahrungsangebot, wünschen würden. Von der Qualität der Reinanken, Seeforellen oder Saiblinge kann sich aber jeder überzeugen, denn der einladende Direktverkauf der Schlossfischerei samt Räucherei liegt an der Wegstrecke. Die Seh-Runde bietet viel Abwechslung und dank eigener „Schau-Tafeln" auch überraschende Einblicke in die Umgebung. Vielleicht viel wichtiger für die Kinder aber sind die schönen Badegelegenheiten in allen Varianten. Einsame Buchten gehören genauso dazu wie vier offizielle Strandbäder. Für müde Krieger unter Umständen auch ganz interessant ist, zumindest während der Sommersaison, die Rückfahrtmöglichkeit mit dem Boot, wodurch die rund elf Kilometer lange Seerunde halbiert wird. Das kleine Boot verkehrt zwischen den Anlegestellen im Ort Fuschl und der Schlossfischerei.

Der Weg: Ein günstiger Ausgangspunkt ist der Ort Fuschl, in dem es sowohl genügend Parkplätze als auch die Bushaltestelle gibt. Außerdem befindet sich hier ein Strandbad, das an schönen Badetagen sicher ein willkommener Schlusspunkt der Runde sein könnte. Zunächst aber geht es an der neuen Badeanlage zum Hotel Seerose und vor dem „Heuboden" nach links an den See. An der Schiffsanlegestelle vorbei führt der Weg aus dem Ort und nun als schmaler Steig teils direkt am See entlang über das sonnige Ostufer. Einige Uferstellen befinden sich in privater Hand, dann aber locken immer wieder freie Zugänge mit sehr schönen Badegelegenheiten. Zwischendurch verläuft der Pfad hoch über dem Ufer und schließlich verschwindet der smaragdgrüne See für einige Zeit ganz aus dem Blickfeld. Dafür kommt mit der sehenswerten Hundsmarktmühle und mit der Querung des geschützten Niedermoores der vielleicht schönste Teil der Runde. Das reizvolle

Einfach zum Durchstrecken – mit Blick auf Schloss Fuschl.

Genussregion Fuschlsee. Bei der Schlossfischerei.

Strandbad der Gemeinde Hof ist wieder eine gute Badegelegenheit, dann steigt der Weg hinter dem stolzen Schloss Fuschl einige Meter in die Höhe und erreicht bei der Fischerei schließlich wieder Seeniveau. Bei der Schlossfischerei befindet sich eine Anlegestelle für die Bootsverbindung von und nach Fuschl. Noch einige Male geht es bergauf, bergab, insgesamt kommen auf dieser waldreichen Seite schon einige Höhenmeter zusammen. Dann aber wird es heller und flacher, der Ausgangspunkt Fuschl kommt näher. Kurz vor dem Endpunkt zieht noch die architektonisch verblüffende Red-Bull-Zentrale auf der anderen Straßenseite das Interesse auf sich.

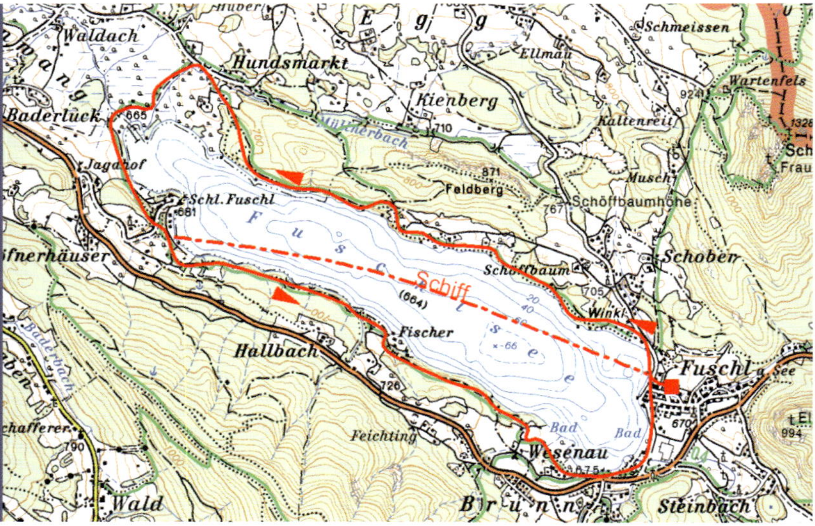

27 Wartenfels

Wartenfels: altes Gemäuer mit Ausblick.

Noch heute beherrscht die Burgruine Wartenfels die Gegend und thront über dem Fuschlsee. Sie gilt als steinernes Zeugnis vergangener Zeit und prächtiger Aussichtspunkt.

Alter: ab sechs Jahren
Voraussetzung:
Grundmaß an Kondition
Ausrüstung: Wanderausrüstung
Mountainbuggy: nein
Anfahrt, Ausgangspunkt:
von Salzburg kommend auf der Wolfgangsee-Bundesstraße nach Fuschl. Erste Abzweigung in den Ort, Parkmöglichkeit gleich darauf am Parkplatz gegenüber dem Seebad
Öffentliche Verkehrsmittel:
gute Busverbindung von Salzburg aus (Linie 150), Haltestelle Fuschl Ortsmitte oder Fuschl Strand. Fahrplanauskunft auf www.postbus.at/sbg oder unter der Telefonnummer 0662/632900
Beste Zeit: Mai bis Okt.
Wegcharakter: Zufahrtswege, Waldwege und -steige
Gehzeit: 2:30 Std. (gesamt)
Höhenunterschied, Weglänge:
340 Hm., 2,9 km (einfach)
Einkehrmöglichkeiten: Forsthaus Wartenfels, Gaststätten in Fuschl
Attraktionen: Burgruine, nach der Wanderung Baden im Fuschlsee
Karte:
ÖK 1:50.000 Blatt 3204 und 3210 (64)

Gut beschildert geht es zur Ruine hinauf.

Wie bei Burgen und Ruinen so üblich, gibt es auch hier eine Sage, die sich um die Entstehung des alten Gemäuers am Fuße des Schobers rankt: Danach hauste einst in den Felswänden östlich neben dem Schober ein Drache, der die ganze Gegend in Angst und Schrecken versetzte und viel Leid über die Bevölkerung brachte. Ein forscher Ritter erkannte die Nöte der Bewohner und brachte das feuerspeiende Ungeheuer zur Strecke. Aus Dankbarkeit errichteten die Bewohner aus dem Tale dem tapferen Ritter die Burgwarte „Wartenfels" auf einem Felssporn neben dem Schober.

Nun, die mächtige Felswand weiter östlich in Fortsetzung der steinernen Bastion des Schobers wird also nicht umsonst als Drachenwand bezeichnet. Aus Urkunden geht hervor, dass die weithin sichtbare Burg Wartenfels im Jahre 1259 erbaut wurde und bis ins 16. Jahrhundert Sitz der erzbischöflichen Pfleger war. Der Standort könnte nicht besser gewählt worden sein, überblickte man doch von hier aus den gesamten Gerichtsbezirk und für die Bewohner der umliegenden Ansiedelungen und Dörfer war dieser Zeigefinger der Obrigkeit allgegenwärtig. Nachdem die Gerichtspfleger nach Thalgau übersiedelten, verfiel die Burg zusehends, erst zu Beginn des 20. Jahrhunderts wurden erste notdürftige Erhaltungsmaßnahmen gesetzt.

Der Weg: Ausgangspunkt der kurzweiligen Familienwanderung ist die Seepromenade in Fuschl. Die Route folgt nur kurz der Straße nach Thalgau, bereits nach dem Hotel Waldhof geht es rechts in den Wartenfelsweg (10). An der Waldhofalm und einigen Bauernhäusern vorbei führt der Weg mäßig ansteigend durch Wiesen und durch den Mischwald zum Forsthaus Wartenfels (Gaststätte).

Weiter im Wald auf dem gut beschilderten Weg in den Sattel am Fuße des Schober hinauf, hier geht es nach links auf den vorgelagerten Felssporn und zur Burgruine. Die oberste Etage des mittlerweile gesicherten und renovierten Gemäuers bietet einen prächtigen Aussichtsplatz bis weit hinein in den Flachgau und auf das Mondseer Land.
Rückweg wie Anstieg. Wieder zurück in Fuschl lockt natürlich ein erfrischendes Bad im See.

Auch am Wegrand gibt es einiges zu entdecken.

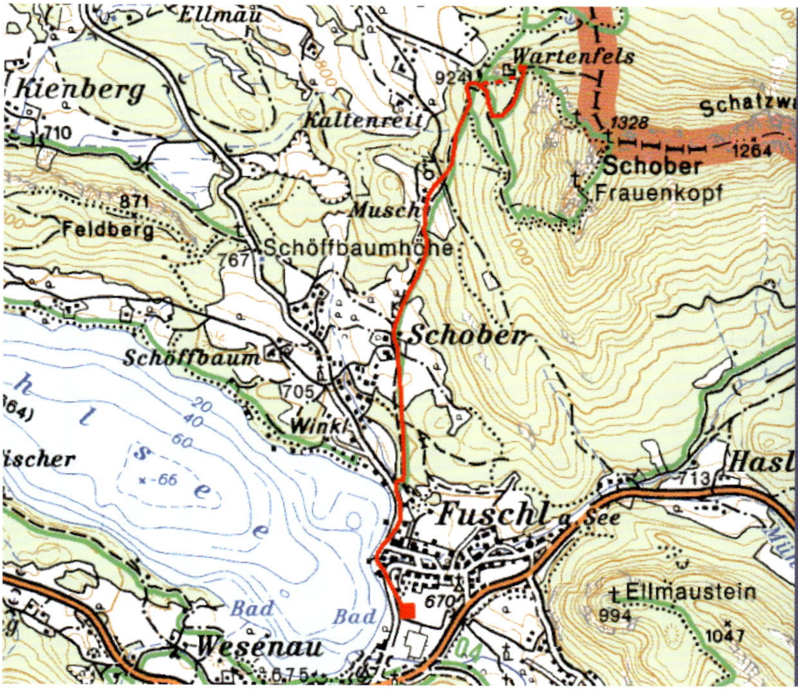

28 Pitschenberg

Am Ziel angekommen: Ein schlichtes Holzkreuz steht am Gipfel des Pitschenberg.

H Die Postalm ist das größte Almgebiet Österreichs und ein beliebtes Wandergebiet. Abseits des Touristenstroms ist der Pitschenberg am Nordrand des Plateaus ein lohnendes Ziel.

Alter: ab acht Jahren
Voraussetzung: Grundmaß an Kondition nötig
Ausrüstung: Wanderausrüstung
Mountainbuggy: nein
Anfahrt, Ausgangspunkt: Die Postalm ist von Weißenbach (nahe Strobl am Wolfgangsee) oder vom Lammertal aus auf der mautpflichtigen Postalmstraße erreichbar. Parken am „oberen" Parkplatz (Nr. 3/Höhenparkplatz)
Öffentliche Verkehrsmittel: Busverbindung von Strobl-Busbahnhof (Linie 2562)
Beste Zeit: Ende Juni bis Anfang Okt.
Wegcharakter: Wiesen- und Waldwege, Steige
Gehzeit: 4:30 Std. (gesamt)
Höhenunterschied, Weglänge: 460 Hm., 6 km (einfach)
Einkehrmöglichkeiten: Pitschenbergalm (1449 m, an den Wochenenden meist bis Mitte Okt. geöffnet), Hütten und Gaststätten auf der Postalm
Attraktionen: weitläufiges Almgebiet der Postalm
Informationen: Wolfgangsee Tourismus Gesellschaft, Tel. 06138/8003, www.wolfgangsee.at, www.postalm.at
Karte: ÖK 1:50.000 Blatt 3211 (95)

Es lohnt sich, den Blick von unserem Gipfelziel über die prächtige Almlandschaft schweifen zu lassen. Einerseits ergibt sich ein guter Überblick auf das weite Almgebiet der Postalm. Andererseits thront der Gipfel des Pitschenberg (1720 m) gegenüber unzähliger grüner Kuppen, Hörner und Bergschneiden der Osterhorngruppe, deren Vielzahl auch die jungen Bergfexe überraschen wird. Wer weiß, vielleicht entdecken die Kinder den einen oder anderen Gipfel, den sie bereits erklommen haben. Das Wandergebiet auf der Postalm hat natürlich seine Anhänger und meist herrscht bis in den Oktober hinein rege Betriebsamkeit auf den Wegen. Doch davon sollte man sich nicht abhalten lassen, denn die Länge der Wanderung

Die urige Pitschenbergalm (1449 m) ist ein gemütliches Etappenziel.

auf den Pitschenberg – ins Hinterland der Postalm – scheidet Wanderer und Touristen. Letztere begnügen sich meist mit den Rundwegen am Plateau.
Übrigens: Ihr merkwürdig anmutender Name kommt aus jener Zeit, als das zwischen dem Wolfgangsee und dem Lammertal gelegene, 46 Quadratkilometer große Weidegebiet zum Bad Ischler Hotel Post und dem geschäftigen Hotelier und Postmeister Koch gehörte.

Der Weg: Bereits wenige Schritte oberhalb des Parkplatzes weisen die Wegschilder (Pitschenberg/Labenberg 840) auf unser Ziel. Es geht vorerst durch die Almwiesen nach Westen zum Gasthaus Huberhütte und ein Stück durch den Fichtenwald, bis der Weg am Waldrand und durch sonniges Wiesengelände in einen breiten Sattel hinüberführt, wo sich die Wege teilen. Wir orientieren uns hier nach rechts und gelangen auf dem alten Almweg, der die breite Forststraße einmal überquert, zur Pitschenbergalm (1449 m) hinauf. Nach der ersten Etappe bietet die Hüttenterrasse der Pitschenbergalm einen aussichtsreichen Rastplatz. (Gehzeit etwa 1:30 Std. vom Parkplatz). Von hier schlängelt sich der markierte Steig (840) nun mäßig ansteigend durch die mit Steinen durchsetzten Almwiesen

So erklimmen auch ganz Kleine den Gipfel.

zu einer Hochfläche hinauf, von schütterem Fichten- und Lärchenbewuchs begleitet und mehrere Mulden durchstreifend, zum Fuß der grünen Gipfelpyramide und weiter zu einem markanten Jägeransitz. Ab hier führt der Steig nun merklich steiler durch die baumlosen Abhänge und windet sich in mehreren Kehren zum Gipfel (1720 m). Als Randberg der Postalm fällt der Pitschenberg nach Norden hin steil ab, nach Süden hin zeigt er sich von seiner sanfteren Seite. Rückweg auf dem Hinweg.

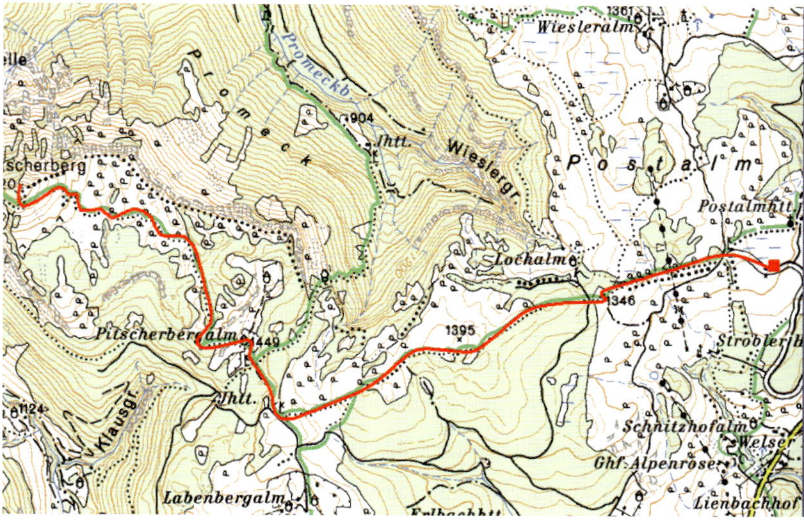

Im Winter ist die Postalm ein prächtiges Ziel für Familienaktivitäten.

Salzkammergut

29 Hochserner

Die Kolomandln bewachen den Weg.

Am Fuß des Kolomannsberges wohnen die lustigen Kolomandln und entführen Groß und Klein in einen zauberhaften Wald.

Alter: ab zwei Jahren
Voraussetzung: Spielplatzkondition
Ausrüstung:
Wanderausrüstung, Ersatzgewand
Mountainbuggy: ja
Anfahrt, Ausgangspunkt: über die A 1, Abfahrt Mondsee, auf der B 154 Richtung Straßwalchen bis zur Abzweigung „Irrsee West“ (Gasthof Kasten). Nun den originellen Schildern „Hochserner“, zum Schluss über eine Bergstraße, bis zur Jausenstation Hochserner folgen.

Beste Zeit:
ganzjährig (im Winter Rodelbahn)
Wegcharakter: Waldwege
Gehzeit: 40 Min.
Höhenunterschied, Weglänge:
50 Hm., 1,5 km
Einkehrmöglichkeiten:
Jausenstation Hochserner-Hof
Attraktionen: Walderlebnisweg, Streicheltiere, Irrsee
Informationen: www.babybauernhof.at; Tel. 06234/8217 (Fam. Niederbrucker)
Karte: ÖK 1:50.000 Blatt 3204 (64)

Blick vom Hochserner auf Mondsee und Schafberg.

Wer sind denn die Kolomandln? Hoch über dem Irrsee wohnen sie im Wald und warten rund um den Hochsernerhof auf die jüngsten Wanderflöhe. Gemeinsam mit diesen lustigen Gestalten geht es zur Sandmine, zum Goldwaschplatz oder durch den Maulwurfsberg. Spannender und kurzweiliger kann ein Waldspaziergang wohl kaum sein. Die reine Wegstrecke ist mit eineinhalb Kilometer zwar nicht allzu lang, aber Vorsicht, unter einer Stunde Verweildauer wird da bei so vielen Attraktionen wohl nichts zu machen sein. Im Winter ist der erste Teil des Erlebnisweges eine beliebte, sogar beleuchtete Rodelbahn, im Frühling und Herbst faszinieren die farbintensiven Ausblicke auf die Gewässer und Berge des Mondseelandes, bevor die ganz nahen Dinge im Wald alle Aufmerksamkeit auf sich ziehen. Interessant natürlich auch heiße Sommertage, denn der Wald vermittelt herrliche Kühle. Genauso wie der Irrsee tief unterhalb, der sich ja noch bestens für ein erfrischendes Bad nach der Waldexkursion anbieten würde.

In der „Teufelsschlucht".

Der Weg: Schon der Ausgangspunkt, der Hochsernerhof ist ein kleines Paradies. Da gibt es alle möglichen Tiere, viele davon zum Streicheln, manche nur zum Anschauen und zum Bewundern, etwa das Gewimmel aus lauter Kaulquappen in den kleinen Tümpeln. Herrlich natürlich auch die wunderbare Aussichtsterrasse, aber zuvor geht es noch das kurze

Stück über die Zufahrt in den Wald. Nun kann das Vergnügen mit Steinen, Sand, Zapfen, Ästen und natürlich dem unverzichtbaren Medium Wasser beginnen, das alles bringt die Natur spielerisch näher. Der Höhenunterschied der Waldrunde ist gering, der Spaßfaktor bei den Waldhütten, dem Barfußweg oder dem Mühlradl umso höher. Die Kolomandln und Pfeile weisen den Weg. Acht Erlebnistafeln sorgen für den nötigen Hintergrund.

Route 29 Hochserner

30 Großer Schoberstein

Wieder ein „Rastbankerl" am Weg.

Der nur knapp über die 1000-Meter-Marke ragende felsige Gipfel bietet grandiose Aussichten über die Landschaft um den Attersee und für den Nachwuchs ein echtes alpines Erlebnis.

Alter: ab zehn Jahren
Voraussetzung:
Berg- bzw. Wandererfahrung, Trittsicherheit und Schwindelfreiheit erforderlich; keinesfalls bei Nässe!
Ausrüstung: Wanderausrüstung
Mountainbuggy: nein
Anfahrt, Ausgangspunkt:
über Mondsee nach Unterach und auf der Attersee-Bundesstraße durch die Burgau weiter nach Weißenbach am Attersee. Bei der großen Straßenkreuzung im Ort nach rechts und auf der Ischler Straße (B 153) zum Ortsende. Parken entweder am Straßenrand oder kurz danach rechts über eine Brücke und zu einem am Weißenbach gelegenen Parkplatz. Der Anstieg zum Großen Schoberstein beginnt an der Ischler Straße gegenüber der Straßenkilometer-Kennzeichnung 0,5
Beste Zeit: Frühling bis Herbst
Wegcharakter: Wald- und Felssteige
Gehzeit: 3 Std. (gesamt)
Höhenunterschied, Weglänge:
560 Hm., 2,1 km (einfach)
Einkehrmöglichkeiten:
Gaststätten in Weißenbach
Attraktionen:
Traumblick vom Gipfel, nach der Wanderung Baden im Attersee
Karte: ÖK 1:50.000 Blatt 3211 (65)

Nur gut einen halben Kilometer nach der Salzburger Landesgrenze liegt die Ortschaft Weißenbach am Attersee. Die westlichen Ausläufer des Höllengebirges ragen hier mit den abweisend wirkenden Felsen der Schobersteine steil in den Himmel. Doch die Mühe lohnt sich und auch die Steilheit des in unzähligen Serpentinen angelegten Steiges hält sich in Grenzen, sodass die Tour auf den Großen Schoberstein auch für jüngere Bergfexe eine machbare Herausforderung darstellt und der knapp über die 1000-Meter-Marke hinausragende Felsgipfel zum alpinen Erlebnis wird. Allerdings: Trittsicherheit und Schwindelfreiheit sind eine absolute Voraussetzung, sollte die Tour auch das finale Gipfelerlebnis beinhalten. Als Alternative und Umkehrpunkt bleibt sonst der Rastplatz mit dem Jausenbankerl unterhalb der Felsen des Kleinen Schobersteins, der bereits mit einem traumhaften Ausblick auf den Salzburger Winkel des Attersees und auf Mondsee mit der steil aufragenden Drachenwand aufwarten kann.

Der Weg: Vom Ausgangspunkt an der Ischler Straße führt der Weg vorerst ein kurzes Stück im Wald in Richtung Weißenbach, bis zur Nikolauskapelle zurück. Hier schwenkt unsere Route nach

Vorsicht auf diesem Wegstück!

rechts auf den markierten Anstieg zum Großen Schoberstein (820) ein. Danach geht es in unzähligen weiten Kehren im steilen Bergwald rasch höher. An einer Stelle schlängelt sich der Steig zwischen mächtigen, senkrechten Felsen hindurch. Man erkennt noch gut, dass die Sturmereignisse der vergangenen Jahre auch hier ihre Spuren hinterlassen haben. An mehreren Stellen laden Rastbänke zum Verweilen und Schauen ein; so zieht sich der Steig bis in einen Sattel und gelangt schließlich zum bereits erwähnten Rastplatz unter dem Kleinen Schoberstein. Weiter der Markierung nach auf die Südseite und an den Hängen entlang (Drahtseile), wo der Steig durch die steil abfallende Flanke führt und eine kurze ausgesetzte Fels-

Der Gipfel ist erreicht (1037 m).

stufe überwindet. Schließlich geht es zum Kamm unter dem Gipfel des Großen Schoberstein empor (Wegverzweigung, der Weg 820 führt weiter zum Mahdlgupf und ins Höllengebirge). Hier scharf nach links und die letzten Höhenmeter über Schrofenstufen zum Gipfelkreuz am Großen Schoberstein (1037 m). Wunderschöner Ausblick, nicht umsonst wird der Berg als prächtige Aussichtsloge über dem Attersee gerne besucht. Abstieg auf der gleichen Route.

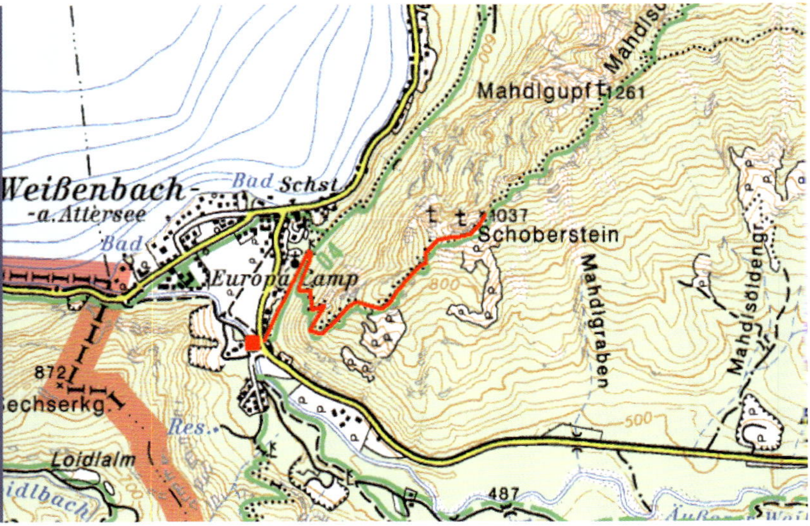

31 Steinklüfte

Ausblick auf den Wolfgangsee und St. Gilgen.

Die Felssturzlandschaft bei St. Gilgen ist für Kinder ein abenteuerliches Wanderziel, der markante Plombergstein eine spannende Draufgabe.

Alter: ab acht Jahren
Voraussetzung: konditionelles Grundmaß. Trittsicherheit erforderlich, bei Nässe ist von der Ersteigung des Plombergsteins abzuraten!
Ausrüstung: Wanderausrüstung
Mountainbuggy: nein
Anfahrt, Ausgangspunkt: Auf der Wolfgangsee-Bundesstraße von Fuschl kommend, befindet sich kurz vor St. Gilgen gegenüber dem Gasthof Mühlradl entlang der linken Straßenseite ein Parkplatz
Öffentliche Verkehrsmittel: gute Busverbindung von Salzburg aus, Linie 150, Haltestelle Mozartblick (von hier nur wenige Min. zurück zum Parkplatz); www.postbus.at/sbg
Beste Zeit: Mai bis Okt.
Wegcharakter: Wald- und Felssteige
Gehzeit: 2:15 Std.
Höhenunterschied, Weglänge: 250 Hm., 3,2 km (Runde). Wegkennzeichnung 17 (um und über den Plombergstein)
Einkehrmöglichkeiten: entlang des Weges keine; Gasthaus Mühlradl gegenüber Parkplatz
Attraktionen: „Steinklüfte" (Naturdenkmal) mit Felsgassen, Höhlen und Durchschlupfen. (Taschenlampe nicht vergessen), nach der Wanderung Baden im Wolfgangsee
Informationen: www.wolfgangsee.at
Karte: ÖK 1:50.000 Blatt 3211 (65)

In der „Teufelsschlucht".

Schon die Zauberwelt der Steinklüfte alleine könnten eine nachmittagsfüllende Angelegenheit für junge Abenteurer sein, doch der darüberliegende Plombergstein steigert die Angelegenheit noch eine Spur und überrascht mit einem prächtigen Ausblick auf das Wolfgangsee-Becken. Gerade richtig für schon etwas ältere und trittsichere Kinder und ein kleines alpines Erlebnis zugleich.
Entstanden ist das baum- und moosüberwachsene Felssturz-Chaos unter den glatt geschliffenen Felsen des Plombergsteins nach der letzten Eiszeit, als gewaltige Felsmassen in die Tiefe stürzten und sich hier am Fuße der noch immer markanten Felserhebung auftürmten. Schaurige Namen wie „Kalte Kuchl", „Franzosenloch" und die „Teufelsschlucht" beflügeln die Phantasie und regen zugleich die Neugier an, wobei letztere aus einem wie von Riesenhand gespaltenen Felsblock entstanden ist, durch den eine Felsgasse hindurchführt. Trotz aller Begeisterung bei Groß und Klein ist bei diesem abenteuerlichen Wanderziel natürlich auch Vorsicht angebracht, damit die „Entdecker" wieder wohlbehalten aus diesem steinernen Irrgarten herausfinden.

Der Weg: In Verlängerung des Parkplatzes gegenüber dem Gasthof Mühlradl führt eine Zufahrtsstraße durch den Ortsteil Pöllach in Richtung „Plombergstein" (Wegschilder, Weg 17). Unser Weg erreicht am Fuß des Plombergsteins den Kohlbach und den sogenannten Staffelgraben, schwenkt hier nach rechts und gelangt im Linksbogen durch den Wald zu den Steinklüften (Wegweiser). Rote Markierungspunkte erleichtern die Orientierung im Felssturz-Labyrinth. Bei der Teufelsschlucht trifft man wieder auf den Anstieg zum Plombergstein (17), der an den Felswänden entlang führt und sich in Kehren steil in den Plombergsattel hinaufwindet. Hier links weiter zum höchsten Punkt (830 m) mit dem Prachtblick auf den Wolfgangsee und die ihn umgebende Landschaft. Die direkt neben der prächtigen Aussichtskanzel stehende „Plomberghütte" ist privat und nicht bewirtschaftet. Der Abstieg führt entweder wieder auf dem bekannten Anstiegsweg oder bei der vorher erwähnten Wegteilung im Plombergsattel nach links (Weg 17, schwarz) und durch die steile Wald- und Felsflanke zum Kohlbach hinunter. Diese Variante ist allerdings (wegen der vielen Holzstiegen und dem Wurzelwerk, die bei Nässe unangenehm rutschig sind) nur bei trockenen Verhältnissen anzuraten.

Es geht zur „Kalten Kuchl" in den Steinklüften.

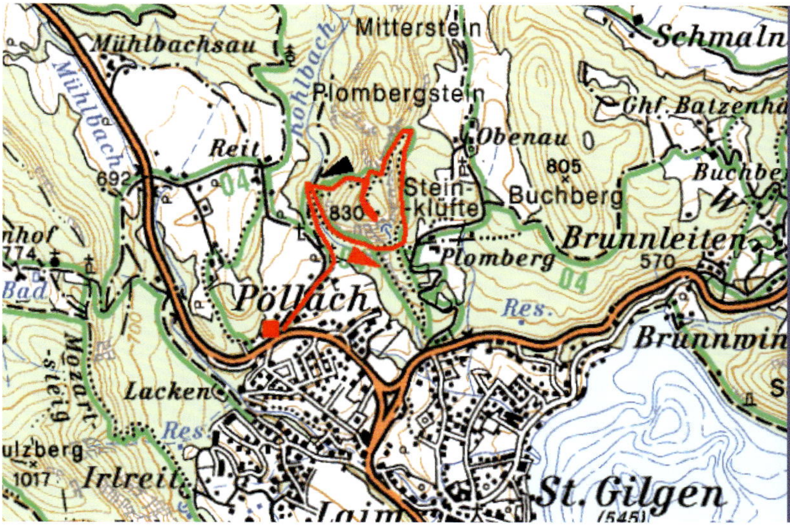

32 Zwölferhorn

Der Blick auf den Wolfgangsee gehört bei der Panoramarunde dazu.

Die nostalgische Zwölferhornbahn erschließt eine wunderbare Almlandschaft hoch über dem Wolfgangsee.

Alter: Panoramarunde ab drei, Illingeralmrunde ab sechs Jahren
Voraussetzung: Illingeralmrunde erfordert Kondition und einigermaßen Trittsicherheit
Ausrüstung: Bergausrüstung für die Illingeralmrunde
Mountainbuggy: Panoramarunde ja
Anfahrt, Ausgangspunkt: von der A 1, Abfahrt Thalgau, nach Hof und über die Wolfgangseebundestraße nach St. Gilgen, Parkplatz Helenenstraße (Tagesgebühr) bei der Zwölferhornbahn.
Öffentliche Verkehrsmittel: ab Salzburg ÖBB-Linienbus 150
Wegcharakter: Panoramarunde breiter Promenadenweg mit sanften Steigungen, Illingeralmrunde Bergsteige und Almwiesen
Gehzeit: Panoramarunde 1 Stunde, Illingeralmrunde 2:30 Std. (gesamt ab Zwölferhorn 3:30 bis 4 Std.)
Höhenunterschied, Weglänge: Panoramarunde 120 m und 3,3 km, Illingeralmrunde 350 m und 5 km
Einkehrmöglichkeiten: Arnikahütte, Berghof, Illingeralm
Attraktionen: Seilbahn, Gipfelerlebnis, Themenwanderwege, Hütten
Informationen: www.12erhorn.at, www.wolfgangsee.at
Karte: ÖK 1:50.000 Blatt 3211 (94, 95)

Neben großen, erwartungsvollen Kinderaugen darf schon auch ein bisschen Nostalgie mitschweben, wenn sich die kleinen knallgelben oder roten Gondeln von St. Gilgen aus in Bewegung setzen und in wunderbar langen 17 Minuten in Richtung Zwölferhorn gleiten. Schließlich ziehen sie schon seit 1957 ihre zuverlässigen Runden und haben in dieser Zeit über acht Millionen Passagiere befördert. Ganz oben sind es dann sieben Seen, die auf ihre optische Entdeckung warten.
Das Zwölferhorn ist übrigens ein typischer „Stundenberg", wie es sie im Lande einige gibt. Von den westlich gelegenen Illingeralmen aus betrachtet steht die Sommersonne zur Mittagsstunde genau über dem markanten Horn. Der rechte Nachbar heißt aus dem gleichen Grunde „Elferstein" und der Pillstein links wird in alten Karten noch als „Einserkogel" beschrieben.

Der Weg Panoramarunde: Wer richtige Gipfelluft schnuppern und die sieben Seen entdecken will, muss von der Bergstation noch ein Stück auf das 1522 Meter hohe Zwölferhorn hinaufwandern.
Die kurze „Seeblickrunde" bietet sich dazu ebenfalls an. Die vielleicht schönste, aber sicherlich beliebteste Runde ist die kinderwagentaugliche „Panoramarunde". Zunächst geht es in zehn Minuten zur Arnikahütte und von hier auf einem breiten Spazierweg, dem Kammverlauf folgend, zum Beginn des Rundweges.
Diese zweieinhalb Kilometer lange Runde führt zuerst nach rechts, also auf der Nordseite des Pillsteins, und verläuft dann auf der aussichtsreichen Sonnenseite zurück. Zwischendurch gibt es interessante Hinweise, etwa auf die Almwirtschaft oder die Geologie.

Der Weg Illingeralmrunde: Die Panoramarunde könnte aber auch noch um die Illingeralmrunde (kurz IAR) erweitert werden. Dazu geht es in der Wendeschleife der Panoramarunde nicht sofort zurück, sondern der Beschilderung IAR folgend bergab. Im Pillsteinsattel verzweigen sich die

Die Zwölferhornbahn ist ein verlässliches Transportmittel seit über einem halben Jahrhundert.

Bei der Lärchenhütte mit Blick auf die Fürbergbucht.

Wege, zur Auswahl stehen hier eine kürzere Runde oder die längere über den Illingerberg. Gutes Schuhwerk ist nötig, die Routen sind auch für Moutainbuggys nun nicht mehr geeignet. Der Weg über den Illingerberg (1479 m) ist nicht nur um eine Stunde länger, sondern auch anspruchsvoller. Dafür gibt es einiges zu entdecken, beispielsweise ein Korallenriff aus der Zeit des tropischen Meeres oder die seltsame Bergbezeichung „Äpfelkoch". Die Erklärung warum der Illingerberg im Volksmund so heißt, erfrägt man am besten in der Illingerbergalm. Dorthin geht es in einer weiten Schleife über herrliche Almböden und das flache Spitzeck (1355 m). Der Rückweg auf den Sattel ist mit einem Gegenanstieg über 170 Höhenmeter verbunden, dann geht es auf der bereits bekannten Route zurück und nun auf der fehlenden Hälfte des Panoramaweges weiter.

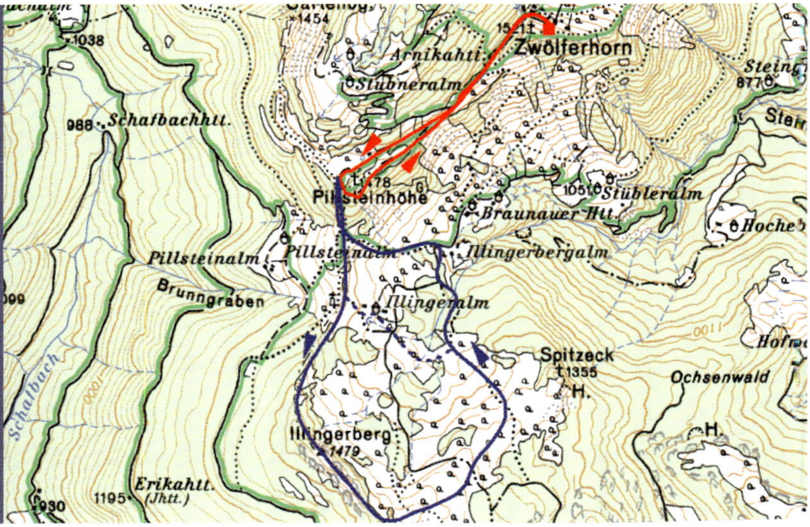

33 Bleckwand

Der Blick durch das Felsfenster.

Die Überraschung bei der Wanderung auf die Bleckwand liegt knapp unterhalb des Gipfels. Ein Felsloch schafft einen originellen Rahmen für den Tiefblick zum Wolfgangsee.

Alter: ab acht Jahren
Voraussetzung:
konditionelles Grundmaß
Ausrüstung: Wanderausrüstung
Mountainbuggy: nein
Anfahrt, Ausgangspunkt:
Von St. Gilgen auf der Wolfgangsee-Bundesstraße (B 158) in Richtung Bad Ischl. Kurz nach dem Zinkenbacher Ortsteil Gschwendt zweigt gegenüber der Zufahrt zur Schiffsanlegestelle rechts (bei Infostelle des Tourismusverbandes) die Zufahrt zur Niedergadenalm/Bleckwand ab. Die Straße führt vorerst zum Gehöft Vitz am Berg, wo die Mautstraße zur Niedergadenalm beginnt. Auffahrt ca. 5 km bis zum gekennzeichneten Parkplatz „Bleckwandhütte" (1178 m).

Beste Zeit: Frühsommer bis Spätherbst
Wegcharakter: Steige, Almwege
Gehzeit: 2:15 Std.
Höhenunterschied, Weglänge:
340 Hm., 3,4 km (Runde)
Einkehrmöglichkeiten: Bleckwandhütte (1340 m), Jausenstation Illighütte (Niedergadenalm)
Attraktionen: Felsfenster knapp unterhalb des Gipfels
Informationen: Mautschranken beim Gehöft Vitz am Berg (Gebühr 4 Euro); Bleckwandhütte: 10 Lager/14 Betten, Naturfreunde Bad Ischl (Hüttenwirt Stephan Maurer), Tel. 0664/4430874, bei Übernachtung Reservierung erforderlich
Karte: ÖK 1:50.000 Blatt 3211 (95)

Durstlöscher bei der Bleckwandhütte.

Abwechslungsreich wie das Salzkammergut mit seiner reizvollen Voralpenlandschaft und den steil aufragenden Bergen ist auch die Wanderung auf die Bleckwand. Gewiss zieht der nebenliegende Bergkegel des Sparber oder der dominante Schafberg mehr die Blicke an als unser Wanderziel. Unscheinbar und bis hoch hinauf bewaldet, ist die Bleckwand dennoch eine gern besuchte Aussichtskanzel und weitum bekannt. Ihr Name leitet sich von „Plaike" ab und deutet auf das Rutschgelände in den schroffen Fels- und Lawinenflanken hin, das den Berg auf seiner rauen, dem Wolfgangsee zugewandten Seite durchfurcht.
Es ist vor allem die Kurzweiligkeit, die diese Halbtagestour auch mit Kindern interessant werden lässt. Die urgemütliche Bleckwandhütte ist willkommene Zwischenstation, bevor der „Gipfelsturm" beginnt. Das besagte Felsfenster am Gipfelkamm gewährt nicht nur einen besonderen Durchblick in die Niederungen des Wolfgangsees, sondern wirft sicher auch einige Fragen über seine Entstehung bei den kleinen Wanderern auf.

Der Weg: Vom Parkplatz der Bleckwandhütte an der Mautstraße führt der markierte Steig (Weg 32) mäßig ansteigend durch die bewaldete, felsdurchsetzte Bergflanke. Vorsicht, bei feuchter Witterung kann der Steig stellenweise unangenehm rutschig sein.
Kurz vor der Bleckwandhütte ist ein neu erbauter Forstweg zu queren, auf den wir auch auf der weiteren Etappe noch treffen werden. Die kleine Hütte der Naturfreunde liegt auf einer Waldblöße, etwa auf halbem Weg zum Gipfel. Als besonderes Erlebnis für Kinder gilt natürlich die Übernachtung auf einer Berghütte (als Variante überlegenswert). Von der urigen Hütte führt der Weg (876) den bewaldeten Rücken hinauf und erreicht am baumlosen Gipfelkamm das Felsfenster.
Nur noch wenige Minuten davon entfernt, steht das Holzkreuz der Bleckwand (1516 m) und

markiert den herrlichen, freien Rastplatz mit einer nach Süden hin leicht geneigten Almwiese. Zum Greifen nahe erscheint der Sparber mit seinem gespaltenen Gipfel. Es ist nicht der höchste Punkt der Bleckwand, an dem das Kreuz errichtet wurde, dafür der schönste und aussichtsreichste! Die höchste Erhebung liegt, zwischen Bäumen versteckt, südöstlich dieser Stelle.
Der Abstieg führt den Kamm weiter Richtung Südosten. Nach nur wenigen Minuten zweigt unser Weg zur Niedergadenalm (31) nach rechts ab und folgt der Markierung vorerst durch den lichten Fichtenwald, anschließend über einen Wiesenhang steil in den Sattel zur Wetzlerhütte hinunter.

Hier geht es nach rechts, die letzte Etappe der Rundtour führt auf der Almstraße wieder zum Parkplatz zurück.

Ein gemütlicher Rastplatz unterm Kreuz.

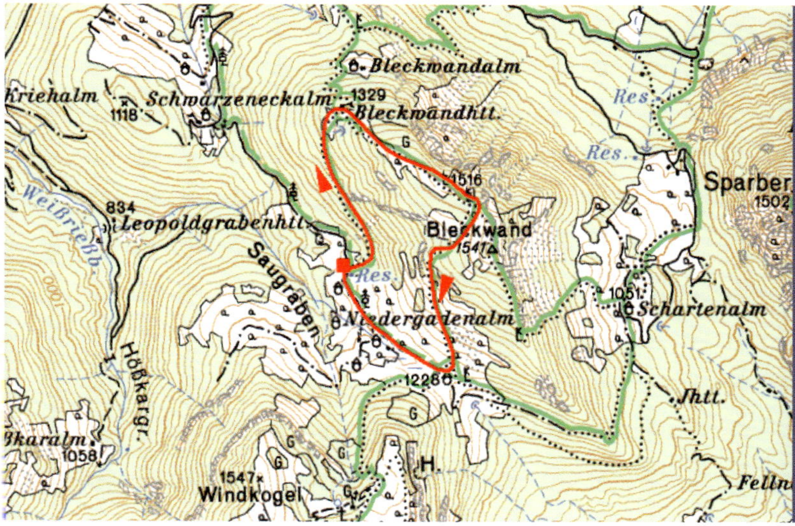

34 Über den Falkenstein

An einer sonnigen, grünen Lichtung gelegen: die Kirche am Falkenstein.

Der Weg von St. Gilgen nach St. Wolfgang folgt der Spur der Wallfahrer und Legenden. Beschilderte Erlebnispunkte dokumentieren die Bedeutung dieses historischen Wallfahrerweges.

Alter: ab sechs Jahren
Voraussetzung: konditionelles Grundmaß
Ausrüstung: Wanderausrüstung
Mountainbuggy: ja (nur der direkte Weg, ohne Abstecher zu den Aussichtspunkten)
Anfahrt, Ausgangspunkt: auf der Wolfgangsee-Bundesstraße über Hof und Fuschl nach St. Gilgen. Sofern man nicht mit dem Schiff fährt, nimmt die Wanderung am Mozartplatz in St. Gilgen ihren Ausgang und führt in ihrer ersten Etappe auf der Mondseer Straße in den Brunnwinkel (Weg 19).
Öffentliche Verkehrsmittel: Busverbindung von Salzburg, Buslinie 150, www.postbus.at/sbg
Beste Zeit: Frühling bis Spätherbst
Wegcharakter: Zufahrts- und geschotterte Wirtschaftswege, Steige
Gehzeit: 3 Std.
Höhenunterschied, Weglänge: 250 Hm., 6,5 km (einfache Strecke)
Einkehrmöglichkeiten: Gasthof Fürberg, Gasthof Leopoldhof
Attraktionen: Wallfahrerkirchlein mit Wunschglocke und Schliefstein, Schifffahrt, Baden im Wolfgangsee
Informationen: www.schafbergbahn.at (Fahrplan Schiffe), www.wolfgangsee.at
Karte: ÖK 1:50.000 Blatt 3211 (95, 65)

Für diese Wanderung gibt es gleich zu Beginn eine Wahlmöglichkeit: Die Bucht von Fürberg kann von St. Gilgen aus mit dem Schiff erreicht werden; oder aber man wandert vom Ortszentrum von St. Gilgen die alte Mondseer Straße am Nordufer des Sees entlang in den malerischen Brunnwinkel und gelangt auf der Uferpromenade in die Fürbergbucht. Hier sammelten sich einst die Pilger um einen gotischen Bildstock und wanderten schließlich weiter über den Falkenstein. Doch bevor man Fürberg erreicht, gibt es im idyllischen Brunnwinkel noch einiges zu erfahren: Hier lebte und arbeitete Karl von Frisch, späterer Nobelpreisträger, der die „Sprache der Bienen" erforschte. Der Legende nach ist der Hl. Wolfgang, Bischof von Regensburg, für den Ursprung der Wallfahrt verantwortlich: Er soll sich vor über 1000 Jahren in die Felseinsamkeit am Falkenstein als Einsiedler zurückgezogen haben. An die Felsen und um einen mittlerweile glatt geschliffenen „Durchkriechstein" schmiegt sich heute ein Kirchlein.

Der Weg: In nur wenigen Minuten geht es auf der Uferpromenade vom Brunnwinkel (Weg 28) in die Bucht nach Fürberg hinüber. Nach den Badeplätzen führt der Wallfahrerweg zusehends steiler im Wald bergauf. Nach einer Verschnaufpause und noch vor der ersten Kapelle zweigt links ein Steig zum „Scheffelblick" ab, der sich im lichten Wald zu

Der „Aberseeblick" – Prachtloge überm Wolfgangsee.

diesem bezaubernden Aussichtspunkt über dem Wolfgangsee schlängelt. Von hier sollte man dann unbedingt den Weg zur Falkensteinkirche einschlagen. Wenn man auf diesen Abstecher verzichtet, gelangt man auf dem breiten Falkensteinweg direkt zu dem an den Felsen des Falkensteins im Jahre 1626 erbauten Kirchlein. Davor bietet sich ein schöner, sonniger Platz mit einer Bank zum Rasten. Bereits in Sichtweite liegt die Kapelle mit

Zwischenstation im Brunnwinkel.

der Wunderquelle. Nach einem kurz ansteigenden Wegstück tauchen im Falkensteinsattel zwei weitere Kapelle auf, wobei sich bei der letzten Kapelle die wohl bekannteste Szene der Wolfganglegende, der „Hacklwurf“, abgespielt haben soll. Direkt gegenüber weist die Beschilderung auf den kurzen Abstecher zum Aberseeblick (795 m) hin, der einen weiteren prächtigen Ausblick auf die Wolfgangseeregion bietet. Vom Sattel führt der Abstieg jetzt auf dem geschotterten Weg durch den Wald nach Ried hinunter. Gleich nach der Dichtlkapelle trifft man auf die Uferstraße und folgt dieser in Richtung St. Wolfgang. Bereits nach 500 Meter kann man von der direkt an der Straße liegenden Anlegestelle Ried-Falkenstein mit dem Schiff nach St. Gilgen zurückfahren.

35 Schafberg

Die Schafbergbahn: Nostalgie auf Schienen.

Die unverwechselbare Berggestalt im Salzkammergut kann mit einer bestechenden Gipfelschau und einem 14-Seen-Blick aufwarten.

Alter: ab sechs Jahren
Voraussetzung: Grundmaß an Kondition nötig
Ausrüstung: Wanderausrüstung
Mountainbuggy: nein
Anfahrt, Ausgangspunkt: Auf der Wolfgangsee-Bundesstraße (B 158) über St. Gilgen nach Strobl und weiter nach St. Wolfgang. Gebührenpflichtige Parkplätze neben der Schafbergbahn. Alternativ: Parken bei der Schiffsanlegestelle Gschwendt und mit dem Schiff zur Anlegestelle Schafbergbahnhof
Öffentliche Verkehrsmittel: Busverbindung von Salzburg aus, Linie 150, Haltestelle Gschwendt Landauer, oder Bus 546 ab Strobl, www.postbus.at/sbg
Beste Zeit: Mai bis Okt., während der Betriebszeit der Schafbergbahn
Wegcharakter: Steige, Wirtschaftswege vom Gasthof Schafbergalpe beim Abstieg nach St. Wolfgang
Gehzeit: 1 Std. (Aufstieg), 2:45 Std. (bei Abstieg nach St. Wolfgang)
Höhenunterschied, Weglänge: Aufstieg 400 Hm., 1,6 km (einfach), Abstieg bis zu 1250 Hm. (nach St. Wolfgang)
Einkehrmöglichkeiten: Hotel Schafbergspitze, Himmelspforthütte, Gasthof Schafbergalpe
Attraktionen: Fahrt mit der Zahnradbahn, der Schafberg ist einer der prächtigsten Aussichtspunkte im Salzkammergut (14-Seen-Blick), nach dem Schafberg Baden im Wolfgangsee
Informationen: www.wolfgangsee.at; Fahrplan: www.schafbergbahn.at; Himmelspforthütte (Hr. Laimer, Tel. 0664/4331277), Hotel Schafbergspitze (Familie Pasch, Tel. 06138/3542)
Karte: ÖK 1:50.000 Blatt 3211 (95, 65)

Die Himmelspforthütte am Schafberg.

Am Schafbergbahnhof in St. Wolfgang gibt es altbewährte Technik zu bestaunen und nicht nur Kinder bekommen glänzende Augen beim Anblick der Dampfloks, genauer gesagt: der Dampf-Zahnradbahnlokomotiven. Großeltern versuchen ihren Enkelkindern, die Funktion einer Dampflok zu erklären, vielleicht auch deshalb, weil die Eisenbahnen moderner Bauart ganz und gar nichts gemein haben mit den Eisenbahnen, die zumeist in den Kinderbüchern aufscheinen – eben den (Dampf-)Lokomotiven. Dies sollte zumindest ein Anstoß sein, dem Schafberg einen Besuch abzustatten.

Bereits seit dem Jahre 1893 schieben Dampflokomotiven die Waggons mühsam die knapp 1200 Höhenmeter den Berg hinauf, sehr zum Staunen der Touristenschar, die den schnellen Panoramablick vom Schafberggipfel genießen will. Bei der Station Schafbergalpe (1364 m) – beim ersten fahrplanmäßigen Halt – nimmt die jetzt beschriebene Familienwanderung ihren Ausgang. Es sind noch 400 Höhenmeter zum Schafberggipfel hinauf, zugleich auch die aussichtsreichsten!

Der Weg: Beim Gasthaus Schafbergalpe führt der markierte Weg über die Gleise und den gelben Wegtafeln nach höher. Zugleich kann man noch die Dampflok verfolgen, wie sie kraftstrotzend und wild fauchend nach dem Zwischenstopp die weitere Bergfahrt fortsetzt. Der Wanderweg (Weg 20) verläuft auf der zahmen Seite des Schafbergs, die auch für Kinder gut zu bewältigen ist und zugleich ein großartiges Naturerlebnis darstellt. Die Nordseite, zum Attersee und zum Mondsee hin, fällt hingegen jäh und steil ab, ja mit nahezu senkrechten Felswänden, wie sich später beim Tiefblick vom Gipfel eindrucksvoll feststellen lässt. Der Weg überquert noch einmal die Bahngleise und schlängelt sich geraume Zeit etwas steiler über Trittstufen und durch die blumenreichen Bergwiesen höher (Vorsicht Felsabbrüche). Weiter ansteigend, erreicht die Route

den Bergbahnhof und das nur unwesentlich höher gelegene Gipfelhotel, das wie eine Bastion knapp an der Felskante über der imposanten Nordwand thront (1783 m). Nur einen Steinwurf am Kamm (westlich) entfernt, steht die kleine Himmelspforthütte, darunter, auf einer vorgelagerten Felskuppe, ein Gipfelkreuz und unmittelbar daneben befindet sich der als „Himmelspforte“ bekannte Felsspalt. In beiden Häusern kann man übernachten, Sonnenuntergang und -aufgang am Schafberg und die damit verbundenen Stimmungen sind ein großartiges Erlebnis.
Der Abstieg folgt wieder dem steilen Gipfelhang (20) zur Schafbergalpe. Von hier entweder mit der Bahn ins Tal oder über die Schafbergalmen zu einer Wegverzweigung und über die ehemalige Dorneralm (Weg 23) und die Jausenstation Aschinger etwas mühsam nach St. Wolfgang zurück.

Zusammentreffen mit der Zahnradbahn.

36 Vormauerstein

Gewitterstimmung am Ausgangsort St. Wolfgang.

Hoch über St. Wolfgang erhebt sich eine festungsartige Felsbastion, hinter der sich dann aber ein wunderbar sanftes Almgebiet ausbreitet.

Alter: ab sechs Jahren
Voraussetzung: gute Kondition
Ausrüstung: Wanderausrüstung
Mountainbuggy:
über den Vormauerweg Nr. 26 ja
Anfahrt, Ausgangspunkt:
von der A 1, Abfahrt Thalgau, über Hof auf die B 158 (Wolfgangsee-Bundesstraße). In Strobl Richtung St. Wolfgang abzweigen. Parken im Ort, am besten auf einem gebührenpflichtigen Tagesparkplatz am Ortsanfang.
Öffentliche Verkehrsmittel: Bus 150 ab Salzburg, Bus 546 ab Strobl

Beste Zeit: Sommer
Wegcharakter: Waldwege
Gehzeit: 4 Std.
Höhenunterschied, Weglänge:
900 Hm., 10,2 km
Einkehrmöglichkeiten:
Jausenstation Holzerbauer
Attraktionen: Almlandschaft, Kletterfelsen, Wolfgangsee
Informationen:
www.wolfgangsee.at,
www.strobl.salzburg.at,
www.stwolfgang.at
Karte: ÖK 1:50.000 Blatt 3211 (65, 95)

Der Name Vormauerstein kommt nicht von ungefähr. Wie eine uneinnehmbare Bastion erhebt sich der Felsriegel hoch über dem Wolfgangsee. Dabei täuscht der Eindruck, denn die Wanderung besteht zum allergrößten Teil aus unkomplizierten Waldwegen und -steigen. Herzstück der schönen Runde aber ist das Gebiet der Vormaueralmen. Hier auf der geschützten Nordseite des Berges breiten sich traumhaft schöne Almböden aus, die schon als Kulisse für diverse Salzkammergutfilme dienten. Kein Wunder, denn diese Umgebung mit dem markanten Schafberg im Hintergrund ist eine makellose Genusslandschaft. Der Felsgipfel selbst ist zwar kein hochalpines Klettergebiet, aber diese letzten 50 Höhenmeter sollten die Kinder doch nur unter Aufsicht hinaufsteigen.

Der Weg: Ausgangspunkt ist der quirlige Ort St. Wolfgang. An der Informationsstelle vorbei zum Hotel Peter, gegenüber zweigt der markierte Weg „Vormauer" nach rechts ab. Die Route folgt zunächst einer schmalen Zufahrtstraße, bis sich nach einem Kilometer in einem Wäldchen die Aufstiegsvarianten trennen. Von diesem Ahornplatz zweigt der Sommerauweg 27 nach rechts ab, über den Vormauerweg 26 wird sich die Runde wieder schließen. Am Holzerbauer vorbei geht es also nicht allzu steil in 40 Minuten bis zu einer Waldkapelle in knapp 800 Meter Seehöhe aufwärts. Hier zweigt der Sommerauweg nach links ab und legt an Steilheit um einiges zu. Bis auf jenen Abschnitt, der an der gepflegten Sommeraualm vorbei leitet, führt der Anstieg fast durchwegs durch kühlen Mischwald. Ein Zwerg und seine Sprüche sind lustige Wegbegleiter, fast ganz

Die Vormaueralm, im Hintergrund der Schafberg.

oben meint er: „Wer schwitzt und schnauft, der lebt gesund, jetzt gehen wir noch 'ne halbe Stund'." Eine angenehm kühle halbe Stunde ist es wieder, weiter oben kommen schon ein paar Felsen zum Vorschein, auch eine glasklare Quelle liegt am Weg, dann aber öffnen sich die wunderbaren Wiesen rund um die Vormaueralmen. Das allerletzte Wegstück auf den 1450 Meter hohen Felsgipfel ist orientierungsmäßig einfach,

Blick auf den Wolfgangsee mit Sparber (links) und Bleckwand im Hintergrund.

obwohl kein richtig erkennbarer Weg zu dem markanten Felsaufbau führt, alleine sollten die Kinder aber nicht zu dem luftigen Gipfelkreuz aufsteigen. Das wesentlich ergiebigere Spielgebiet breitet sich ohnehin zu Füßen des Vormauersteins aus, auch hier gibt es den einen oder anderen harmlosen Kletterfelsen, sozusagen ein paar Vormauersteinchen. Der Abstieg aus diesem paradiesischen Almenland folgt dem Vormauerweg 26. Über diese breite Almzufahrt geht es teils durch Wald, immer wieder unterbrochen von schönen Ausblicken auf das Seenland, zurück zum Ahornplatz und weiter auf dem bereits bekannten Weg nach St. Wolfgang.

37 Schwarzensee

Am idyllischen Schwarzensee.

Mitten im Salzkammergut liegt ein tiefgrüner Bergsee, der Schwarzensee heißt. In seinem glasklaren Wasser fühlen sich die Fische genauso wohl wie die müden Kinderbeine.

Alter: ab fünf Jahren, der anspruchsvollere Wirrersteig erfordert jedoch „Gehdisziplin"
Voraussetzung: übliche Grundkondition
Ausrüstung: Wanderausrüstung
Mountainbuggy: nein
Anfahrt, Ausgangspunkt: von der A 1, Abfahrt Thalgau, über Hof auf die B 158 (Wolfgangsee-Bundesstraße). In Strobl Richtung St. Wolfgang abzweigen. Nach 2,5 km befindet sich vor einer Straßenkreuzung ein Informationskiosk. Entweder hier parken oder noch ein paar Meter Richtung „Bad Ischl" weiterfahren.
Öffentliche Verkehrsmittel: Bus 150 ab Salzburg, Bus 546 ab Strobl, Haltestelle Schwarzenbach
Beste Zeit: Frühling bis Herbst
Wegcharakter: bis auf den anspruchsvollen Wirrersteig, hauptsächlich breite Waldwege
Gehzeit: 2:30 (Wirrersteig) bis 3 Std., Seerunde zusätzlich 1 Std.
Höhenunterschied, Weglänge: 250 Hm., 6,5 (Wirrersteig) bis 7,5 km
Einkehrmöglichkeiten: „Zur Lore", Almstadl
Attraktionen: Bergsee, Wirrersteig
Informationen: www.wolfgangsee.at, www.strobl.salzburg.at, www.stwolfgang.at
Karte: ÖK 1:50.000 Blatt 3211 (65, 95)

Lichtung am Abstieg.

Gewässer, Berge und Wälder, veredelt mit einem Schuss feiner Einkehrkultur, das sind wohl die Kernpunkte des Mythos Salzkammergut. Ein Ort, an dem all dies zutrifft, ist der idyllische Schwarzensee hoch über St. Wolfgang. Umgeben von Wäldern, an seinen Ufern ein wenig Almwirtschaft und zwei gastliche Einkehrstationen, erfüllt der See verschiedenste Bedürfnisse. An typischen Salzkammergutvillen vorbei geht es wahlweise über den anspruchsvollen Wirrersteig oder den gemütlichen Almweg zu jenem überaus fischreichen Bergsee, an dessen Ufer es sich genauso gut durchhängen wie herumtollen lässt. Der Badeanzug im Rucksack ist an heißen Sommertagen jedenfalls kein Nachteil.

Der Weg: Von der Informationsstelle im Ortsteil Schwarzenbach an der Straßengabelung „St. Wolfgang/Bad Ischl" oder von der Bushaltestelle „Schwarzenbach" geht es noch einige Meter entlang der Autostraße Richtung Bad Ischl. Gleich nach der Brücke über den Schwarzenbach zweigt der markierte Weg Richtung Schwarzensee nach links ab. Am Bach entlang dann in wenigen Gehminuten zu einer weiteren Weggabelung: Nach rechts zweigt der unkomplizierte Almweg Nr. 30 ab, der in einer genussvollen Stunde an den Schwarzensee führt, während der etwas kürzere, aber recht steile Wirrersteig Nr. 29 dem Grabenverlauf folgt. An einem Kraftwerk aus der Zeit des beginnenden 19. Jahrhunderts vorbei, gewinnt dieser Steig über unzählige Stufen hinweg rasch an Höhe. Der erste Teil ist zwar durchgehend mit einem Seilgeländer versichert, aber Vorsicht ist auf diesem schmalen Steig natürlich trotzdem angebracht. Nach einer halben Stunde wird der Wegverlauf aber wieder zusehends flacher, der wunderschöne Schwarzensee ist nun nicht mehr weit. Gleich bei der Einmündung in den Uferweg liegt der bekannte Fischwirt „Zur Lore“, wenig später folgt der auch recht gemütliche „Almstadl“. Besonders am westseitigen Ufer finden sich einige sehr nette Einstiegsstellen in den See. Auch eine Umrundung, die eine knappe Stunde in Anspruch nimmt, ist natürlich bei entsprechender Laune und Kondition eine Überlegung wert. Der Abstieg zweigt jedenfalls vor dem Almstadl nach links auf den Sattelweg Nr. 28 ab. An einer schönen Lichtung, einer richtigen Märchenwiese vorbei führt dieser bequeme Weg hauptsächlich durch Laubwald und überquert kaum spürbar den höchsten Punkt (807 m). Mit angenehmem Gefälle geht es an einer Kapelle vorüber, bald danach zweigt ein Weg nach links ab und führt am Tiefenbach entlang zur Autostraße Richtung St. Wolfgang zurück. Von hier sind es linker Hand wenige Gehminuten zum Ausgangspunkt.

Der Weg 28 ist die richtige Entscheidung.

Route 37 Schwarzensee

Tennengau

38 Bad Dürrnberg über den Knappensteig

Franz Gruber, der Komponist des berühmtesten Weihnachtsliedes der Welt, lebte und starb in Hallein.

Vor 2700 Jahren kamen die ersten Kelten auf den Dürrnberg. Die Wanderung aus der Halleiner Altstadt folgt ihren Spuren bis hinein zu den salzhaltigen Schichten im Dürrnberg.

Alter: ab fünf Jahren
Voraussetzung: konditionelles Grundmaß
Ausrüstung: Wanderausrüstung
Mountainbuggy: nein
Anfahrt, Ausgangspunkt: über die A 10, Abfahrt Hallein, auf die Perner Insel in Hallein (Parkplätze)
Öffentliche Verkehrsmittel: Bahn, Busse 160 und 170 bis Hallein, Bus 41 nach Bad Dürrnberg
Beste Zeit: Frühling bis Herbst
Wegcharakter: Steige, Fahr- und Gehwege
Gehzeit: 2:30 Std.
Höhenunterschied, Weglänge: 350 Hm., 6,6 km
Einkehrmöglichkeiten: Gasthaus „Zur Bergmannstreu" in Bad Dürrnberg und Gastronomie in Hallein
Attraktionen: Salzbergwerk, Keltendorf, Keltenmuseum, Stille-Nacht-Museum. Gradierwerk
Informationen: www.duerrnberg.at, www.hallein.com, www.keltenmuseum.at
Karte: ÖK 1:50.000 Blatt 3210 (93, 94

Die Wanderung von Hallein nach Bad Dürrnberg folgt dem Weg des „Weißen Goldes". An Spuren der – mit Unterbrechungen beinahe 3000 Jahre andauernden – Geschichte des Halleiner Salzes herrscht kein Mangel und auch am Ziel vermittelt das faszinierende Keltendorf einen sehr lebendigen Eindruck dieser für die Region so besonders wichtigen Volksgruppe. Aber auch in der Stadt Hallein trifft man auf Salzspuren, denn die Sole wurde mittels hölzerner Rohrleitungen zum Teil über die Dächer hinweg zu den riesigen Sudpfannen gepumpt. Ganz dicht waren die Rohre nicht und so ist es auch kein Wunder, dass ein großes Problem bei den Althaussanierungen der hohe Salzgehalt in den Wänden ist. Einen interessanten historischen, auch kindgerechten Überblick bietet das Keltenmuseum. Auch sehr spektakulär ist der Besuch des Salzbergwerkes mit seinen langen Rutschen und dem unterirdischen Salzsee.

Der Weg: Das prägende Gebäude auf der Halleiner Pernerinsel ist der Verdampferturm, in dem noch bis 1989 Salz verarbeitet wurde. Von der Pernerinsel (Parkplätze) geht es in die Altstadt, dann über den Unteren Markt und am Schöndorferplatz vorbei in den Stille-Nacht-Bezirk zur Stadtpfarrkirche. Gegenüber befinden sich Grab und Wohnhaus des Franz Xaver Gruber, der das wohl berühmteste Weihnachtslied der Welt komponierte. Ein kleines, sehenswertes Museum erinnert an das Wirken in Hallein. An der Kirche vorbei,

Die Bad Dürrnberger Knappenmusik ist weit über die Grenzen bekannt.

dann links über den Kotbach zur Schule und schließlich rechts zum Beginn des Knappensteiges. Der markierte Weg führt über viele Stufen und an einigen historischen Stolleneingängen vorbei hinauf nach Bad Dürrnberg. Nicht zu übersehen ist der Zugang in das Salzbergwerk, gegenüber befindet sich das Keltendorf. Auch nicht zu übersehen ist die strahlend schöne Wallfahrtskirche Maria Dürrnberg, die gerade aufwändig saniert wurde. Zwischen Felswand und Kirche führt

Das Keltendorf vermittelt einen lebendigen Eindruck.

ein Steig zur Kuranstalt St. Josef und zur Bergstation der ehemaligen Gondelbahn hinauf. Wer schon immer wissen wollte was ein Grenadierwerk ist, kann hier abbiegen und die salzgesättigte Luft einatmen. Auch den Kelten, den Pionieren der Salzgewinnung, behagten die Plätze rund um die Kirche. Die Archäologen fanden hier wertvolle Schätze, darunter – bei der Hexenwand – die weltberühmte Schnabelkanne, die heute im Salzburg Museum in der Stadt Salzburg ausgestellt ist. Der Rückweg folgt der Moserstraße und dem Römersteig, quert die neue Dürrnberg-Landestraße und führt durch den mystischen Reingraben zurück in die schöne Stadt Hallein.

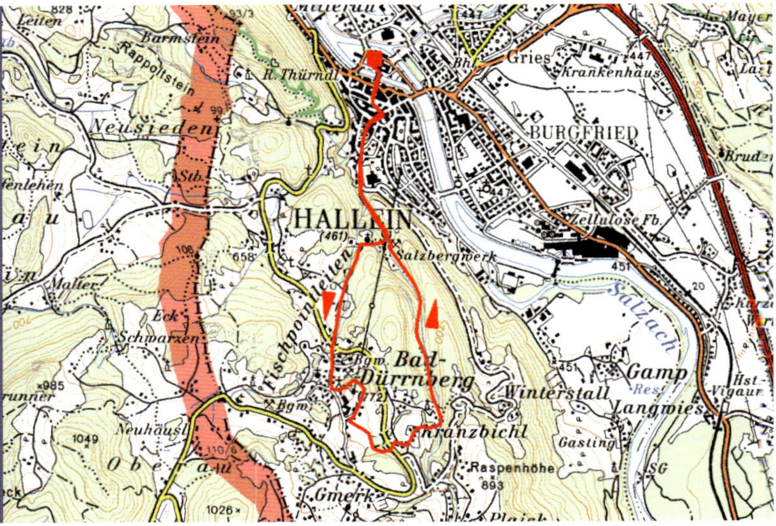

39 Barmsteine

Der Große (links) und der Kleine Barmstein.

Eine spannende Wanderung aus der mittelalterlichen Stadt Hallein zur alten Befestigungsanlage Dirndl (= Thürndl) am Fuß des Kleinen Barmsteins.

Alter: ab fünf Jahren
Voraussetzung: ausreichende Basiskondition
Ausrüstung: Wanderausrüstung
Mountainbuggy: nein
Anfahrt, Ausgangspunkt: über die A 10, Abfahrt Hallein, auf die Perner Insel in Hallein (Parkplätze)
Öffentliche Verkehrsmittel: Bahn, Busse 170 und 160, Bus 41 nach Bad Dürrnberg
Beste Zeit: Frühling bis Herbst
Wegcharakter: Steige, Wiesenpfade, Zufahrten
Gehzeit: 2:30 Std.
Höhenunterschied, Weglänge: 300 Hm., 4 km
Einkehrmöglichkeiten: Gastronomie in Hallein
Attraktionen: Ruine, Kletterfelsen
Informationen: www.hallein.gv.at, www.hallein.com, www.keltenmuseum.at
Karte: ÖK 1:50.000 Blatt 3210 (93, 94)

Der Rückweg verläuft über die „grüne Grenze“ zwischen Bayern und Salzburg.

Sie sind schon sonderbare Gestalten, die beiden „Bamstoana“, die zu Hallein gehören wie das Salz zum Dürrnberg. Geologisch gesehen sind sie in der Tat anders, denn während diese Gesteinsschicht auf der Ostseite ganz flach verläuft, ist der Barmsteinkalk hier westlich der Salzach „auf den Kopf gestellt“. Den Kletterern kann's recht sein, sie finden hier ideale Trainingsreviere. Aber auch die Pflanzenwelt hat auf diese Besonderheit reagiert, auf der sonnigen Südwestseite gibt es etwa zahlreiche Felsenbirnen. Auf dem Kleinen Barmstein (851 m), der in Wirklichkeit um einige Meter höher als der Große Barmstein ist, führt ein relativ gut gesicherter, markierter Steig. Trotzdem sind die Barmsteine keine Familienberge, an die Begehung sollten sich nur selbst- und trittsichere Jugendliche heranmachen. Am Gipfel wartet ein traumhafter Blick auf Hallein, aber auch nur wenige Quadratmeter Fläche. Das Gebiet zu Füßen des Kleinen Barmsteins aber erlaubt genug Spielraum, Höhepunkt ist die seit einiger Zeit wieder weithin sichtbare Ruine Dirndl (= Thürndl = Turm).

Der Weg: Ein praktischer Ausgangspunkt ist die Perner Insel inmitten der Salzach. Von hier aus (wie bei der Wanderung 38) in wenigen Minuten zur Stadtpfarrkirche, dort aber rechts über den Antoniusweg rasch in die Höhe. Bei der Haltestelle Fuchsturm (auch als Start geeignet) geht es über die Dürrnberg-Landestraße in den Kleinkirchentalweg und gleich wieder nach rechts auf den steilen Ödlsteig (459) zur Ruine Thürndl. Diese Anlage mit ihren immerhin noch bis zu 18 Meter hohen Mauerresten, war eine der Eckpunkte der Halleiner Stadtbefestigung aus dem 14. Jahrhundert. Nach der Ruine wird der Weg flacher und führt zu einer schönen Lichtung. Hier nun nach links noch ein paar Meter über die Wiese aufwärts bis zum Barmsteingut und dort wieder scharf links über den Feldweg abwärts. Die Baum- und Heckenreihe, die weiter unten quer über Weg und Wiese verläuft, markiert die Staatsgrenze, denn seit einiger Zeit bewegen wir uns schon auf bayerischem Territorium. Was für eine schöne Welt, in der Grenzen

Am Weg zum Barmsteingut steht ein herrlicher Kletterbaum.

nicht einmal auffallen! Über diese also wirklich „grüne Grenze“ geht es wieder hinab auf den Kleinkirchentalweg und entlang der bereits bekannten Route wieder zurück in die malerische Stadt Hallein.

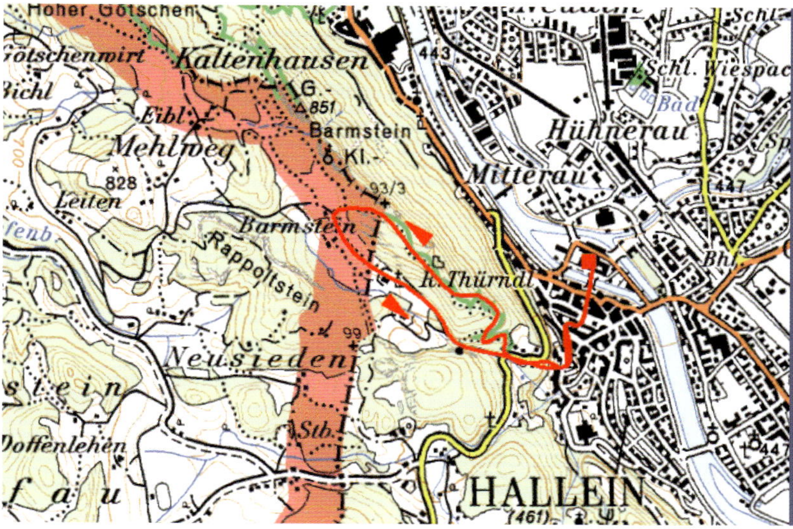

40 Ruine Gutrat

Wer auf Gutrat herrschte, hatte die Kontrolle über das Salzachtal.

Die wieder zugänglich gemachte Burganlage Gutrat hoch über dem Salzachtal ist nicht zu übersehen. Der Ausflug in das frühe Mittelalter führt aber auch zu nicht sichtbaren Überraschungen.

Alter: ab sechs Jahren
Voraussetzung: Basiskondition, Trittsicherheit
Ausrüstung: Wanderausrüstung
Mountainbuggy: nein
Anfahrt, Ausgangspunkt: von der Stadt Salzburg oder der Tauernautobahn A 10, Abfahrt Salzburg Süd, auf die B 159 (Salzburger Straße) Richtung Hallein bis Gasthof und Campingplatz Auwirt
Öffentliche Verkehrsmittel: Bus 170, Haltestelle Auwirt
Beste Zeit: Sommer, Herbst. Wegen der Ostausrichtung im Herbst am besten vormittags.
Wegcharakter: Zufahrten, Feldwege, Steige
Gehzeit: 2 Std.
Höhenunterschied, Weglänge: 200 Hm., 3,5 km
Einkehrmöglichkeiten: Auwirt
Attraktionen: Ruine Gutrat bzw. die versteckte, noch ältere Anlage
Informationen: www.hallein.gv.at, www.hallein.com, www.burgenseite.com/gutrat
Karte: ÖK 1:50.000 Blatt 3210 (93)

Das „Weiße Gold“ spielte in SALZburg eine ganz erhebliche Rolle. Salzquellen und -schichten waren wirklich Goldes wert, um die es auch einige kriegerische Auseinandersetzungen gab, denn die salzhältige Haselgebirgsschicht verläuft just unter dem salzburgisch-bayerischen Grenzbereich. Das Ziel der Wanderung, die Burg Gutrat sollte die Salzquelle am Tuval schützen und den Transport überwachen.

Der Weg: Ausgangspunkt ist der Auwirt. Auf der gegenüberliegenden Straßenseite ist die „Ruine Gutrat“ schon angeschrieben, sie folgt dem „Salzquellenweg“. Dieser führt an schönen Höfen und einer Schafweide vorbei zu einer Weggabelung knapp unterhalb der Hubertuskapelle. Der Weg zur Ruine führt mäßig ansteigend nach rechts in den Laubwald, einige kurze Stellen sind auch bei sonst trockenen Verhältnissen meist morastig. Wer an einem schönen Spätherbsttag, am besten mit der Vormittagssonne, unterwegs ist, wird die stolze Ruine Gutrat durch das löchrige Blätterdach bald entdecken. Im Sommer, bei vollständiger Belaubung ist sie so gut wie unsichtbar. Bei einer markierten Abzweigung geht es Richtung Ruine wieder einige Höhenmeter abwärts und nun wird es spannend. Von Salzquelle keine Spur! Vielleicht etwas weiter oberhalb der Ruine Gutrat? Hier zwischen Felsen, 100 Meter westlich hangaufwärts befinden sich zwar keine Quellen, aber dafür die allerletzten Überreste einer noch älteren Vorgängerburg. Die „neue“ Ruine Gutrat ist seit einigen Jahren „saniert“, der metertiefe Schutt wurde mühsam durchsucht und abgetragen, nun führt eine sichere Stiegenkonstruktion auf diesen phantastischen Aussichtspunkt hoch über dem Salzachtal. Die rote Linie im Mauerwerk markiert den Urzustand. Angeblich soll sogar

Aufstieg zur Ruine Gutrat.

eine unterirdische Verbindung zu Schloss Rif neben dem Sportzentrum bestehen. Entdeckt wurde der noch nicht, vielleicht liegt er ja direkt neben der Salzquelle … Der Rückweg aus der Ritterzeit

Alles fest im Griff auf der Ruine Gutrat.
Im Hintergrund die Barmsteine.

führt zunächst wieder zur Abzweigung hinauf und dort auf dem bekannten Weg zurück. Eine andere Variante, allerdings ohne Markierung folgt dem Abstieg nur einige Minuten bis zu einem auffallenden Bildstock, den das Ehepaar Fessl gestiftet hat. Hier nun den Steigspuren auf dem Kammverlauf kurz talwärts folgen, dann nach rechts dem nicht mehr ganz so leicht erkennbaren Steig entlang bis zu einer Lichtung (Zaun), hier aber linker Hand weiter im Wald auf einen Holzziehweg, der in den asphaltieren „Steinbruchweg“ mündet. Auf diesem zur Salzburger Straße und rechts über den begleitenden Fuß- und Radweg in wenigen Minuten zum Auwirt (Bushaltestelle).

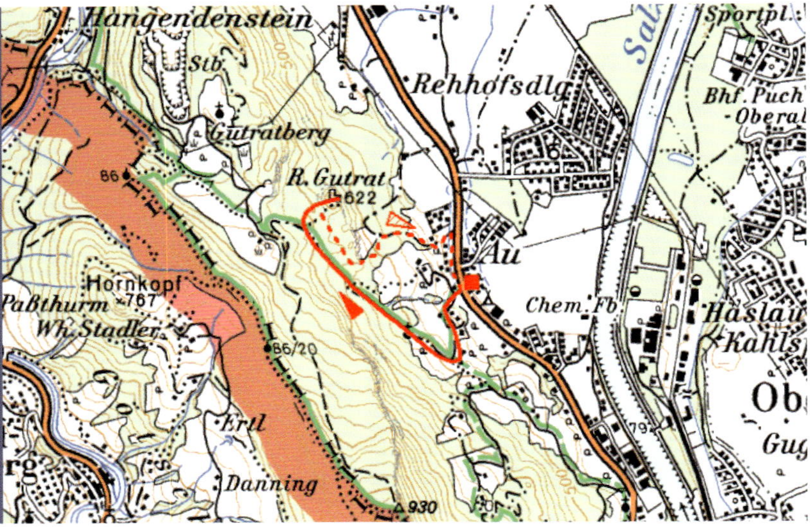

41 Vollererhof und Erentrudisalm

Der Untersberg ist am Weg zwischen Vollererhof und Erentrudis immer präsent.

Der Vollererhof und die Erentrudisalm sind zwei beliebte, altbekannte Ziele auf der Sonnenseite des Salzachtales, zwischen denen es sich vor allem in den kurzen Tagen der tiefstehenden Sonne wunderbar wandern lässt.

Alter: ab vier Jahren
Voraussetzung: konditionelles Grundmaß
Ausrüstung: Wanderausrüstung
Mountainbuggy: nein
Anfahrt, Ausgangspunkt: von der A 10, Abfahrt Puch-Urstein, im Kreisverkehr Richtung Puch. Vor der Agip-Tankstelle nach links Richtung Vollererhof. Großer Parkplatz unterhalb des Vollererhofs, am Ende der Bergstraße.
Beste Zeit: Frühling, Herbst

Wegcharakter: Steige und Wirtschaftswege
Gehzeit: 3 Std.
Höhenunterschied, Weglänge: 200 Hm., 6 km
Einkehrmöglichkeiten: Vollererhof, Erentrudisalm, Fageralm
Attraktionen: Spielplatz Erentrudisalm, Wildgehege
Informationen: www.puch.galanet.at, www.elsbethen.net
Karte: ÖK 1:50.000 Blatt 3210 (64, 94)

Klar zum Ablegen. Bei der Erentrudisalm wartet ein toller Spielplatz.

Südlich der Stadt Salzburg gibt es eine ganze Reihe sehr beliebter, unkompliziert erreichbarer Ausflugsziele. Dazu zählen unter anderem der Vollererhof, die Erentrudis- und die Fageralm, die zwar alle keine Geheimtipps mehr sind, aber die Wege in diesem Dreieck gehören speziell in der sonnenarmen Zeit vielleicht zu den lohnendsten im Nahbereich der Stadt. Die tiefstehende Sonne lehnt sich an die aussichtsreichen Südwesthänge förmlich an und bringt etwa im Frühjahr nicht nur Blütenteppiche, sondern auch ideale thermische Bedingungen für die ersten Schmetterlingsausflüge. Wahrlich ein kleines Paradies zwischen Vollererhof und Erentrudis.

Der Weg: Der meist sehr gut gefüllte Parkplatz vor dem Vollererhof zeugt von der Beliebtheit der Gastronomie und der Wanderwege. Zunächst geht es der Hauptrichtung, also dem Weg 1 bzw. 11 (Erentrudisalm) entlang. Nach zehn Gehminuten zweigt der Weg 1d (Erentrudisalm-Steig) nach links und nach einigen Metern Höhenverlust kurz nach dem leer stehenden Bauernhaus gleich wieder nach rechts aufwärts ab. Mit wunderschönen Ausblicken führt der gelb markierte Steig in 45 Minuten teils über Lichtungen, teils durch freundlichen Mischwald zu einem netten Rastplatz unterhalb der nach einem Großbrand wieder detailreich und aufwendig renovierten Schwarzenbergalm. Die beliebten Gaststätten Erentrudisalm mit dem einzigartigen Spielplatz und die 20 Minuten weiter nördlich gelegene „Fager" mit dem nicht weniger verlockenden Topfenstrudel sind nicht mehr weit. Der Retourweg führt am Wildgehege gegenüber der Erentrudisalm entlang wieder an den Rastplatz nahe der Schwarzenbergalm zurück. Nun geht es aber nicht nach rechts über unseren Aufstieg („Steig über Keinzreit, Weg 11“), sondern geradeaus weiter. Dieser ebenfalls mit 11 bezeichnete Weg führt teils als Waldsteig, teils als Forstweg in einer Stunde und 15 Minuten an den Ausgangspunkt Vollererhof zurück.

Spannende Begegnung beim Wildgehege nahe der Erentrudisalm.

42 Adneter Moos und Marmorbrüche

Blick auf Adnet und das Adneter Moos.

Marmor and more: Adnet ist berühmt für seinen prachtvollen roten Marmor. Aber auch auf der anderen Seite der Steinbrüche, wo sich der geschützte Landschaftsteil Adneter Moos ausbreitet, gibt es viel zu entdecken.

Alter: ab vier Jahren
Voraussetzung: konditionelles Grundmaß
Ausrüstung: Wanderausrüstung
Mountainbuggy: nein
Anfahrt, Ausgangspunkt: über die A 10 oder die Bundesstraße nach Hallein und weiter Richtung Ebenau in das Wiestal und über die Abzweigung Adnet 1,5 km in den Ort. Ein großer Parkplatz befindet sich rechts unterhalb der Kirche.
Öffentliche Verkehrsmittel: ab Hallein Bus 450
Beste Zeit: Frühling bis Herbst
Wegcharakter: Pfade, Waldwege und Zufahrten
Gehzeit: je Wanderrunde 2 Std.
Höhenunterschied, Weglänge: je 70 Hm. Höhenunterschied, Adneter Moos 4,2 km, Marmorweg 3,7 km
Einkehrmöglichkeiten: in Adnet
Attraktionen: Bäche, Amphibien, neues Marmormuseum, Marmorbrüche in allen Varianten
Informationen: www.adnet.salzburg.at
Karte: ÖK 1:50.000 Blatt 3210 (94)

Adnet hat nicht nur seinen berühmten roten Marmor, der von der Dresdener Residenz bis zum Wiener Parlament in halb Europa Verwendung fand, Adnet hat auch als Überbleibsel aus der letzten Eiszeit ein kostbares Moor. Botanisch und ornitholo gisch gesehen, gibt es im 40 Hektar großen Naturschutzgebiet „Adneter Moos" im Frühling mehr zu entdecken, der Herbst wiederum zaubert die intensivsten Farben in diese stille Landschaft. Damit die Vielfalt des Niedermoores gewahrt bleibt, müssen die Feuchtwiesen einmal im Jahr, im Herbst, gemäht werden.

Der Weg Adneter Moos: Unterhalb der Kirche liegt der Parkplatz, an den sich das Moor südwestwärts anschließt. Unser Weg aber folgt vorerst noch der äußersten Zufahrtstraße an der Grenze zum Moos nach rechts und verlässt diese nach 300 Meter vor der scharfen Rechtskurve geradeaus über den schmalen Wiesenpfad. Bei einer Weggabelung führt die Route „Hallein, Waidach" (grünes Schild) geradeaus über die Feuchtwiese weiter, unterquert die Stromleitung und trifft auf den Heuberg. Der Steig führt durch den Wald steil bergan, nun tauchen auch vermehrt die weiß-grünen Markierungspunkte auf. Bei einer Gabelung geht es links Richtung „Waidach". Am höchsten Punkt der Runde, bevor es wieder abwärts geht, wird der kurze Abstecher geradeaus mit einem überraschend freien Ausblick auf den Untersberg und die Barmsteine belohnt. Der Weg nach Waidach führt aber wieder zurück ins offene Gelände, folgt dann noch kurz der Straße Richtung „Hubertushof" und zweigt schließlich auf ein verstecktes Fußgängerbrückerl über den Spumbach nach links ab. Gegenüber beginnt ein befestigter Feldweg (grünes Schild), der zurück ins Marmordorf Adnet führt.

Der Marmor aus dem Lienbachbruch ist der schönste und dichteste Adneter Rotkalk.

Der Weg Marmorlehrpfad: Auch dieser Weg beginnt am Parkplatz unter der Kirche, verläuft ein kurzes Stück auf der Straße Richtung Waidach und zweigt dann, gut angeschrieben, nach links auf die ansteigende Zufahrt ab. Bald nach dem 1991 freigelegten Gletscherschliff am Korallenriff

Marmor in höchster Vollendung: spätgotischer Taufstein aus der Zeit um 1500 in der Pfarrkirche Vigaun.

zweigt der Rundweg nach links in den Wald ab. Einer der interessantesten Brüche ist sicherlich der „Alte-Schmiede-Bruch" (Nr. 8), in dem noch alte Gerätschaften zu bestaunen sind und die früher praktizierte Abbaumethode mit dem so genannten „Zweispitz" auf den Wänden und Blöcken gut zu erkennen ist. Sehr lebendig sind die Biotope, in denen es so einiges zu entdecken gibt. Besonders eindrucksvoll ist auch der folgende Lienbacher-Bruch (9), in dem der schönste und dichteste Adneter Rotkalk zu finden ist. Dieser Marmor enthält besonders viele Fossilien. Bei einer Weggabelung geht es entweder über die Zufahrt rechts in das Dorf zurück, oder nach links zu den Adneter Wandschützen (12). Von hier aus, hoch über dem Kirchturm, eröffnet sich ein herrlicher Blick auf das Dorf und seine Umgebung. Ein schmaler Pfad führt aus dem Wald auf die Wiese und dort links zurück in den Ort Adnet.

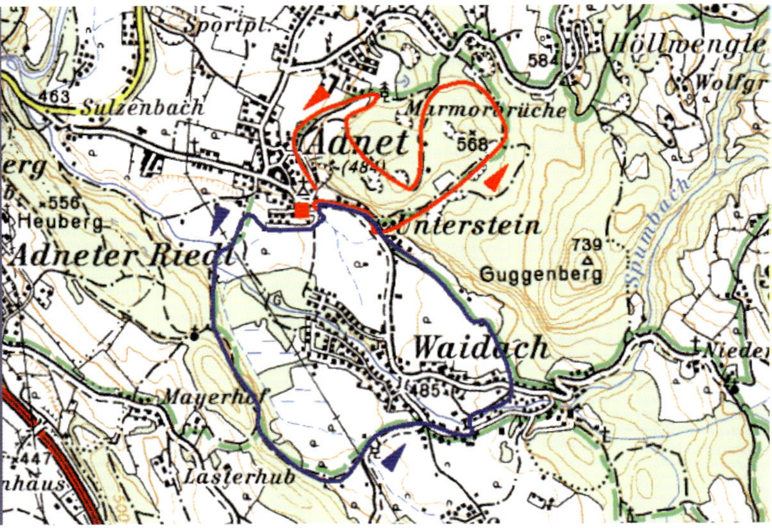

43 Krispler Höhenweg (von Krispl nach Zillreith)

Auf dem Bergrücken liegt, recht unerwartet, ein kleiner Seerosenteich.

Eine sonnige und aussichtsreiche Höhenwanderung über den sanften Ausläufer des Schlenken. Dabei kommt es zu manch unerwarteter Begegnung.

Alter: ab vier Jahren
Voraussetzung: Basiskondition
Ausrüstung: Wanderausrüstung
Mountainbuggy: nein
Anfahrt, Ausgangspunkt: von der A 10, Abfahrt Hallein, in das Wiestal und dort im Adneter Ortsteil Seefeldmühle nach rechts Richtung Krispl abzweigen. Parkplätze befinden sich in Höhe Krispl am Scheitelpunkt neben der Bergstraße.

Öffentliche Verkehrsmittel: Bus 450 ab Hallein
Wegcharakter: Wald- und Wiesensteige
Gehzeit: 2:30 Std.
Höhenunterschied, Weglänge: 200 Hm., 5,6 km
Einkehrmöglichkeiten: Gasthof Alpenrose, Gasthof Zillreith
Attraktionen: Spiel- und Rastwiesen, Schafe
Informationen: www.krispl-gaissau.at, www.krispl.salzburg.at
Karte: ÖK 1:50.000 Blatt 3210 (94)

Keine Berührungsängste am Rückweg nach Krispl.

Der drei Kilometer lange Bergrücken, der von Krispl in genau südlicher Richtung nach Zillreith verläuft, schaut auf den ersten Blick recht unspektakulär aus. Wald und Wiesen wechseln einander ab, am Endpunkt Zillreith befindet sich ein beliebtes Ausflugsgasthaus. Wer hier aber mit offenen Augen über Stock und Stein wandert, wird viel erleben. Im Wald ist es das große, saisonal unterschiedliche Beerenangebot und auf der Wiese gibt es neben herrlichen Spiel- und Jausenplätzen eine ganz besondere Überraschung. So ziemlich an der höchsten Stelle, gleich nach einem Zaunübergang, liegt dieser geheime Ort, von dem noch nichts verraten wird. Spiegelglatt ist er und bei Sonnenschein funkeln ganz besondere Sterne auf seiner Oberfläche. Nicht zu übersehen und nicht zu überhören sind dann die vielen Schafe im Schlussteil. Wahrscheinlich haben sie noch keine schlechten Erfahrungen mit diversen Störenfrieden gemacht, denn sie sind überraschend zutraulich. Oder sie sind ganz einfach neugierig und freuen sich über die ausgestreckte Hand, die ja immer ein wenig nach Salz schmeckt.

Der Weg: Gegenüber der Krispler Kirche, direkt an der Hauptstraße, befinden sich einige Parkplätze. Hier beginnt der markierte Krispler Höhenweg 73 (gelbes Schild), der zunächst eine Weidefläche durchquert und dann mit dem Zufahrtsweg an Höhe gewinnt. An den letzten Häusern vorbei führt der Weg in einen Wald und trifft auf jene Wiese, die im Winter als Skipiste dient. Hier nun die Route 73 verlassen, die Piste also nicht queren, sondern am Rand dieser etwa 50 Höhenmeter zur Bergstation des Schleppliftes. Dort mit dem deutlich sichtbaren Hohlweg geradeaus aufwärts, immer dem Rückenverlauf folgend, durch den dichten Wald. Später, an einem Zaun entlang, tauchen hin und wieder grün-weiße Markierungspunkte auf. Das Gelände wird flacher und lichter und schließlich öffnet sich ein traumhaft schönes Wiesengelände mit vielfältigsten Blüten und Kräutern. Gleich nach einem Zaunübergang liegt rechter Hand ganz unerwartet ein kleiner Wiesenteich mit Seerosen. Was für ein großartiger Anblick! Der Wiesenpfad führt nun leicht abwärts zu einer Hauszufahrt, die in die Straße Richtung Gasthaus Zillreith einmündet. Entweder noch die paar Meter zur beliebten Gaststätte aufwärts oder gleich entlang der schmalen Zufahrtsstraße nach rechts zum Gasthof Alpenrose in einem Kilometer Entfernung hinabwandern. Dort ein paar Meter mit dem Güterweg Schaffler nach rechts aufwärts und schließlich in den wunderbaren Höhenweg 73 nach links abzweigen. Sonnig und aussichtsreich führt dieser Weg durch eine Schafweide wieder hinüber auf die Liftwiese, wo sich die Runde schließt.

Ja, hier verläuft der Krispler Höhenweg!

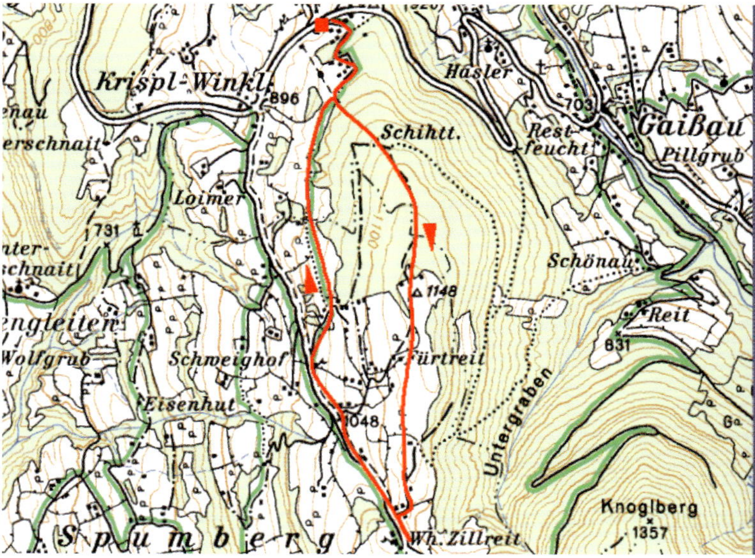

Route 43 Krispler Höhenweg (von Krispl nach Zillreith)

44 Wieserhörndl und Spielberg

Herbstsonne pur am Spielberg.

Die einfache Wanderung von der Spielbergalm über das Wieserhörndl ist eine ideale, abwechslungsreiche Einstiegsrunde. Sehr sonnig, daher auch bestens geeignet für spätherbstliche Ausflüge in Stadtnähe.

Alter: ab vier Jahren
Voraussetzung: Basiskondition
Ausrüstung: Wanderausrüstung
Mountainbuggy: teils ja (Verbindungsweg zwischen Spielberg- und Latschenalm)
Anfahrt, Ausgangspunkt: über die A 10 nach Hallein, beim ersten Kreisverkehr in das Wiestal (Richtung Ebenau), nach 8 km rechts Richtung Gaißau bis zur Abzweigung nach 4 km links „Spielbergstraße" (mautpflichtig).
Öffentliche Verkehrsmittel: Bus 450 nur bis Gaißau Strub, dann wenig lohnend 1:30 Std. entlang der Mautstraße zum Parkplatz

Beste Zeit: Frühsommer bis Spätherbst
Wegcharakter: Wirtschaftswege, Steige
Gehzeit: 2:30 Std.
Höhenunterschied, Weglänge: 330 Hm., 5 km
Einkehrmöglichkeiten: Spielbergalm, Latschenalm
Attraktionen: sehr sonnige und aussichtsreiche Rundwanderung mit attraktivem Hüttenangebot
Informationen: www.gaissauhintersee.at, www.spielbergalm.com, www.latschenalm.at
Karte: ÖK 1:50.000 Blatt 3210 (94)

Das Gebiet rund um das Wieserhörndl hat tatsächlich etwas von einer Spielzeuglandschaft an sich. Eine Kapelle, ein kleines Almendorf, bewirtschaftete Hütten mit allerlei Spielgerätschaften, ein übersichtliches Wegenetz, das auch viel Spielraum für Varianten lässt. Zufall oder nicht: Spielberghörndl und Spielbergalm tragen wirklich die passende Bezeichnung. Aber eigentlich leitet sich der Name ja von dem einst hier verbreiteten Spielhuhn ab. Ebenso beliebt wie in der Wanderzeit ist das Stadt-Salzburger-Naherholungsgebiet im Winter. Die Spielbergalm ist das Herzstück der Skischaukel Gaißau-Hintersee. Das hinterlässt natürlich Spuren, aber auch der verwaiste Schlepplift auf der Almwiese hat etwas Verspieltes an sich.

Der Weg: Das Almengebiet wird von der fünf Kilometer langen Spielberg-Mautstraße erschlossen. Die Parkplätze am Ende der Straße liegen gut getarnt und schattig im letzten Waldstück. Von dort geht es zur Kapelle und noch ein kurzes Stück entlang der Zufahrt zu den Hütten links oberhalb weiter. Das aussichtsreich gelegene kleine Hüttendorf bleibt links liegen, der Anstieg folgt nun in nordöstlicher Richtung dem langen Spielbergrücken bzw. – mehr oder weniger – der Schleppliftrasse. Kurz vor dem höchsten Punkt (1428 m) steht ein Heimkehrerkreuz, ein herrlicher Platz für eine erste Gipfelrast. Gehzeit bis hierher 40 Minuten. Der weitere Weg auf das Wieserhörndl zweigt, dem Kammverlauf folgend, nach rechts ab, verliert also wieder einige Höhenmeter, danach geht es wieder steiler bergan. Auch das Wieserhörndl (1587 m) ist unübersehbar ein Skiberg, die etwas unterhalb gelegene Bergstation des Schleppliftes ist aber auch hier nicht wirklich störend.

Unter den beinahe senkrecht hinabstürzenden Nordflanken des Wieserhörndls befindet sich übrigens die sogenannte Eiskapelle. Dieses Naturphänomen entsteht

Die erste Gipfelrast am 1428 Meter hohen Spielberg.

Die stolzen Gipfelstürmer auf dem Wieserhörndl.

aus dem Lawinenschnee und ist in seiner Mächtigkeit daher stark von der Niederschlagsintensität der vorangegangenen Winter abhängig. Zu weit sollte man sich da auf dem Wieserhörndl zwecks Begutachtung allerdings nicht hinauswagen, die Eiskapelle nahe Hintersee ist aber durchaus einen separaten Besuch wert, wie er auch in diesem Führer beschrieben wird (Tour 22 „Hintersee und Eiskapelle).

Der Abstieg vom Wieserhörndl führt zur Bergstation und folgt dort links der Beschilderung Latschenalm. Von dieser gemütlichen Alm geht es über den breiten, relativ flachen Verbindungsweg in einer halben Stunde wieder zur Spielbergalm zurück.

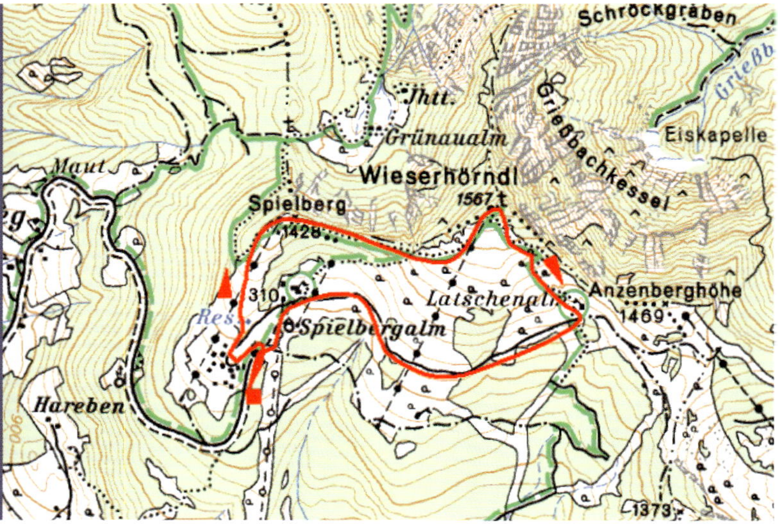

45 Ladenberg- und Zisterbergalm

Wanderbare Aussichten auf die Ladenbergalmen. Im Hintergrund der Feichtenstein.

Eine sehr abwechslungsreiche Almrunde zwischen Gaißau und Hintersee führt rund um das Sattelköpfl zu wunderbaren Plätzen, die selten überlaufen sind.

Alter: ab fünf Jahren
Voraussetzung: ausreichende Kondition
Ausrüstung: Wanderausrüstung
Mountainbuggy: nein
Anfahrt, Ausgangspunkt: über die A 10, Abfahrt Hallein, durch das Wiestal in die Gaißau. Dort der Zufahrt zur Skischaukel Gaißau-Hintersee folgen. Am Liftparkplatz vorbei zuerst Richtung Schmittenstüberl und dann Richtung „Lasser, Pfannreit“ bis an das Straßenende zum Hof Lasser. Freiwillige Parkgebühr.
Beste Zeit: Almsommer
Wegcharakter: Almwege und Steige
Gehzeit: 4 Std.
Höhenunterschied, Weglänge: 500 Hm., 8,5 km
Einkehrmöglichkeiten: Ladenbergalm, Ramsauhütte, Zisterbergalm
Attraktionen: Almleben, Spielflächen
Informationen: www.krispl-gaissau.at, www.krispl.salzburg.at
Karte: ÖK 1:50.000 Blatt 3210 (94)

Die Rundtour um das Sattelköpfl (1478 m) über die Ladenberg- und Zisterbergalm gehört noch zu den weniger bekannten Tennengauer Almrunden, verspricht aber puren Wandergenuss für die ganze Familie. Höhepunkte sind neben den – zur richtigen Zeit – besonders zahlreichen Brombeeren natürlich die Almen, eine jede auf ihre Art ganz unverwechselbar. Die eine ist berühmt für ihre Pofesen, die andere wird wegen der vielen Spielmöglichkeiten von den Kindern gestürmt und die dritte ist, was das sensationelle Preis-Leistungs-Verhältnis der wunderbaren Produkte betrifft, beinahe wie die Südsteiermark in der Osterhorngruppe. Die Auswahl fällt nicht leicht!

Der Weg: Vom Hof Lasser am Ende des Güterweges östlich von Gaißau folgt die angeschriebene Richtung „Ladenbergalm (9)“ einem Wiesensteig (nicht der Trasse nach rechts folgen!). Dieser Steig quert einen kleinen Bach und mündet in einen breiteren Wirtschaftsweg, der durch dichten Wald auf einen Sattel führt. Eine Gedenktafel erinnert an ein tragisches Blitzunglück, das gleich zwei Freunden das Leben kostete. Noch ein paar Schritte weiter öffnet sich der Tiefblick auf die Ladenbergalmen, die sich da

Auf der Alm gibt's viel zu erzählen.

gut geschützt in der flachen Senke unterhalb ausbreiten. Von der ersten Hütte, der Ramsauhütte, folgt die weitere Route der etwas versteckten Richtung „Bergalm“. Dieser bei Nässe nicht sehr angenehme Steig führt auf den höchsten Punkt (1300 m) der Runde, den Übergang zwischen Berg- und Sattelköpfl. Nun geht es ein paar Höhenmeter weglos in südlicher Richtung auf den unterhalb verlaufenden Verbindungsweg, der auf der Sonnseite des Sattelköpfls nach rechts auf den markanten Schmittenstein zuläuft. Nach einem weitgehend flachen Kilometer verzweigen sich die Steige auf einem großflächigen Sattel: Jener auf den Schmittenstein führt steil bergwärts, unsere Route aber zweigt von der schönen Hochfläche zuerst nach rechts und dann nach links zur Zisterbergalm ab. Von dieser schmucken Alm führt der Weg in den Graben und folgt dort der Forststraße (Nr. 9, grün) nach rechts. Leicht ansteigend verläuft die Straße auf die andere Grabenseite und zweigt zehn Gehminuten später unter der Looswand nach links ab. Über diesen breiten Weg geht es wieder an den Beginn der schönen Almrunde zurück.

46 Tauglweg bei Bad Vigaun

Die Taugl am Übergang zu den offenen Schotterflächen.

Eine ganz und gar kurzweilige Wanderung von Bad Vigaun zum geschützten Tauglgries und weiter zu herrlichen Flussbadeplätzen, die es mit jedem Erlebnisbad aufnehmen können.

Alter: ab drei Jahren
Voraussetzung: Basiskondition
Ausrüstung: leichte Wanderausrüstung und Badesachen
Mountainbuggy: teils schwieriges Gelände, am Ende des Tauglweges gibt es eine kurze Treppe, über die der Buggy getragen werden muss
Anfahrt, Ausgangspunkt: über die A 10 (Tauernautobahn), Abfahrt Hallein, in den Ort Bad Vigaun. Zentraler Parkplatz neben Schule und Lebensmittelmarkt.
Öffentliche Verkehrsmittel: Bahn (10 Gehminuten ab Bahnhof), Bus 460 ab Hallein
Beste Zeit: Frühling bis Herbst, mit Taugl-Bad natürlich im Sommer (auf Schutzgebiet achten!)
Wegcharakter: Steige und breite Gehwege
Gehzeit: 2 Std.
Höhenunterschied, Weglänge: 6 km, kaum Höhenunterschied
Einkehrmöglichkeiten: in Bad Vigaun
Attraktionen: Wildbach, Spielplatz, Museum, Kirche
Informationen: www.badvigaun.at, www.tennengau.com
Karte: ÖK 1:50.000 Blatt 3210 (94)

Es ist wirklich eine kleine Wunderwelt voller überraschender Wendungen, die der Tauglfluss da geschaffen hat. Das Tauglgries schaut nur auf den ersten Blick beinahe öde aus, besonders weil ja auch meistens das Wasser fehlt, in Wirklichkeit ist diese Schotterbank aber ein überaus vielfältiger Lebensraum, der deshalb sogar unter besonderem Schutz steht. Für den seltenen Flussregenpfeiffer etwa sind das ideale Brutbedingungen. Daher besteht zwischen 1. April und 30. Juli ein Betretungsverbot an den ausgewiesenen Stellen. Aber damit kann man gut leben, die schönsten Einstiegsstellen in das eiskalte Tauglwasser befinden sich ohnehin bei den bizarren Felsplatten im schluchtartigen oberen Teil, wo kein Vogel brütet. Großartiger Höhepunkt für die Wasserratten ist dann die klammartige Verengung mit den kleinen Stromschnellen, den ungefährlichen Wirbeln und den herrlichen Sprungfelsen.

Der Weg: Ausgangspunkt ist der zentrale Parkplatz in Vigaun nahe der Schule. Von hier sind es nur einige Meter zur Kirche. Dieser spätgotische Bau mit dem beeindruckenden Netzrippengewölbe ist ein gutes Beispiel dafür, dass selbst bei den internetverwöhnten Kindern so etwas „Langweiliges" wie Kirchen Erstaunen auslösen kann. Wer genau hinsieht, entdeckt beispielsweise die Gesichter der Gründerfamilie, die der Baumeister als Abschlusssteine der Gewölbeverstrebungen

Ein Bad in der Taugl belebt garantiert.

geschickt verewigt hat. Draußen vor der Tür warten dann aber die angreifbaren Wunder. Dazu geht es erst einmal über die Dorfstraße (Route 6, später auch Nordic-Walking-Parcours 7) zum großen Spielplatz am Beginn des Taugluferweges. Von der Taugl ist meist nichts zu sehen, das Gewässer ist bereits einige hundert Meter weiter flussaufwärts versickert. Eine Kurzwegvariante zweigt bald nach links zurück nach Bad Vigaun ab, was schade wäre, denn jetzt kommt der tollste Teil. Am Beginn steht ein kleiner

Die Teufels- oder Römerbrücke aus dem frühen 15. Jahrhundert ist die älteste noch bestehende Brücke in Salzburg.

Zaubergarten aus wurzeligen Wildtieren, dann folgt eine phantastische Felssturzlandschaft.

Die Taugl mit wunderbaren Ufer-Rastplätzen kommt immer näher an den Weg heran und schließlich endet der Tauglweg vor der mittelalterlichen „Römerbrücke“ mit dem tosenden Wasserfall im Hintergrund. Ein paar Meter geht es wieder zurück, dann leicht aufwärts und nun einen Kilometer entlang der Autostraße auf einem abgetrennten Fußweg bis zur Abzweigung nach links in den „Feldlweg“. Auf diesem und dem Schulweg zur Kirche mit dem gegenüberliegenden „Mesnerhäusl“. Wer wissen möchte, wie anno dazumal eine Schulklasse ausgestattet war, sollte diesem sehr sehenswerten Heimatmuseum noch einen abschließenden Besuch abstatten.

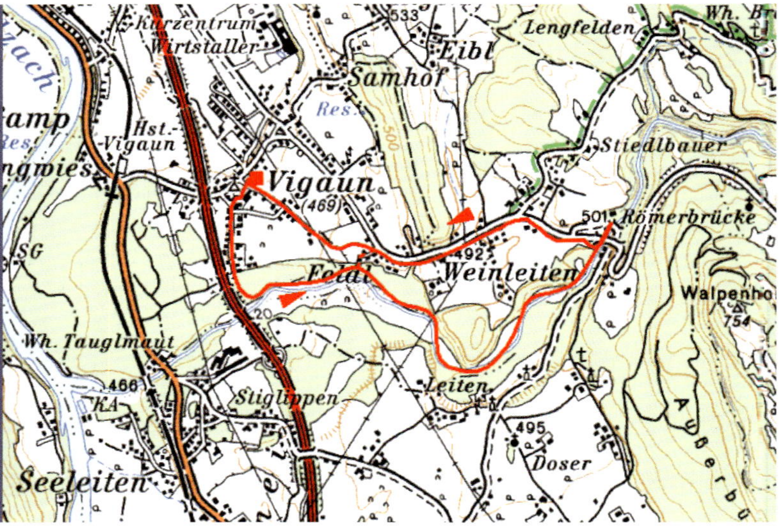

47 Georgenberg bei Kuchl

Der Weg zum Georgenberg verläuft parallel zur alten Römerstraße.

Ein herausragender Berg in jeder Hinsicht. Schon die Menschen der Jungsteinzeit fanden hier eine sichere Bleibe.

Alter: ab vier Jahren
Voraussetzung: Basiskondition, am Georgenberg auf die Steilabbrüche achten
Ausrüstung: leichte Wanderausrüstung
Mountainbuggy: ja
Anfahrt, Ausgangspunkt: über die A 10 nach Hallein und auf der B 159 nach Bad Vigaun. Nun 2 km Richtung St. Koloman bis zur Abzweigung „Römerbrücke“ nach links. Nach der Brücke noch 600 m zu den ausgewiesenen Parkplätzen im Wald nahe der Taugl.
Beste Zeit: Frühling

Wegcharakter: großteils Hofzufahrten, Wiesenwege
Gehzeit: 2:30 Std.
Höhenunterschied, Weglänge: 50 Hm., 7,8 km
Einkehrmöglichkeiten: in Kuchl
Attraktionen: Georgenberg, sibirische Schwertlilien im geschützten Freimoos nordöstlich des Georgenberges, (Fuß-)Bad in der Taugl
Informationen: www.kuchl.net, www.kuchl.org
Karte: ÖK 1:50.000 Blatt 3210 (94)

Ein Holzhaus der besonderen Art.

Er ist wirklich nicht zu übersehen. Beinahe wie ein Fremdkörper wirkt der Georgenberg bei Kuchl in dieser gänzlich flachen Umgebung. Irgendwie ist er das ja auch, denn während der große Salzachgletscher all den Sand und Schotter weiter Richtung Norden transportierte, verdichtete sich just an dieser Stelle das Material zu unverrückbarem Konglomerat. Heute führen drei offizielle Anstiege auf diesen geschichtsträchtigen Boden. Von welcher Seite auch immer: Der rätselhafte Georgenberg hat noch längst nicht alle Geheimnisse preisgegeben. Also Augen auf, es gibt viel zu entdecken. Aber auch Augen auf den Weg, denn die Randbereiche sind zumeist ungesichert und hier muss auf jeden Fall ein Respektabstand eingehalten werden.

Der Weg: Ausgangspunkt ist der Parkplatz an der Taugl nahe der Römerbrücke. Unweit von hier verlief tatsächlich die wichtige römische Fernstraße, allerdings nicht über die malerische mittelalterliche Brücke, sondern weiter westwärts durch eine seichte Furt. In einer Kopie einer der ältesten Straßenkarten der Welt, der Tabula Peutingeriana, ist der Verlauf eingezeichnet, demnach entspricht die heute noch so bezeichnete „Römerstraße" großteils der „Original-Römerstraße". Unsere Route verläuft parallel zur alten Römerstraße. Zunächst aber geht es vom Parkplatz ein kurzes Stück Richtung Römerbrücke zurück und dann im spitzen Winkel rechts unmarkiert auf den Forstweg. Dieser führt bald hinaus auf die sonnendurchfluteten Felder von Unterlangenberg. Der Weg bleibt die nächsten zweieinhalb Kilometer immer am linken, östlichen Rand der Ebene, dann folgt er jener Straße (Doserweg), die direkt auf den Georgenberg zuläuft. Von hier entlang der schmalen Zufahrt in wenigen Minuten auf den Georgenberg mit seiner markanten, zentral gelegenen Kirche. Auf den südlichsten Punkt führt ein abenteuerlicher Steig. Er zweigt von der Zufahrt an jener Wegvergabelung ab, wo sich auch der Abstieg Richtung Kuchl (SW) verabschiedet. Zwi-

Blick auf das Salzachtal. Der Weg auf den inselartigen Georgenberg (Bildmitte rechts) beginnt bei der Taugl (Bildmitte links) und führt dann am Waldrand entlang.

schen Kirche und ehemaligem Wirtshaus hindurch verläuft wiederum der spannende, aber recht steile Abstieg Richtung Norden. Am Fuß des Georgenberges dann über Bergl- oder Doserweg in den Moosbauerweg nach rechts und über den Modermühlweg wieder auf die bereits bekannte Route. Am Ausgangspunkt angelangt, empfiehlt sich noch ein kurzer Abstecher zur nahen Taugl.

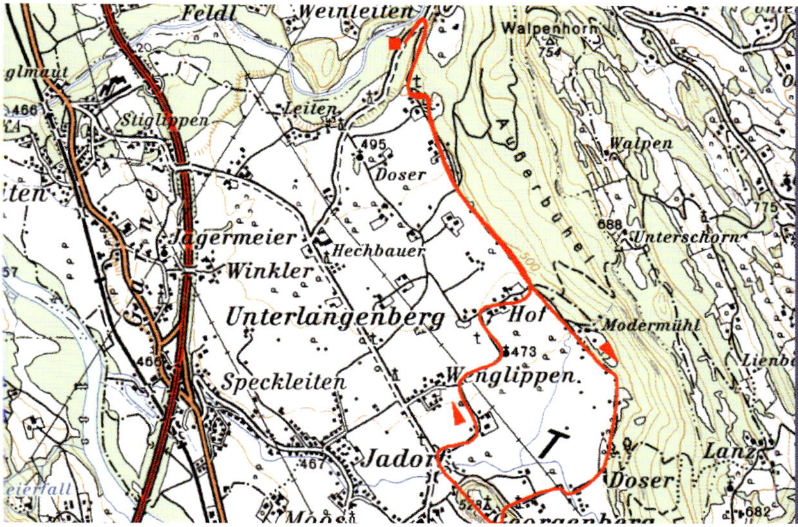

48 Rabenstein bei Golling

Der Egelsee.

Der nicht allzu hohe Rabenstein bei Golling ist nicht nur ein herrlicher Platz für romantische Zeitgeister, sondern auch ein wunderbares Familienwandergebiet.

Alter: ab drei bis vier Jahren
Voraussetzung: Basiskondition
Ausrüstung: Wanderausrüstung
Mountainbuggy: vom Egelsee über den Rabensteinweg zur Jausenstation St. Anton ja
Anfahrt, Ausgangspunkt: über die A 10, Abfahrt Golling, und die B 159 in den Markt Golling. In der Ortsmitte nach rechts in die Trögergasse auf den Parkplatz Egelsee abzweigen.
Öffentliche Verkehrsmittel: Bahn und Bus 170
Beste Zeit: Frühling bis Herbst
Wegcharakter: bis nach St. Anton Zufahrtswege, dann Steige oder Waldwege
Gehzeit: Umrundung 1:15 Std., Überquerung 1:30 Std.
Höhenunterschied, Weglänge: Umrundung 70 Hm., 4,3 km, Überquerung 150 Hm., 4,9 km
Einkehrmöglichkeiten: Jausenstation St. Anton (Mittwoch bis Samstag ab 14 Uhr, Sonntag ab 11 Uhr, Montag und Dienstag Ruhetag), Gastronomie im Ort Golling
Attraktionen: Egelsee, St. Anton, Burg Golling, Erlebnisbad Aqua Salza
Informationen: www.golling.info
Karte: ÖK 1:50.000 Blatt 3210, 3216 (94)

Golling ist mit seiner Umgebung ein idealer Platz für romantisch veranlagte Menschen. Aus dem 18. und 19. Jahrhundert sind uns zahlreiche „Beweisstücke“ bekannt. Eines davon trägt den Titel „Stiller See“ und hängt im Museum Leopold in Wien. Gustav Klimt war häufig in Golling zu Gast und verewigte unter anderem den malerischen Egelsee, der sich auch nach über 100 Jahren glücklicherweise nicht sehr verändert hat. Wahrscheinlich gab es auch damals schon die unzähligen Frösche, die alljährlich im Frühsommer zu einem ohrenbetäubenden Konzert anstimmen. Die kleine Melanie war bei einem unserer Besuche vom Froschchor oder vielleicht auch von den Seerosen derart angetan, dass sie kopfüber in den Teich plumpste. Für Sekunden Stille, dann großer Schrecken samt Tränen, aber es war ja nichts passiert, und schließlich eiliger Abgang Richtung Parkplatz. Die größte Überraschung gab es jedoch zu Hause, als der letzte Frosch aus der triefend nassen Jacke schleunigst das Weite suchte, kurz bevor er sich im Schleudergang der Waschmaschine wieder gefunden hätte. Auch der berühmte Komponist Franz Schubert (1797–1828) war in Golling zugegen. Im Jahre 1825 reiste er aus der Stadt Salzburg Richtung Gastein und entdeckte in Golling die wildromantische Gegend rund um den Rabenstein. Der stille See, die gewaltigen Felswände, der Bach mit den Mühlen, die blühenden Lindenbäume, Schubert fand vermutlich Inspirationen ohne Ende.

Der Weg: Vom Parkplatz Egelsee geht es seinen Spuren folgend links über den Rabensteinweg (Weg 26) entlang der kühlen Nordseite am Schubertplatzerl vorbei in einer Stunde zur Jausenstation St. Anton. Auf den Wiesen weiden viele Haflinger, oft ist auch das eine oder andere Fohlen dabei. Mit seinem originellen Brunnen und den gemütlichen

Blick vom Rabenstein Richtung Stadt Salzburg mit dem Gaisberg im Hintergrund.

Gute Tarnung ist das halbe (Grasfrosch-)Leben.

Sitzplätzen unter den großen Bäumen ist der kleine Gastgarten eine wahre Oase. Hier kann man sich auch in Ruhe zwei Varianten überlegen: Die Umrundung (Weg Nr. 26) des Rabensteins führt über die Südseite ohne große Höhenunterschiede in 30 Minuten oberhalb des Erlebnisbades „Aqua Salza" zurück an den Egelsee. Etwas länger dauert die Überschreitung des 631 Meter hohen Berges über die Route 25, die nach rechts abzweigt. Ein recht schöner Spiel- und Rastplatz öffnet sich bald nach dem höchsten Punkt mit der Waldlichtung „Liegerwiese". Sehr eindrucksvoll ist auch der kurze Abstecher zur Aussichtskanzel mit dem tollen Blick Richtung Salzburg. Danach geht es wieder über einige Serpentinen, teils durch steiles Gelände, an den romantischen Egelsee hinab.

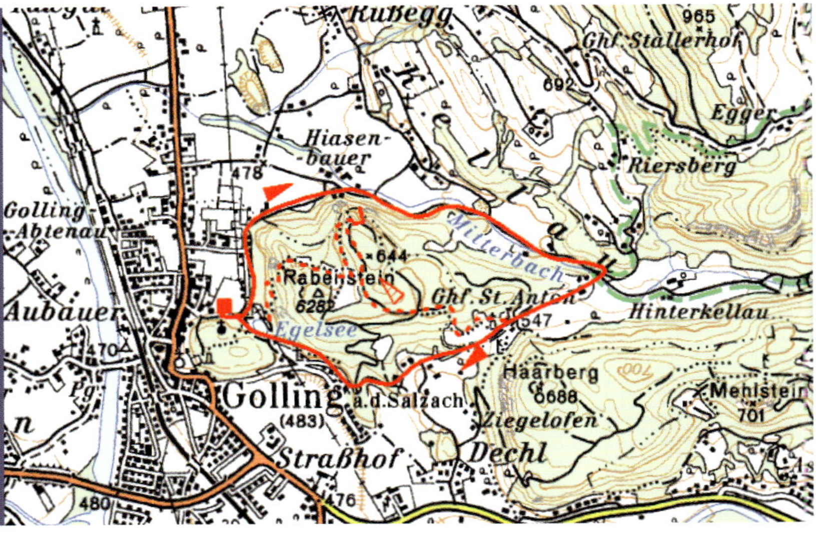

49 Bluntautal

Am Beginn des Bluntautales hat der Torrener Bach viel Spielraum.

Zwischen Hagengebirge und Göllstock verläuft das Bluntautal: eine wunderbare, vom Torrener Bach geprägte Naturlandschaft, die sich bestens für kurzweilige Familienausflüge eignet.

Alter: ab drei Jahren
Voraussetzung:
Basiskondition, die Weglänge kann beliebig angepasst werden
Ausrüstung: Wanderausrüstung
Mountainbuggy: ja, bis auf Variante Bluntau-Wasserfall
Anfahrt, Ausgangspunkt: auf der A 10, Abfahrt Golling, Richtung Bahnhof Golling. Kurz davor Richtung „Bluntautal" nach links über die Gleisanlage und über die Salzachbrücke. Nach 2 km großer gebührenpflichtiger Parkplatz gegenüber Göllhof.
Öffentliche Verkehrsmittel: Bahn oder Bus 170, Haltestelle Golling Bahnhof. Zusätzliche Gehzeit 30 Min.

Beste Zeit: Sommer
Wegcharakter: breite Waldwege
Gehzeit: gesamt 2 Std., Wasserfall zusätzlich gesamt 45 Min.
Höhenunterschied, Weglänge:
Parkplatz – Bärenwirt 3 km (30 Hm.), Bärenwirt – Wasserfall 1,5 km (100 Hm.)
Einkehrmöglichkeiten:
Göllhof, Bärenwirt
Attraktionen:
Wasserfall, Naturbadeplätze, Thannhauser Bauernmuseum (Zufahrt Abzweigung Taggerstraße nach links)
Informationen: www.golling.info, www.golling.salzburg.at
Karte: ÖK 1:50.000 Blatt 3216 (94)

Welche Kraft der idyllische Torrener Bach entwickeln kann, wird nur allzu deutlich sichtbar, wenn man sich an die massive Steinbrücke am Taleingang erinnert, die eines Tages ganz einfach fortgerissen wurde. Der römische Name „Torren“ bedeutet ja schließlich auch ganz schlicht „Wildbach“. Aber solche Wild- oder Hochwassertage sind ohnehin nicht die beste Zeit für Familienspaziergänge. Ideal sind heiße Sommertage, denn der vielseitige Bach mit seiner so unterschiedlichen Uferlandschaft bietet unzählige Rast- und Spielplätze. Interessant

Der Bluntausee liegt etwa an der halben Wegstrecke zum Bärenwirt.

wäre es dann aber doch, woher das Wasser kommt. Die beeindruckenden Bluntau-Wasserfälle bzw. der gewaltige Quellaustritt am Wandfuß liefern die Antwort und sind in einer halben Stunde ab der Bärenhütte erreichbar.

Der Weg: Vom großen, gebührenpflichtigen Parkplatz geht es noch ein kurzes Stück entlang der Straße, vor der neuen Holzbrücke über den Torrener Bach zweigt der Waldweg 36 zur Bärenhütte dann nach rechts ab. Anfangs dominiert noch einladend weitläufiges Gelände mit Weidenbewuchs, Wiesen und breiten Schotterbänken. Nach einer halben Gehstunde zweigt ein kurzer Verbindungsweg zu den beiden Bluntauseen ab. Ob der Abstecher zu diesen glasklaren Seen jetzt oder vielleicht noch besser am Rückweg erfolgt, ist Geschmackssache, auslassen sollte man diese landschaftlichen Juwelen aber nicht. Wieder auf dem kühlen Waldweg 36, geht es ganz leicht bergansteigend weiter flussaufwärts Richtung Bärenhütte. Zwischendurch zwängt sich der Torrener Bach durch ein engeres Flussbett, vor dem Gasthaus Bärenhütte hat er dann wieder mehr Platz. Der Weg zurück zu den Wasserfällen folgt zunächst dem breiten Forstweg Richtung C.-v.-Stahlhaus (Weg 451), bei einer Holzhütte zweigt er nach links ab. Über einen Holzsteg geht es auf die andere Bachseite. Links führt der unkomplizierte Pfad in wenigen Minuten zu den Quellaustritten, während

der Steig geradeaus zur Wasserfallplattform noch einige steile Höhenmeter zurücklegen muss. Auch dieser Abschnitt ist nicht schwierig, allerdings kommt der Steilabbruch vor dem tosenden Wasserfall recht überraschend, da sollten die Kinder auf jeden Fall unter Aufsicht stehen.
Wieder beim Bärenwirt geht es vorerst auf dem bekannten Waldweg 36 bis zur Abzweigung Bluntauseen zurück. Hier nun nach rechts und über den Dammweg zwischen den beiden Seen auf eine Wegvariante, die jetzt am rechten Bachufer bleibt. Wieder öffnen sich traumhaft schöne Rastplätze bevor der Ausgangspunkt erreicht ist.

Der beeindruckende Bluntau-Wasserfall versorgt den Torrener Bach.

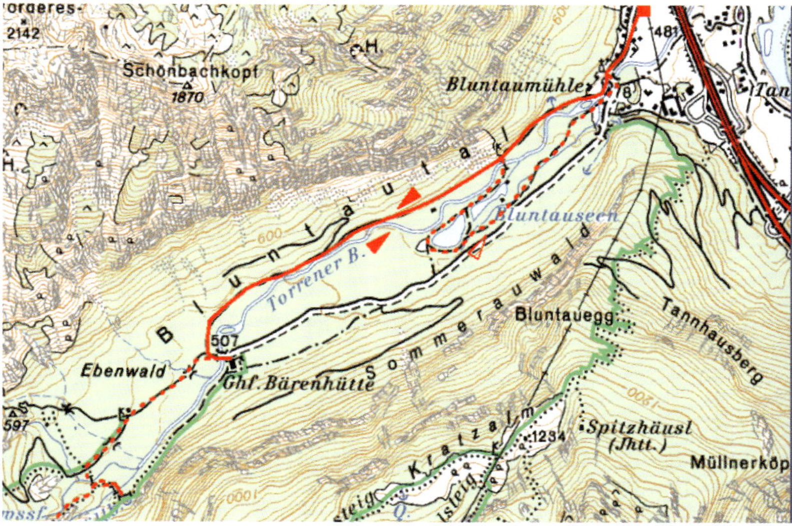

50 Seewaldsee

Blick auf den Seewaldsee und den Trattberg.

Eine unkomplizierte, nicht allzu lange Seeumrundung in einer idyllischen Almlandschaft für beinahe alle Altersstufen und Wetterlagen.

Alter: ab drei Jahren
Voraussetzung: Basiskondition
Ausrüstung: Wanderausrüstung, unter Umständen wasserfeste Stiefel
Mountainbuggy: Teilabschnitte ja
Anfahrt, Ausgangspunkt: von der A 10, Abfahrt Hallein, auf die B 159 Richtung Süden und nach 4 km nach Bad Vigaun abzweigen. Auffahrt nach St. Koloman. 1 km nach der Ortsausfahrt Abzweigung nach links in Richtung „Seewaldsee, Trattberg“. Großer Parkplatz am Ende der Seewaldseestraße.
Beste Zeit: ganzjährig
Wegcharakter: Almwege, Steige, kurze Abschnitte über Moorwiesen
Gehzeit: 1:30 Std.
Höhenunterschied, Weglänge: 50 Hm., 3,8 km
Einkehrmöglichkeiten: Auerhütte
Attraktionen: Bergsee, Almleben
Informationen: www.tennengau.com, www.stkoloman.salzburg.at
Karte: ÖK 1:50.000 Blatt 3210 (94)

Der Seewaldsee ist ein romantischer kleiner Bergsee in 1100 Meter Seehöhe zu Füßen des Trattberges. Er ist ein unkompliziertes Ziel für alle Jahreszeiten und beinahe alle Wetterlagen. Sogar im Winter pilgern nicht wenige Besucher an den gerade einmal vier Hektar großen See, der bei idealen Bedingungen auch eine traumhafte Naturarena für Stockschützen und Eisläufer abgibt. Mehr los ist natürlich im Sommer, da sollte dann vorsichtshalber der Badeanzug mit dabei sein. Die Wasserqualität muss ausgezeichnet sein, hier fühlt sich auch der sensible Flusskrebs wohl und im Seewaldsee (1078 m) befindet sich das höchste Muschelvorkommen im Salzburger Land. So wie einen Stock höher, am Trattberg, spielt auch in dieser Lage die Almwirtschaft eine wichtige Rolle. Am See weiden die stämmigen Noriker, bei der Auerhütte gibt es das wieder entdeckte Mangalitzaschwein nicht nur im Gehege oberhalb, sondern auch auf der Speisekarte und gegenüber bei der Seewaldalm ist Platz genug für viele Pinzgauer Rinder. Kleiner Wermutstropfen in diesem Familienwanderparadies ist die reichlich sumpfige Ostecke. Weil hier der Abfluss verläuft, ist aber auch die Umrundung mit dem Buggy nicht möglich, sehr lohnende Kinderwagenstrecken sind jedoch die Südseite (Seewaldalm) und der Weg zur Auerhütte.

Der Weg: Dass der Seewaldsee ein beliebtes Wandergebiet ist, macht schon der große Parkplatz am Ende der Zufahrtstraße deutlich. Aber das Gebiet ist weitläufig und bietet Platz für alle. Zunächst geht es auf dem breiten Wirt-

Eine klare Sache. Der Seewaldsee in 1000 Meter Seehöhe.

schaftsweg in Richtung See. Links liegen saftige Sommerweiden mit unzähligen fein duftenden Kräutern und Blumen, rechts breitet sich eine geschützte Moorlandschaft mit der für sie typischen Bewuchsform – wie Zwergbirke oder Wollgräser – aus. Dann öffnet sich der Seeblick, wir folgen der Almzufahrt nach rechts, die Auerhütte bleibt einstweilen noch links liegen. An der schönen Seewaldalm vorbei führt der noch immer gut befestigte Weg an das Ostufer. Hier zweigt ein Steig nach links ab und überquert den Bach. Nun folgt ein feuchter Wegabschnitt, der aber am rechten Waldrand entlang ganz gut umgangen werden kann. Der Weg führt zur Auerhütte hinauf oder man entscheidet sich noch für einen Abstecher an den See, der hier eine einladend bequeme und höchst malerische Zustiegstelle hat. Von der gemütlichen Auerhütte geht es entweder über den breiten Wirtschaftsweg oder über den rechts aufwärts führenden Steig an der Wallinghütte vorbei an den Ausgangspunkt zurück.

Verständlich: Hollywood-Star Nicolas Cage drehte hier einen mystischen Mittelalter-Thriller.

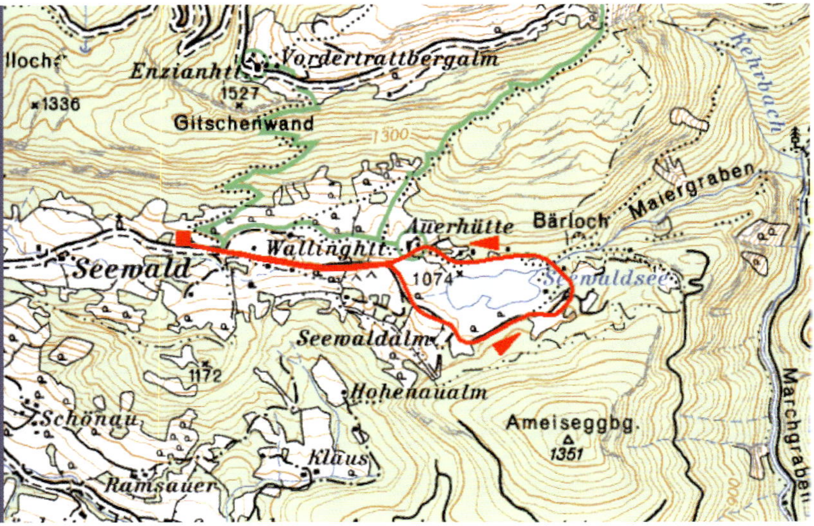

51 Trattberg und Hoher First

Am Trattberg mit Blick auf den Hohen Göll.

Die wunderbaren Trattbergalmen sind für Mensch und Tier ein beliebtes sommerliches Erholungsgebiet.

Alter: ab vier Jahren
Voraussetzung: Basiskondition
Ausrüstung: Wanderausrüstung
Mountainbuggy: bis zur Moosangerlalm ja
Anfahrt, Ausgangspunkt: über die A 10, Abfahrt Hallein, auf die B 159 nach Bad Vigaun und dort weiter nach St. Koloman. Entweder über Wegscheid oder über Sommerau zur mautpflichtigen Trattbergstraße (Maut 4 Euro pro PKW). Parkplätze bei der Enzianhütte und in Hintertrattberg (Straßenende).
Öffentliche Verkehrsmittel: in der Wandersaison von Mitte Mai bis Ende Okt. fährt an den Wochenenden und an Feiertagen ein Postbus ab Bahnhof Hallein auf den Trattberg
Beste Zeit: Sommer, Herbst
Wegcharakter: stark begangene Gehwege, aber auch einsame Steige (besonders Tour Trattberg ab Enzianhütte). Vor allem bei der Tour Trattberg bitte auf die Weidetiere achten
Gehzeit: 2:30 Std. (Trattberg) und 3 Std. (Hoher First)
Höhenunterschied, Weglänge: Trattberg 300 Hm., 3,8 km, Hoher First 400 Hm., 6,4 km
Einkehrmöglichkeiten: Enzianhütte, Moosangerlalm, Christlalm
Attraktionen: Almtiere, Schauerlebnis
Informationen: www.trattberg.at, www.tennengau.com
Karte: ÖK 1:50.000 Blatt 3210 (94)

Das Gebiet rund um den sanften Trattberg trägt seine Berufung ja schon irgendwie im Namen mit, denn „Tratten“ ist die mittelhochdeutsche Bezeichnung für Vieh- und Almweide. Die Almwirtschaft spielt in diesem wunderbaren Erholungsgebiet im Nahbereich der Stadt tatsächlich unübersehbar eine große Rolle. Immerhin

Neugierige Beobachter am Weg Richtung Hoher First.

rund 400 Stück Vieh verbringen jedes Jahr den Sommer auf den Trattbergalmen. Damit es zwischen den vier- und den zweibeinigen Erholungssuchenden zu keinen Konflikten kommt, ist Rücksichtnahme gefragt. Aber in diesem 600 Hektar großen Gelände wird wohl Platz für alle sein, die sich an die Spielregeln halten. Zwei unterschiedliche Routen werden vorgestellt, die eine am Beginn des Almgebietes mit dem Ausgangspunkt Enzianhütte und dem Ziel Trattberg, die andere mit dem Start in Hintertrattberg (Ende der Mautstraße) und dem Hohen First als Gipfelziel.

Der Weg Trattberg: Von der Enzianhütte (1480 m) folgt die Route noch ein paar Meter bis zur Viehsperre der Mautstraße, dann geht es nach links auf den Almweg. Dieser führt am Zaun entlang, peilt also vorerst nicht den Gipfel an, sondern führt relativ eben in einer Stunde über die Westseite des Trattberges bis zu den schönen Wiesen der Moarbrettalm. Dort trifft dieser bis jetzt unmarkierte, breite Almweg auf den sporadisch markierten Steig 843, der von der Christlalm heraufzieht. Über den breiten, nicht allzu steilen Nordrücken geht es nach rechts, teils entlang des Zaunes, auf den 200 Höhenmeter oberhalb gelegenen Gipfel (1757 m). Dieser ist in der Almsaison fest im Besitz der zahlreichen Almtiere, vielleicht steht auch deswegen das Gipfelkreuz etwas unterhalb neben einem malerischen kleinen See. Der Abstieg führt orientierungsmäßig einfach in südwestlicher Richtung in 40 Minuten zurück zur Enzianhütte.

Der Weg Hoher First: Vom großen Parkplatz oder der Bushaltestelle in Hintertrattberg (1438 m) geht es zunächst über die Almwiesen, später entlang der Zufahrt über einen sanften Sattel zur freundlichen Moosangerlalm. Vor der Hütte zweigt ein steiler Steig nach links Richtung „Dürlstein, Hoher First“ ab. Knapp unterhalb des Gipfels trifft der Steig auf den Hauptweg und folgt diesem nun über herrliches Grasgelände nach links abwärts in den Sattel und, meistens von einer Schafherde gesäumt, anschließend wieder einige Meter aufwärts auf den Hohen First (1718 m). Von diesem höchsten Punkt der Runde geht es in südlicher Richtung über Almwiesen talwärts auf den bereits bekannten Moosangerl-Wirtschaftsweg und zurück an den Ausgangspunkt.

Leicht überwindbare Hindernisse auf dem Weg zum Trattberg-Gipfel.

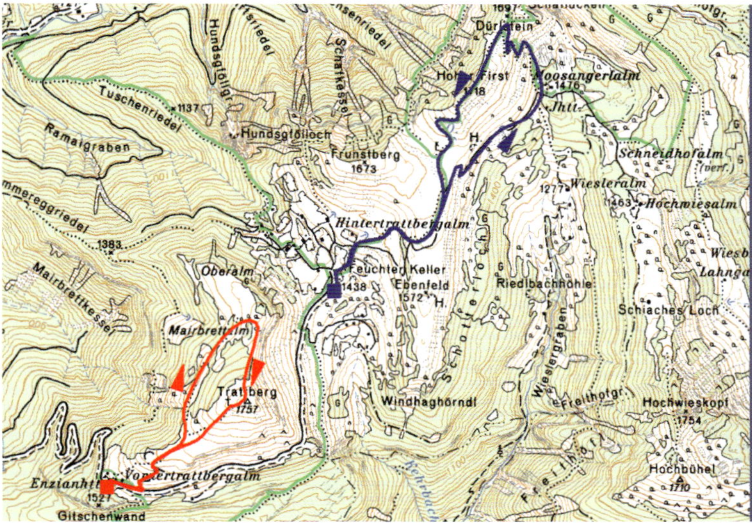

Route 51 Trattberg und Hoher First

52 Lammeröfen und Wallingalm

Ab der Heubergalm ist es mit dem steilen Anstieg vorbei.

Die Lammeröfen sind eine weitum beliebte Klammattraktion. Das sonnendurchflutete Wandergebiet zwischen Heuberg- und Wallingalm weiter oberhalb ist hingegen kaum bekannt.

Alter: ab fünf Jahren
Voraussetzung: gute Basiskondition, Trittsicherheit
Ausrüstung: Wanderausrüstung
Mountainbuggy: nur bis zur Wallingalm
Anfahrt, Ausgangspunkt: von der Tauernautobahn A 10, Abfahrt Golling, auf die B 162 Richtung Abtenau. 1,5 km nach Oberscheffau befinden sich entlang der linken Straßenseite die Parkplätze der Lammerklamm (Lammeröfen).
Öffentliche Verkehrsmittel: ab Golling mit dem Bus 470 nach Haltestelle Oberscheffau, Ortsmitte oder Haltestelle Lammeröfen
Beste Zeit: Frühling bis Herbst
Wegcharakter: sehr unterschiedlich. Von Zufahrten, über Forstwege und Waldsteige ist alles dabei.
Gehzeit: 3 Std., für die Klamm eine zusätzliche Std. einplanen
Höhenunterschied, Weglänge: ab Parkplatz Lammeröfen 300 Hm., 6 km, ab Oberscheffau 350 Hm., 7,5 km
Einkehrmöglichkeiten: Gasthaus Lammerklause
Attraktionen: Lammeröfen (Lammerklamm), Almlandschaft
Informationen: www.lammerklamm.at, www.scheffau.salzburg.at
Karte: ÖK 1:50.000 Blatt 3216 (94)

Ob die Lammeröfen am Beginn oder am Ende der Rundwanderung stehen oder ob diese faszinierende Klammdurchquerung schon der alleinige Grund für einen Besuch ist, bleibt ganz der Lust und Kondition der kleinen und großen Gäste überlassen. Das Naturwunder musste schon den Kelten aufgefallen sein, aus ihrem Sprachgebrauch stammt die eigentümliche Bezeichnung „of" was so viel wie „Klamm" heißt. Zwecks besserer Vermarktung ist in letzter Zeit auch immer häufiger von der „Lammerklamm" die Rede. Egal ob Klamm oder Ofen, absolut sehenswert ist der bis zu 20 Meter tiefe, 1000 Meter lange und abschnittsweise nur wenige Meter breite Einschnitt allemal. Seit 1884 wird er schon touristisch genutzt. Im Gegensatz zur dunklen Enge der Klamm, steht die restliche Wanderung, die überaus sonnig in das stille Reich der Wallingalm hinaufführt.

Im Wallingwinkl breitet sich der Frühling aus.

Der Weg: Ausgangspunkt ist der Parkplatz am oberen Eingang der Klamm. Die Busbenützer haben diesmal den Vorteil, dass sie gleich von Oberscheffau aus durch die Klamm heraufwandern könnten. Vom oberen Klammtor bzw. dem Parkplatz aus geht es ein kurzes Stück gemäß der Beschilderung „Wallingalm, Heubergalm" entlang der Zufahrtsstraße zu den ersten Häusern. Dort zweigt die beschilderte Route nach links auf den Wirtschaftsweg ab. Gleich nach der ersten Kehre, bei den ersten Bäumen, zweigt der alte, um einiges kürzere und attraktivere Weg nach rechts und gleich darauf nach links ab und führt durch den Wald 200 Höhenmeter oberhalb wieder auf den neuen Forstweg zurück. Dieser mündet auf die märchenhaft gelegene Hochfläche rund um die Heubergalm (852 m). Relativ eben, dann leicht bergab geht es auf die andere Grabenseite zur ebenfalls malerischen Wallingalm. Eine Spielzeuglandschaft wie aus dem Bilderbuch, mit glasklarem Bacherl, saftig grüner Wiese und schönen Kletterbäumen, breitet sich da unter der Gschirrwand aus. Je nach Jahreszeit finden sich Schneerosen,

Die Wallingalm. Bis zum Beginn der Almsaison wird es noch einige Zeit dauern.

leuchtend gelbe Platenigl oder im Frühsommer unzählige Enzianblüten. Der Abstieg (Weg 48) führt vorerst noch recht angenehm am Bachverlauf entlang, allmählich aber wird dieser alte Almsteig zunehmend steiler. Fast unglaublich und beeindruckend, dass über diesen Weg die Almtiere aufgetrieben wurden. Der steile Pfad mündet nach einer halben Stunde linker Hand in eine neue Trasse, die nun bei angenehmem Gefälle zu den Häusern im Ortsteil Wallingwinkl führt. Über die schmale Zufahrtsstraße geht es zurück an den Ausgangspunkt bzw. zur Busstation nahe des Parkplatzes.

53 Tricklfall, Dachserfall und Winnerfall

Wassernixen unter dem Dachserfall.

Die „Spritztour" zurück zu den gewaltigen Quellen am nördlichen Tennengebirgsrand ist ein kühler Tipp für heiße Tage.

Alter: ab vier Jahren (Mühlenrundweg bei Oberscheffau), gesamte Runde ab sieben

Voraussetzung: für gesamte Runde gute Kondition

Ausrüstung: wasserfeste Wanderausrüstung

Mountainbuggy: auf der alten Poststraße zwischen Abtenau und Oberscheffau ja, ebenso über den Mühlenrundweg bis zur Alten Mühle bzw. über die alte Poststraße zum Winnerfall

Anfahrt, Ausgangspunkt: zur Aumühle (Tricklfall, Dachserfall) über die A 10, Abfahrt Golling, nach Abtenau (B 162) und hier kurz nach dem Billa-Markt dem Schild „Arlerhof" nach rechts folgen. Parken bei der Aumühle.
Nach Oberscheffau (Winnerfall) über die A 10, Abfahrt Golling, ebenfalls Richtung Abtenau. Aber schon in Oberscheffau, direkt nach der Brücke über die Lammer, zuerst nach rechts, dann nach links dem Schild „Alte Mühle" folgen. Parkplatz nach 200 m nahe „Engelhartwirt".

Öffentliche Verkehrsmittel: ab Golling Bus 470, Haltestellen Oberscheffau bzw. Abtenau
Beste Zeit: Sommer
Wegcharakter: größtenteils breite Wanderwege, nur zwischen Trickl- und Dachserfall schmaler Steig
Gehzeit: gesamt Abtenau – Oberscheffau 4:30 Std., Trickl-, Dachserfallrunde 1 Std., Winnerfallrunde 1:30 Std.
Höhenunterschied, Weglänge: gesamt 500 Hm., 11 km, Trickl-, Dachserfall 150 Hm., 2,7 km, Winnerfall 150 Hm., 5 km
Einkehrmöglichkeiten: Gasthof Aumühle, Gasthof Lammerklause
Attraktionen: Wasserfälle, Höhlen, Mühlen, Freilichtmuseum
Informationen: www.tennengau.com, www.abtenau.at
Karte: ÖK 1:50.000 Blatt 3210, 3216 (94, 95)

Krafttankstelle Winnerfall zur Zeit der Schneeschmelze.

Bedingt durch eine wasserundurchlässige, nordwärts geneigte Schicht im Berginneren werden die Quellströme aus dem karstigen Tennengebirgsplateau beinahe alle auf die Nordseite geleitet. Besonders eindrucksvoll und überschäumend sind die Riesenquellen im späten Frühling zur Zeit der Schneeschmelze oder nach gewitterartigen Regengüssen. Aber auch heiße Sommertage sind eine günstige Zeit, zumal dann die Quelle unter Umständen ein trockener Höhleneingang (Winnerfall) ist oder über große Blöcke zumindest erreicht (Dachserfall) werden kann. Busbenützer können die drei Quellpunkte Dachser-, Trickl- und Winnerfall über die alte (autofreie) Poststraße Strubberg mit einer langen Wanderung sehr gut kombinieren. In diesem Fall ist der Ausgangspunkt der Ort Abtenau, der Endpunkt (Bushaltestelle) liegt in Oberscheffau.

Interessantes am Weg zum Winnerfall.

Der Weg Trickl- und Dachserfall: Aus der Ortsmitte Abtenau in einer halben Stunde (Weg 110) zu Fuß oder in wenigen Minuten mit dem Auto (Straßenschild „Arlerhof") zum Gasthof Aumühle. Auf einer kleinen Anhöhe links oberhalb liegt der Arlerhof, einer der ältesten und schönsten Höfe des Abtenauer Beckens. Der Weg 110 folgt dem Wiesenbach und steigt dann gute 100 Höhenmeter zum tosenden Tricklfall hinauf. Der Höhleneingang liegt noch weiter oberhalb, ist aber schwer erreichbar. Über einen aussichtsreichen Verbindungsweg geht es hinüber zum Dachserfall, der sich schon eher für Kletterexperimente eignet. Im Winter 2008/09 fegte eine Staublawine über den Dachserfall hinweg, deren Folgen noch lange sichtbar sein werden. Über den Weg 114a geht es teils am Bach entlang wieder zum Gasthof Aumühle zurück.

Der Weg Winnerfall: Die Busbenützer folgen ab der Aumühle dem

Weg 110 Richtung „Strubberg, Oberscheffau". Etwa eineinviertel Stunden dauert der schöne Weg über den Strubbergsattel (810 m) zum Winnerfall. Dieser präsentiert sich ganz nach Wetter- und Wasserlage einmal überschäumend und dann wieder mucksmäuschenstill. Der weitere Weg nach Oberscheffau (Bushaltestelle) führt an der revitalisierten „Alten Mühle" vorbei (Gehzeit 40 Min.).

Beginnt die Rundwanderweg zur „Alten Mühle" und zum Winnerfall aber in Oberscheffau, so ist der Parkplatz nahe dem ehemaligen Engelhartwirt der Ausgangspunkt. So nebenbei erfährt man entlang der gut beschilderten Route Nr. 97 interessante Details über Bergahorn, Esche und Co, dann sind wieder wunderbare Rastplätze, wahre Kraft-Tankstellen, eingerichtet. Ein schmaler Pfad zweigt nach rechts ab, die originelle Wegmarkierung, aufgemalte rote Herzerln, führt direkt zur „Alten Mühle". Schöne Jausenplätze und die Marmorkugelproduktion laden zum Verweilen ein. Von hier aus wurde ein neuer Verbindungssteig zum Winnerfall mit großer Behutsamkeit in die urwaldartige Landschaft gelegt. Dieser gigantische, periodisch auftretende Wasserfall ist der Überlauf der benachbarten Schwarzenbachquelle. Der Rückweg führt linker Hand über die alte Poststraße an den Ausgangspunkt zurück.

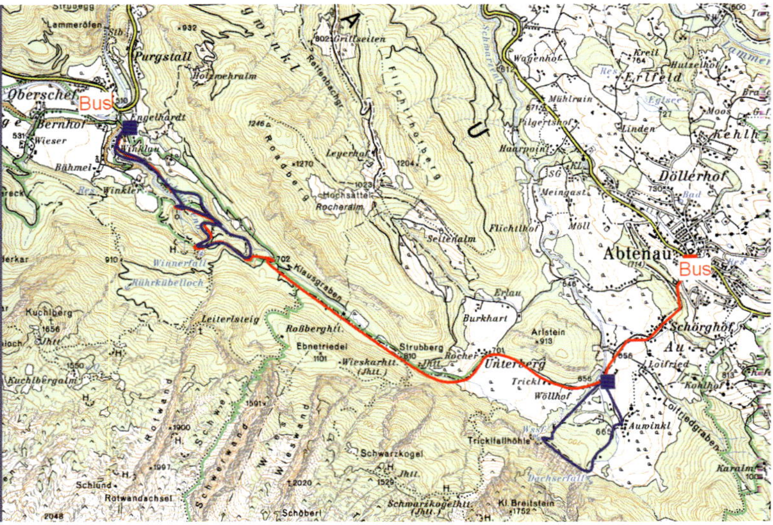

54 Seitenalm und Rocheralm

Die uralte Seitenalm.

Die abwechslungsreiche Wanderung zu zwei recht unterschiedlichen Almen beweist, wie vielseitig und lebendig das Almwesen im Abtenauer Becken ist.

Alter: ab fünf Jahren
Voraussetzung: konditionelles Grundmaß
Ausrüstung: Wanderausrüstung
Mountainbuggy: über die Almstraßen ja
Anfahrt, Ausgangspunkt: von der A 10, Abfahrt Golling, durch das Lammertal in den Ort Abtenau. Am Ortsanfang, nach dem Billa-Markt, nach rechts Richtung „Arlerhof" abzweigen. An diesem sehenswerten Denkmalhof und dem Gasthof Aumühle vorbei, dem Arlsteinrundweg 120 bzw. dem Weg 125 (Seitenalm) bis zur Fahrverbotstafel nahe Hof Burghart folgen. Einige vom Grundbesitzer tolerierte Parkplätze finden sich entlang der rechten Straßenseite.
Beste Zeit: Almsaison, Herbst
Wegcharakter: der Almsteig zur Seitenalm ist steil und steinig, sonst bequeme Gehwege
Gehzeit: 3 bis 3:30 Std.
Höhenunterschied, Weglänge: 500 Hm., 6 km
Einkehrmöglichkeiten: Seitenalm, Rocheralm, Aumühle
Attraktionen: Schauerlebnis, Denkmalhof Arlerhof
Informationen: www.abtenau.at, www.lammertal.info
Karte: ÖK 1:50.000 Blatt 3216, 3217 (94)

Die neue Rocheralm.

Die unkomplizierte Wanderung bei Abtenau führt zu zwei recht unterschiedlichen Almen. Die Seitenalm ist von vielen Obstbäumen umgeben und ein eingezäuntes Bauerngartl versorgt die beiden rüstigen Sennerinnen mit den wichtigsten Gemüsearten. Das dunkle, sonnengezeichnete Holz könnte wohl viele Geschichten aus den vergangenen Jahrhunderten erzählen. Gegenüber, auf der anderen Grabenseite, thront die Rocheralm. Sie wurde in den Jahren 2005 bis 2006 in aufwendiger Blockbauweise neu errichtet. Es ist ein vorbildhafter Biobetrieb geworden, der natürlich auch zeitgemäßen Komfort bietet. Hier hat die junge Maria Quehenberger das Sagen, die Qualität ihrer hofeigenen Produktpalette hat sich schon längst bis ins Tal und weit darüber hinaus herumgesprochen. So unterschiedlich wie die Almen sind auch die Wege dorthin: Der kürzeste Anstieg kommt von der Voglau (Abzweigung Richtung Voglauer Hof, dann links in den Güterweg Grillseiten), denn von dieser Seite ist die Auffahrt bis in den Hochsattel (1023 m) möglich. Von diesem Punkt aus sind die Almen jeweils in einer Viertelstunde und das Almkreuz in weiteren 20 Minuten bequem zu erreichen. Länger, aber auch wesentlich interessanter ist der Aufstieg von der anderen Seite aus dem Abtenauer Ortsteil Auwinkel. Hier stehen die ältesten Höfe des Beckens, einer der schönsten davon ist der erstmals 1325 erwähnte Arlerhof, in dem das Heimatmuseum untergebracht ist (Öffnungszeiten dienstags, donnerstags und sonntags von 14 bis 17 Uhr).

Der Weg: Von den Parkflächen nahe Hof Burghart zweigt der kürzeste Weg zur Seitenalm nach rechts über das Bachbett ab. Dieser alte Almsteig ist steil und stellenweise grobsteinig, bequemer, vielleicht aber auch langweiliger ist die neue Almstraße, die geradeaus weiter verläuft. Beide Routen tragen die Wegnummerierung 125. Bei der malerischen, sehr einladenden Seitenalm angekommen, führt ein schöner, mäßig ansteigender Verbindungsweg in 20 Minuten auf den Hochsattel (1023 m) weiter. Die neue Rocheralm ist natürlich schon gut sichtbar, zuvor aber empfiehlt sich noch der Abstecher zu dem 100 Höhenmeter oberhalb errichteten Almkreuz. Dort oben auf der Rocherhöhe wartet eine herrliche Spiel- und Rastebene, ein wunderbarer Blick ins Land und sogar, ganz unerwartet, ein kleiner See, in dem sich die markanten Tennengebirgsspitzen spiegeln. Bei so viel Schönheit kann nicht einmal der nahe Handymasten im Hintergrund stören. Der Abstieg über den Hochsattel folgt bis zur Seitenalm dem bereits bekannten Weg, dort kann, eventuell alternierend zum Aufstieg, die bequeme Almstraße (rechts) oder der steilere Waldsteig zurück an den Ausgangspunkt gewählt werden.

Die Rocherhöhe ist ein idealer Rast- und Aussichtsplatz.

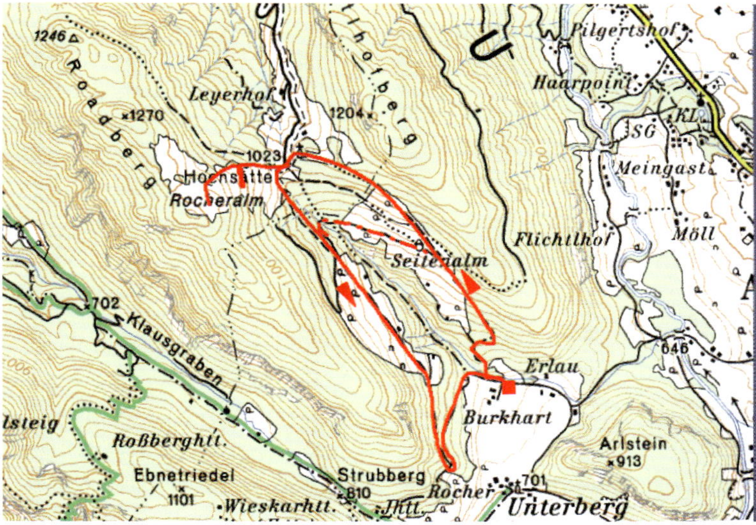

Route 54 Seitenalm und Rocheralm

55 Mahdalm-Losegg-Rundweg

Beste Kräuterauswahl oberhalb der Mahdalm.

Eintauchen in die Welt der Annaberger Gosaukammalmen am Rande des Riffs.

Alter: ab fünf Jahren
Voraussetzung: gutes konditionelles Grundmaß
Ausrüstung: Wanderausrüstung
Mountainbuggy: über die Zufahrtswege bis zu den Almen ja
Anfahrt, Ausgangspunkt: von der A 10 über die Abfahrt Hüttau oder die Abfahrt Golling durch das Lammertal (B 166) nach Annaberg. Vor der südlichen Ortseinfahrt zweigt der Güterweg „Bärweg, Promberg" bei der Haltestelle Gratzen ostwärts ab. Parkplatz Mauerreith nach 5 km
Öffentliche Verkehrsmittel: Haltestelle Gratzen an der Abzweigung des Güterweges „Bärweg" (Postbus 470 ab Golling, 471 ab Abtenau). Zusätzliche Gehzeit 1 Std. Anstieg, 50 Min. Abstieg
Beste Zeit: Almsaison
Wegcharakter: Wald- und Almwege
Gehzeit: 3:30 Std.
Höhenunterschied, Weglänge: 500 Hm., 6,4 km
Einkehrmöglichkeiten: Mahdalm, Neubachhütte, Langfeldhütte
Attraktionen: Alm- und Schauerlebnis
Informationen: www.annaberg-lungoetz.at
Karte: ÖK 1:50.000 Blatt 3217 (126)

Als Familienwandergebiet eignet sich der zentrale Gosaukamm nur bedingt. Zu steil, zu spitz, zu brüchig. Generationenkonflikte sind da vorprogrammiert, wenn sich die kleinen Kletterkünstler trotz Abmachung zu weit in die grenzenlose Freiheit wagen. Für den Familienfrieden schon wesentlich besser geeignet sind da die sanften Ausläufer vor den bizarren Spitzen des Gosaukammes, die sich da in herrlich sonniger Lage südwestwärts Richtung Lammertal hinaberstrecken. Ein bisschen „Steinerkunde" kann da aus sicherer Entfernung aber auch einfließen, denn aus geologischer Sicht besteht der Gosaukamm aus beinahe 200 Millionen Jahre altem Riffkalk, während die herrlichen Almböden, über die der Rundweg verläuft, zur Werfener Schicht gehören. Riffkalk ist also gut für Taucher und Kletterer, die Almtiere und die Familienvorstände hingegen lieben die Werfener Schicht.

Der Weg: Ausgangspunkt ist der Parkplatz Mauerreith in 1100 Meter Seehöhe am Ende des Güterweges. Hierher gelangt man auch in einer zusätzlichen Gehstunde direkt aus dem Lammertal ab der Postbushaltestelle Gratzen (Abzweigung Güterweg). Der Weg 75 (Mahdalm) ab Mauereith zweigt bald auf eine Forststraße hinaus und folgt dieser. Schöner und abwechslungsreicher ist aber der alte Waldsteig, der den Forstweg quert und geradeaus weiterführt. 200 Höhenmeter weiter oben treffen sich die beiden Varianten, nächstes Ziel ist die bewirt-

Die Loseggalmen: Einladenc gemütlich.

Aufgetischt! Am höchsten Punkt schmeckt die Jause einfach am besten.

schaftete Mahdalm (1530 m) mit ihrer einladenden Sonnenterrasse. Der Rundweg 57a quert den Losegg-Südhang und trifft auf der höchsten Stelle (1620 m) einmal auf kein Gipfelkreuz, sondern auf einen bequemen Jausentisch mit traumhafter Aussicht. Laut Inschrift haben ihn „Joe und Günther" gestiftet, der Dank der Jausenbankerl-Benützer ist ihnen gewiss. Der sanfte Abstieg in den ostwärts gelegenen Sattel führt zu einem Knotenpunkt, von dem der Rundweg 57a linker Hand (N) zu den gut geschützten Loseggalmen verläuft. Sowohl die Neubachhütte als auch die benachbarte Langfeldhütte verwöhnen dort mit bester Almkost. Anschließend geht es auf dem Zufahrtsweg noch ein Stück weiter. Etwa an jener Stelle, wo der nicht allzu weit entfernte Fahnenmast der Mahdalm von einer Anhöhe herübergrüßt, schließt sich die herrliche Genussrunde wieder. Der letzte Teil der Wanderung folgt dem bereits bekannten Weg.

56 Stuhlalm und Theodor-Körner-Hütte

Empfangskomitee vor der Stuhlalm.

Die beiden traditionsreichen Hütten liegen am höchsten und aussichtsreichsten Punkt einer abwechslungsreichen Gosaukammrunde.

Alter: ab fünf Jahren
Voraussetzung: gutes konditionelles Grundmaß
Ausrüstung: Wanderausrüstung
Mountainbuggy: nein
Anfahrt, Ausgangspunkt: von der A 10, Abfahrt Golling, durch das Lammertal bis zur Abzweigung „Astauwinkel", 1,5 km nördlich von Annaberg. An den Lift-Parkplätzen vorbei zu einer Weggabelung und hier links Richtung „Stuhlalm" auf den Parkplatz Pommer.

Beste Zeit: Almsommer
Wegcharakter: Wirtschaftswege und Steige
Gehzeit: 3 Std.
Höhenunterschied, Weglänge: 500 Hm., 7,8 km
Einkehrmöglichkeiten: Stuhlalm, Theodor-Körner-Hütte (ÖAV)
Attraktionen: Hütten, „natürliche" Kunstobjekte, kleine Kletterfelsen
Informationen: www.lammertal.info
Karte: ÖK 1:50.000 Blatt 3217 (95)

Der Gosaukamm muss auf Künstler wohl eine besondere Anziehungskraft ausüben. In den letzten Jahren trafen sich immer wieder experimentierfreudige Bläser (rund um die Gablonzerhütte) oder bildende Künstler zu einem Werks- und Gedankenaustausch auf der Alm. Mit dem Projekt AlmArt sorgten die Beteiligten für einen originellen Brückenschlag zwischen Kunst und Natur. Aber auch lange nach der erfrischenden Kunstaktion ist noch genug Spielraum für originelle Entdeckungen. Der Anstieg zur Stuhlalm war jedenfalls noch nie so kurzweilig.

Der Weg: Ausgangspunkt ist der Parkplatz Pommer in 1000 Meter Seehöhe. Das gelbe Schild „Stuhlalm" weist den Weg, der sich größtenteils auf einer Forststraße und im Wald abspielt. Besonders eindrucksvoll ist der letzte Abschnitt, wenn sich die gewaltige Bischofsmütze immer mehr ins Blickfeld schiebt. Nach eineinhalb Stunden Gehzeit ist die gemütliche Stuhlalm auf 1467 Meter Seehöhe erreicht. Zukehren lohnt sich immer, denn der Hüttenwirt weiß viel zu erzählen und ist außerdem ein begnadeter Maler. Wer den nahen Steingeist besuchen (und auch finden) will,

Die umweltbewusst gestaltete Theodor-Körner-Hütte mit der Bischofsmütze im Hintergrund.

sollte aber um eine kurze Führung bitten. Sehr lohnend und leicht zu finden ist der Abstecher zur nahen Theodor-Körner-Hütte, die da bloß fünf Gehminuten von hier, aber doch uneinsehbar hinter einem bewaldeten Mugel steht. Auch die dortige Küche präsentiert sich – wie die ganze Hütte – überaus einladend.
Ein schöner Rückweg folgt noch kurz der Richtung „Hofpürglhütte (601)" über den Sattel (Jagdhaus) bergauf, zweigt dann aber auf der anderen Seite nach 70 Höhenmetern auf den leider unmarkierten Steig nach rechts ab. Dieser führt zum Weißenbach und diesem entlang auf die Route 55, die rechter Hand zum Gehöft Pommer zurückleitet.

Kennen sich schon lange: der Steingeist und der Juniorwirt von der Stuhlalm.

Pongau

57 Lammertaler Urwald

Die Spießalm: Nun wird der Weg steiler.

Durch günstige Umstände konnte sich im Ursprungstal der Lammer ein zehn Hektar großes Naturwaldreservat erhalten. Die unkomplizierte Expedition in diesen Urwald führt zu den mächtigsten Bäumen Österreichs.

Alter: ab vier Jahren
Voraussetzung: konditionelles Grundmaß
Ausrüstung: Wanderausrüstung
Mountainbuggy: bis zur Spießalm ja
Anfahrt, Ausgangspunkt: über die A 10, Abfahrt Hüttau, nach St. Martin. Weiter nach Lungötz und hier nach links, 2 km in das Lammertal. Parken entweder beim Lammertaler Hof oder, 1 km weiter, taleinwärts links, beim höher gelegenen Parkplatz Spießalm.
Öffentliche Verkehrsmittel: Ausgangspunkt St. Martin, Ortsmitte, ja (Bus 471), Ausgangspunkt Parkplatz Spießalm nein.
Beste Zeit: Sommer
Wegcharakter: Forst- und Güterwege, im „Urwald" Steige
Gehzeit: ab Parkplatz Spießalm 1:30 Std., Lammertaler Rundweg zusätzlich 1 Std.
Höhenunterschied, Weglänge: Lammertaler Urwald 300 Hm., Anstieg 1,6 km, Lammertaler Rundweg 3 km
Einkehrmöglichkeiten: Spießalm, geöffnet ab der Mittagszeit, da auch noch der Hof mitbetreut wird
Attraktionen: knapp 50 Meter hohe und 400 Jahre alte Baumriesen, Seepark St. Martin
Informationen: www.sanktmartin.at, www.annaberg-lungoetz.at
Karte: ÖK 1:50.000 Blatt 3217 (95,126)

Es müssen schon viele Faktoren zusammenspielen, damit ein derart eindrucksvoller Baumbestand in der Dimension des „Lammertaler Urwaldes" entstehen kann. Hier im Ursprungstal der Lammer nahe Lungötz passen Bodenbeschaffenheit, Hanglage, klimatische Bedingungen und der durch die Schutzwaldfunktion bedingte Nutzungsverzicht perfekt überein. Das Ergebnis ist ein zehn Hektar großes Naturwaldreservat, in dem die mächtigsten Bäume Österreichs stehen. Eine zwar passende, aber doch recht lange Möglichkeit hierher zu gelangen ist der acht Kilometer lange Baumwanderweg, der am Seepark in St. Martin beginnt (Spießalm Weg 89, Gehzeit Anstieg 2:30 Std.). Ein kürzerer Weg zu diesen knapp 50 Meter hohen Riesen beginnt auf dem ausgewiesenen Spießalmparkplatz im Ortsteil Lammertal, zwei Kilometer westlich von Lungötz. In diesem Seitental liegt der Ursprung der Lammer. Dieser noch weitgehend naturbelassene Fluss umfängt das Tennengebirge auf fast drei Seiten und nimmt auf ihrem Weg in die Salzach beinahe alle Quellbäche auf.

Der Weg: Von den Besucherparkplätzen der Spießalm folgt der erste Teil der Urwaldexpedition noch der gemütlichen Almzufahrt. Der breite Weg endet bei der einladenden Spießalm, nun beginnt der eigentliche Anstieg zu den Baumriesen. Zunächst noch geht es über die steile Wiese bergwärts, dann taucht der Steig in den mystischen Wald ein. Einer

Bruder Baum: 400 Jahre alt, 48 Meter hoch und ein Umfang von fünf Meter und zehn Zentimeter.

Bitte Platz nehmen, zur Spießalm ist es nicht mehr weit.

der mächtigsten Riesen ist der so genannte „Lammertaler Wächter“. Diese 300 Jahre alte Tanne ist 48 Meter hoch und hat einen Umfang von fünf Meter und zehn Zentimeter. Der Rundgang durch diesen Naturwald dauert nicht allzu lange, aber die Einblicke in den Urzustand eines Waldes sind umso eindrucksvoller. An der Spießalm vorbei geht es wieder zurück an den Ausgangspunkt. Gut mit dem Urwald kombinieren lässt sich der allwettertaugliche „Lammertaler Rundweg“, der beim Lammertaler Hof (Skilift) beginnt. Ein kurzes Stück auf der Straße Richtung Aualm, gleich nach dem Labach nach rechts und oberhalb der Fischteiche über schönes Weideland taleinwärts. Bald nach dem „Bienenbauernhof“ geht es wieder zur Straße hinüber, auf dieser 200 Meter zurück und nun nach rechts der Beschilderung „Urwald, Spießalm“ folgen (siehe oben) oder zurück zum Lammertaler Hof.

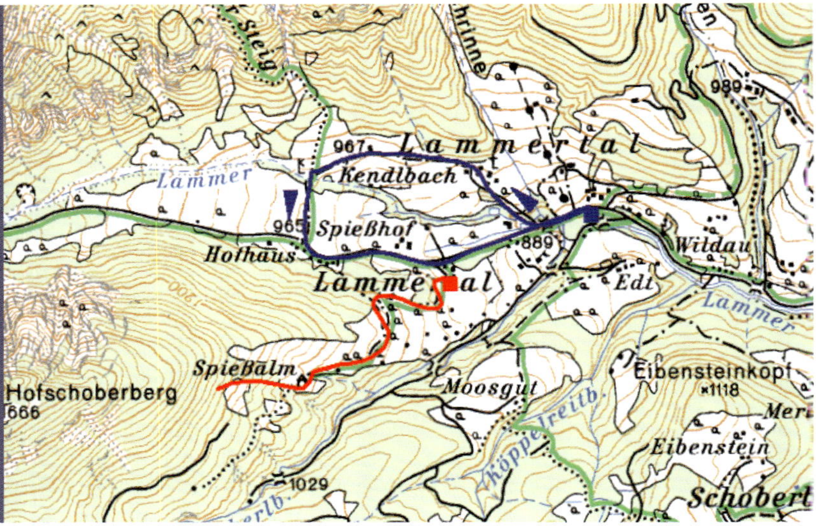

58 Ostermaisspitze

Ostermaisspitze: Logenplatz mit Blick auf die Bischofsmütze.

Eine faszinierende Almwanderung hoch über St. Martin, die schon ein wenig Bergerfahrung erfordert. Immer mit im Blick: der eindrucksvolle Gosaukamm auf der anderen Talseite.

Alter: ab sieben Jahren
Voraussetzung: gute Kondition, Trittsicherheit
Ausrüstung: Wanderausrüstung
Mountainbuggy: nein
Anfahrt, Ausgangspunkt: von der A 10, Abfahrt Hüttau, oder durch das Lammertal nach St. Martin, Parkplatz Seepark
Öffentliche Verkehrsmittel: Bus 471, Haltestelle St. Martin, Unterbachsiedlung

Beste Zeit: Sommer, Herbst
Wegcharakter: Steige
Gehzeit: gesamt 4 Std.
Höhenunterschied, Weglänge: 730 Hm., 7,8 km
Einkehrmöglichkeiten: Langeckalm, Buttermilchalm, Gasthöfe in St. Martin
Attraktionen: Schauerlebnis, Naturfreibad „Seepark“
Informationen: www.sanktmartin.at
Karte: ÖK 1:50.000 Blatt 3217 (126)

St. Martin am Tennengebirge ist ein ideales Familienurlaubsgebiet. Im Winter ein nicht allzu großes, überschaubares Skigebiet, im Sommer ein tolles Seebad und bergeweise Gipfelglück für alle Altersstufen. St. Martin liegt zwar am Tennengebirge, aber im Unterschied zu diesem stark verkarsteten Hauptstock, auf den hauptsächlich anspruchsvolle, lange Touren führen, sind die südlichen Vorberge bei St. Martin herrlichstes Genusswandergebiet. Eine besonders spannende Runde führt auf die Ostermaisspitze, von der aus es bei entsprechender Lust und Laune aber auch noch durchaus Richtung Korein oder gar Frommerkogel weitergehen kann.

Der Weg: Die Runde beginnt beim Seepark in St. Martin und folgt hier der Beschilderung Langeckalm (Weg 79). Zunächst also zehn Minuten entlang der Hauptstraße, dann in den Bichlbergweg nach rechts und noch eine Weide queren. Nun beginnt der Steig durch herrlichen Mischwald, der wohl zu jeder Jahreszeit größtes Vergnügen bereitet. Aber keine Frage: Der Herbst mit seinen Unmengen (trockener) Laubhaufen entlang des Weges hat da wohl die besten Karten. Vor der Langeckalm wird das Gelände lichter und der beeindruckende Gosaukamm gegenüber rückt immer mehr ins Blickfeld. Von der Alm nun geradeaus bergwärts an einem Wiesenkreuz vorbei in

Der Koreingipfel und der Frommerkogel ganz links.

Richtung „Ostermaisspitze“. Der Weg wird steiler und quert auch einmal einen Steilhang, bei dem man wirklich auf den Steig achten sollte. Die Ostermaisspitze in 1682 Meter Seehöhe ist nicht wirklich spitz, sie bietet genug Raum für wunderbare Rast- und Spielplätze, noch dazu laden auch einige Bankerln ein. Dominierend auf der anderen Talseite die markante Bischofsmütze, die von hier aus wirklich große Ähnlichkeit mit dieser Kopfbedeckung hat. Eigentlich könnte es von hier über die Ostermaisalm wieder zurück nach St. Martin gehen, wer aber noch Lust auf einen weiteren Gipfel hat, dem sei der herrliche, knapp einstündige Weg Richtung Korein (1850 m) empfohlen.

Wieder zurück an diesem ganz besonderen Ort namens Ostermaisspitze geht es, dem Weg 94 folgend, in eineinhalb Stunden an der Ostermaisalm vorbei zur bewirtschafteten Buttermilchalm und von dieser in einer halben Stunde retour in den Ort.

Herbstliche Stimmung auf der Ostermaisspitze.

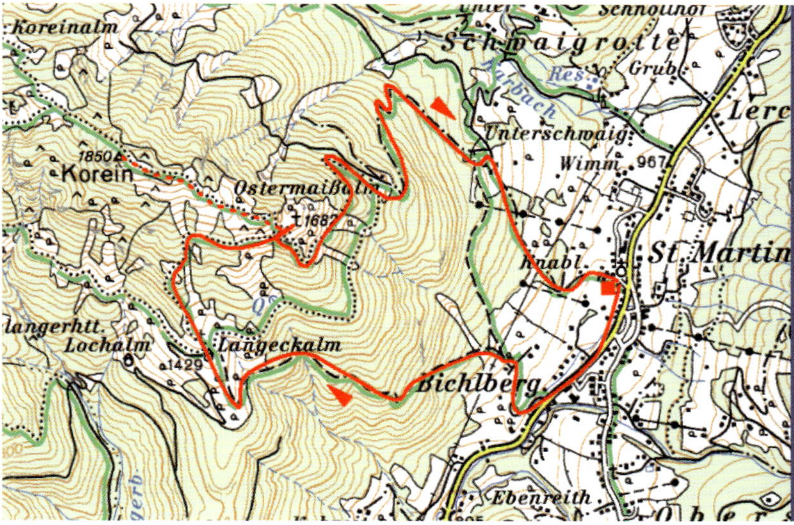

Route 58 Ostermaisspitze

59 Mahdegg und Elmaualm

Ursprünglich war das beliebte Ausflugsziel Mahdeggalm ein herrschaftliches Jagdhaus.

Auch wenn der Weg zu den südlichen Tennengebirgsalmen mitunter steil ist, so entschädigen die herrlichen Almböden voll und ganz. Dort oben zwischen Mahdegg und Elmaualm heißt es nicht umsonst „Tanzboden“.

Alter: ab sechs Jahren
Voraussetzung: gute Ausdauer
Ausrüstung: Wanderausrüstung, gute, wasserfeste Schuhe
Mountainbuggy: bis zum Gasthof Mahdegg ja, aber anspruchsvoll
Anfahrt, Ausgangspunkt: von der A 10, Abfahrt Werfen, in den Ort Werfen und dort von der lang gezogenen Umfahrungskurve in die Zistelbergstraße nach links abzweigen. Auf der Zistelbergstraße 4 km bis zur Abzweigung Schmiedeggweg („Elmaualm, Mahdeggalm“) nach links. Nach 500 m zweigt die Zufahrt zum Faistengut nach rechts ab, hier befinden sich einige Parkplätze.
Öffentliche Verkehrsmittel: mit dem Bus bis Werfenweng, zusätzliche Gehzeit 30 Min.
Beste Zeit: Almsommer
Wegcharakter: Wirtschaftswege, Wiesenpfade und Steige, teils feucht
Gehzeit: gesamt 4 Std. (Elmaualm)
Höhenunterschied, Weglänge: 600 Hm., 8,8 km
Einkehrmöglichkeiten: Alpengasthof Mahdegg, Elmaualm
Attraktionen: Almen
Informationen: www.werfenweng.eu
Karte: ÖK 1:50.000 Blatt 3216 (125)

Wanderungstechnisch ist das Tennengebirge zweigeteilt: Zu Füßen des markanten Gebirgsstockes breitet sich, vor allem auf der Südseite, ein fruchtbares, familienfreundliches Almgebiet aus, weiter oben wachsen beeindruckende Felstürme in den Himmel, die wohl mehr die Klettersportler ansprechen. In diesem reizvollen Grenzbereich bewegt sich die anspruchsvolle Wanderrunde für ausdauernde Gebirgsgämsen, die von der Mahdeggalm zur ebenfalls bewirtschafteten Elmaualm verläuft. Die Wiesen rund um die Elmaualm sind das Herzstück der Wanderung. Sie heißen nicht umsonst „Tanzboden", was jeder auf seine Weise interpretieren sollte. Beschwingt geht es da oben auf jeden Fall zu.

Herzlich willkommen auf der Elmaualm!

Der Weg: Ausgangspunkt sind die schattigen Parkplätze kurz nach der Abzweigung Schmiedeggweg unterhalb des Faistengutes. An diesem Hof vorbei führt die ehemalige Mautstraße in einer Stunde zum Alpengasthof Mahdegg (1203 m), einem alten Jagdhaus mit einer wunderbar einladenden Aussichtsterrasse und bester Küche. Das nächste Ziel ist die eineinviertel Gehstunden entfernte Elmaualm (1530 m). Der Weg dorthin folgt zunächst einem breiten Waldweg, bei einer Gabelung dann rechts. Der Steig führt durchwegs durch den Wald, was speziell im Sommer wegen der heißen Südwest-Exposition von Vorteil ist, weiter oben gibt es aber einige matschige Stellen. Diese von Viehtritten aufgewühlten Punkte sind aber zugleich der untrügliche Hinweis auf die nahe Alm. Über den „Tanzboden" geht es zur einladenden Elmaualm. Recht lohnend ist vorher noch der kurze Abstecher zum markanten Almkreuz. Die Alm wird im wöchentlich wechselnden Rhythmus von einem eigenen Verein betreut, während der Besit-

Eine Marienkapelle am Beginn der Mautstraße mit dem Hochkönigmassiv im Hintergrund.

zer zurückgezogen in Südamerika lebt. Der Abstieg folgt noch kurz dem Grasrücken (Weg 32), zweigt dann aber an einer malerischen kleinen Jagdhütte vorbei steil nach rechts in den Wald ab. Die kürzeste Variante zurück an den Ausgangspunkt orientiert sich an den Routen 32c bzw., ab einer Weggabelung, an der Route 32e (Grabenhäusel). An jener Stelle wo der Steig 32e dann steil nach links abwärts in den Graben abzweigt, führt ein unmarkierter Pfad geradeaus und trifft auf die alte Mahdegg-Mautstraße. Entlang dieser zurück an den Ausgangspunkt. Eine um 30 Minuten längere Abstiegsvariante bleibt auf dem Weg 32c, der ebenfalls auf die Mautstraße trifft.

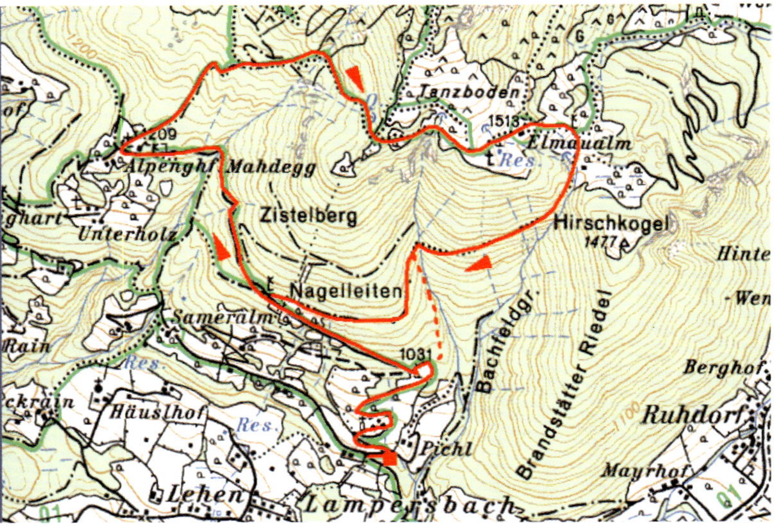

60 Mahdegg und Samerhof

Ein stimmungsvoller Ort nahe der Mahdeggalm.

Der Alpengasthof Mahdegg ist ein leicht erreichbares Genussziel auf der Sonnenseite des Tennengebirges.

Alter: ab vier Jahren
Voraussetzung:
konditionelles Grundmaß
Ausrüstung: Wanderausrüstung
Mountainbuggy:
bis zum Samerhof (Zufahrt) und bis zum Mahdegg (schweißtreibend) ja
Anfahrt, Ausgangspunkt: von der A 10, Abfahrt Werfen, in den Ort Werfen und dort von der lang gezogenen Umfahrungskurve in die Zistelbergstraße nach links abzweigen. Auf der Zistelbergstraße 4 km bis zur Abzweigung Schmiedeggweg („Mahdeggalm") nach links. Nach 500 m zweigt die Zufahrt zum Faistengut nach rechts ab (Wegweiser), hier befinden sich einige Parkplätze.
Öffentliche Verkehrsmittel:
bis in den Ort Werfenweng, zusätzlich 30 Gehminuten
Beste Zeit: Sommer, Herbst
Wegcharakter:
Zufahrtswege, Waldsteig
Gehzeit: 2 Std.
Höhenunterschied, Weglänge:
350 Hm., 5,7 km
Einkehrmöglichkeiten:
Alpengasthof Mahdegg. Samerhof
Attraktionen: Panoramablick, Streicheltiere bei der Mahdeggalm
Informationen: www.werfenweng.eu
Karte: ÖK 1:50.000 Blatt 3216 (125)

Haus- und Hofnamen geben oft sehr aufschlussreiche Hinweise auf längst vergangene Zeiten. Die Bauerngüter Eisenbrecht, Schmiedegg und Samer unterhalb von Mahdegg erinnern durch ihre Hausnamen an jene Epoche, als es in der Gegend des südlichen Tennengebirges noch einige Eisenbergwerke gab. Beim Gut Eisenbrecht wurde das Erz gebrochen, beim Gut Schmiedegg kam es zur Verarbeitung und der Samer säumte, das heißt: beförderte es zu Tal. Bis auf die historischen Namen und eine schauerliche Sage, in der sich die Grafen von Mahdegg in die Haare kriegen, ist in der heutigen Zeit nicht viel übrig geblieben. Der neue Schatz, der nun gehoben wird, ist eine sagenhaft schöne Wanderrunde, die durch ihre sonnige Südwestlage auch in den kühleren Herbstmonaten ausgesprochen empfehlenswert ist.

Die Mahdeggalm (1200 m) steht am höchsten Punkt der Rundwanderung.

Der Weg: Der Ausgangspunkt ist der schattige Parkplatz unterhalb des Faistengutes an der Abzweigung der Hofzufahrt vom Schmiedeggweg. Der angeschriebene Anstieg 32f zum Mahdegg folgt der ehemaligen Mautstraße, auf der seit einigen Jahren aber nur noch die Anrainer und die Pferdekutschen des Faistengutes fahren dürfen. Das bald folgende herrschaftliche Faistengut mit seinem alten Baumbestand und der in traditioneller Zaunbauweise umgrenzten Kapelle ist traumhaft schön gelegenes und macht einen überaus gepflegten Eindruck. Über zwei lang gezogene S-Kurven geht es rasch in die Höhe und in den Hochwald. Immer wieder öffnen sich schöne Blicke auf das Salzachtal und neue Rastbänke laden zum Verschnaufen ein. Nach einer Stunde ist die an einem ganz besonders passenden Platz errichtete Mahdeggalm erreicht. Hier lohnt es sich, ein wenig in der Gegend herumzustreifen. Die riesigen Ahornbäume rund um die Lichtung mit dem einfachen, holzgeschnitzten Marterl in der Mitte, dann einige kleine Kletterfelsen vorne und die gewaltigen Felsgipfel oder das gegenüberliegende Hochkönigmassiv im Hintergrund – es ist wirkliche ein ganz besonderer Ort zum Entdecken und zum Staunen. Natürlich nicht zu vergessen die einladende Sonnenterrasse des Alpengasthofes, auch einige Spielgeräte sind nebenbei aufgestellt. Der Rückweg folgt wieder ein kurzes Stück der alten Mautstraße, bis der Weg 32 zum Samerhof nach rechts abzweigt. Nach der Grabenquerung wird der Weg etwas steiler, der gastliche Samerhof ist nach einer halben Stunde erreicht. Die unkomplizierte Runde schließt sich über die gut einen Kilometer lange Zufahrt.

Die traditionelle Pongauer Zaunbauweise, so wie hier rund um die Mahdeggalm, wird nur noch selten angewandt. Im Hintergrund das Hagengebirge.

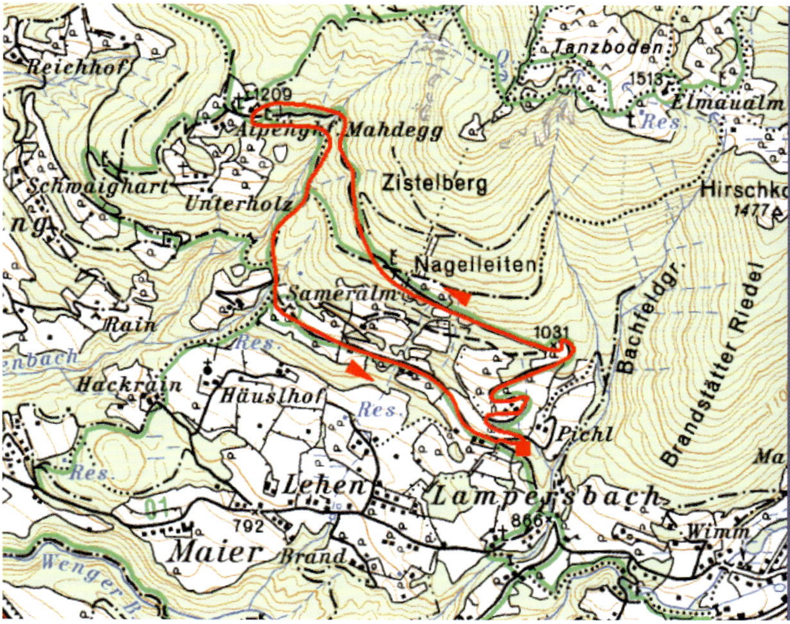

61 Elmaualm und Wengsee

Zur Elmaualm ist es nicht mehr weit. Der mächtige Berg im Hintergrund ist der Hochthron.

Werfenweng hat nicht nur ein überaus attraktives Almwandergebiet, sondern auch den herrlichen Wengsee. Der Idealfall ist eine Kombination aus See und Alm: eintauchen und entspannen!

Alter: ab sechs Jahren
Voraussetzung: gute Kondition
Ausrüstung: Wander- und Badeausrüstung
Mountainbuggy: nein, nur vom Wengsee zur Jausenstation Gamsblick (Gehzeit 40 Min.)
Anfahrt, Ausgangspunkt: auf der A 10, Abfahrt Werfen, über den Ort Pfarrwerfen nach Werfenweng und hier am Ortsende nach links Richtung Wengerau. Nach 500 m Abzweigung nach links auf den Wengsee-Parkplatz.
Öffentliche Verkehrsmittel: ab Bahnhof Pfarrwerfen und Bahnhof Bischofshofen verkehrt in der Saison täglich (stdl.) ein Shuttlebus nach Werfenweng, Tel. 0664/1266700 (bitte spätestens 1 Std. vorher anrufen)
Beste Zeit: Sommer
Wegcharakter: zum Teil steile Steige, im Tal breite Promenaden
Gehzeit: gesamt 3:30 Std., Anstieg Badesee – Elmaualm 1:45 Std., Abstieg 1:45 Std.
Höhenunterschied, Weglänge: 700 Hm., 9,4 km
Einkehrmöglichkeiten: Wengseestüberl, Zistelberghof, Elmaualm, Gamsblick
Attraktionen: Alm und See
Informationen: www.werfenweng.eu
Karte: ÖK 1:50.000 Blatt 3216 (125)

Werfenweng hat nicht nur eine traumhafte Berg- und Almlandschaft, sondern auch einen wunderschön gelegenen Badesee. Hier haben die Landschaftsplaner zwar etwas nachgeholfen, aber der große Naturteich am Weg in die Wengerau liegt so harmonisch eingebettet, als ob er schon immer hier gewesen wäre. Nach der langen Rundwanderung über die Elmaualm und die Wengerau ist der idyllische Wengsee der perfekte Endpunkt an einem heißen Sommertag.

Der Weg: Vom Seebad-Parkplatz (neben den Tennisplätzen) führt die angeschriebene Route 55 an der schönen Badeanlage und an einem Dammwildgehege vorbei auf die Zistelbergstraße zum Zistelberghof. Fünf Gehminuten später zweigt der Weg 32e (Elmaualm) beim Grabenhäusl nun nach rechts aufwärts ab. Gehzeit bis hierher 25 Minuten. Einen knappen Kilometer geht es am Faistenbach entlang, dann verlässt der Steig linker Hand den kühlen Graben. Mit gleich bleibender Steilheit geht es durch den dichten Hochwald, ab einer Weggabelung wird der Pfad vorübergehend flacher. Schließlich trifft der Weg 32c auf eine schöne Lichtung. In einem sanften Rechtsbogen führt der Weg an Feuchtwiesen mit schönem Wollgrasbestand vorüber zur freundlichen Elmaualm (1530 m). Das gegenüberstehende Almkreuz ist nur eine Viertel

Abtauchen im Wengsee.

Gehstunde entfernt, von dort öffnet sich natürlich ein schöner Blick in das Salzachtal. Nach der ausgiebigen Rast folgt der Abstieg wieder ein kurzes Stück dem bereits bekannten Weg über den Hangrücken, bei der Routengabelung aber zweigt der Abstieg nun nach links ab (Weg 32, Gamsblick). Der erste Teil auf diesem nordseitigen Hang ist meistens recht feucht und rutschig, aber schon bald wird der Weguntergrund fester und angenehmer. An einem Gedenkstein vorbei, der an jenes tragische Lawinenunglück im Winter 1982 erinnert, bei dem 13 Schüler und Lehrer ums Leben kamen, geht es in den schönen Talboden Wengerau. Die Jausenstation Gamsblick (1037 m) ist ein netter Einkehrpunkt, hier gibt es einen originellen Spielplatz mit einer eigenen „Kinderalm" und Streicheltieren. An der beeindruckenden Baumreihe entlang führt der breite Weg Richtung „Werfenweng" auf den großen Wanderparkplatz und folgt dann abwechselnd der Straße bzw. dem Bachverlauf zurück zum Badesee.

Der Weg führt an der Jausenstation Gamsblick vorbei.

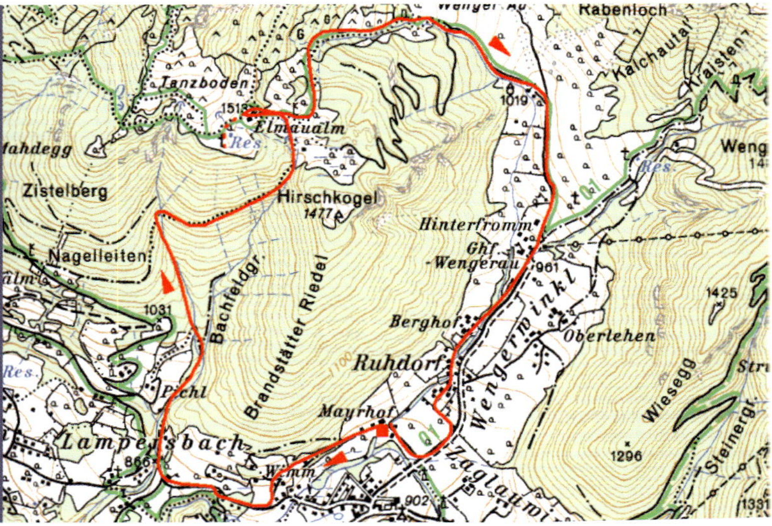

62 Werfenwenger Almpfad

Die Ikarusbahn ist eine der Aufstiegsmöglichkeiten.

Werfenweng schaut auf seine Gäste und auf seine wertvolle Umwelt. Eine lange, aber abwechslungsreiche Rundwanderung mit dem familienfreundlichen Anton-Proksch-Haus als höchstem Punkt führt mitten hinein in das Werfenwenger Almleben.

Alter: ab sechs Jahren
Voraussetzung: gute Ausdauer
Ausrüstung: Wanderausrüstung
Mountainbuggy: über die Almzufahrten (Strussingstraße) ja
Anfahrt, Ausgangspunkt: über die A 10, Abfahrt Werfen, nach Pfarrwerfen und weiter nach Werfenweng. Von hier 1 km weiter in die Zaglau (Seilbahnparkplatz).
Öffentliche Verkehrsmittel: Bus 512 (ab Pfarrwerfen)
Beste Zeit: Almsommer
Wegcharakter: Almwege, Waldsteige
Gehzeit: gesamt 4:30 Std.
Höhenunterschied, Weglänge: ab Parkplatz Zaglau 600 Hm., 10,5 km
Einkehrmöglichkeiten: Strussingalm, Moosalm, Anton-Proksch-Haus, Brandstättalm
Attraktionen: Almleben, Öko-Fahrzeuge, Ikarusbahn, Badesee
Informationen: www.werfenweng.org
Karte: ÖK 1:50.000 Blatt 3216, 3217 (125)

Der Urlaubsort Werfenweng hat sich in den vergangenen Jahren ganz dem sanften Tourismus verschrieben und fährt gut mit der „Enthastung". Auf kleinem, überschaubarem Raum findet sich hier eigentlich alles, was in der Freizeit Spaß macht, ohne dass es zu sehr auf Kosten der Umwelt geht. Und das im Winter genauso wie im Sommer. Manches Freizeitvergnügen findet sogar am selben Ort statt: Der Badesee am Weg in die Wengerau dient im Winter als Eislaufplatz und der letzte Abschnitt der hier vorgestellten Almwanderung ist gleichzeitig die fünf Kilometer lange Rodelstrecke zur Strussingalm. In einer der Almen haben die Geographen der Universität Salzburg eine Forschungsstelle eingerichtet. Die Ergebnisse sind im Almlehrpfad umgesetzt, dem diese familienfreundliche Wanderung, zumindest teilweise, folgt. Als Aufstiegsmöglichkeit steht entweder ein schöner Waldweg oder die neue, superschnelle Ikarus-Gondelbahn zur Auswahl. In letzterem Fall beträgt die Zeitersparnis eine Stunde.

Der Abstieg führt unterhalb der Tauernscharte in einem weiten Bogen zur Brandstättalm.

Der Weg: Ausgangspunkt ist der große Liftparkplatz in der Zaglau (948 m). Erfolgt die Auffahrt mit der Achter-Gondelbahn Ikarus, so geht es von der Bergstation Bischlinghöhe (1834 m) nordwärts in einer gemütlichen Stunde zum 250 Höhenmeter tiefer gelegenen Anton-Proksch-Haus. Zu Fuß führt der Anstieg ab Zaglau zunächst ein kurzes Stück auf der Strussingalmstraße, aber gleich nach dem Gatter zweigt eine spannendere Variante auf den „Gämsensteig" 52 nach rechts ab. Dieser kühle Waldweg gewinnt rasch an Höhe, quert einige kleinere Gräben und trifft, an schönen Almen vorbeiführend, nach einer guten Stunde auf die Strussingalm. Von dieser Jausenstation führt der angenehme

Weg 52d in 40 Minuten an der schön gelegenen Moosalm vorbei zum Anton-Proksch-Haus (1586 m). Das stattliche Haus wurde in den Jahren 1961 bis 1963 in erster Linie für den Skitourismus errichtet, aber auch im Sommer gibt es rund um die Hütte nette Spielmöglichkeiten. Über den Weg 51 geht es nun beinahe eben in einem weiten Bogen zur Brandstättalm (1540 m). Auch in dieser herrlichen Umgebung wartet ein Spieleparadies und feine Produkte aus eigener Produktion. Beides kommt zur Halbzeit der Runde, nach rund zwei Stunden, gerade zur rechten Zeit. Sogar das knusprige Holzofenbrot wird hier heroben gebacken und schmeckt hervorragend. Frisch gestärkt, folgt man auf dem zweiten Teil der Wanderung zunächst dem Weg 51b Richtung Wengerau und spaziert dann, ab einer Weggabelung der Strussingstraße (52d), zurück in die Zaglau.

Hütte am Almenlehrpfad.

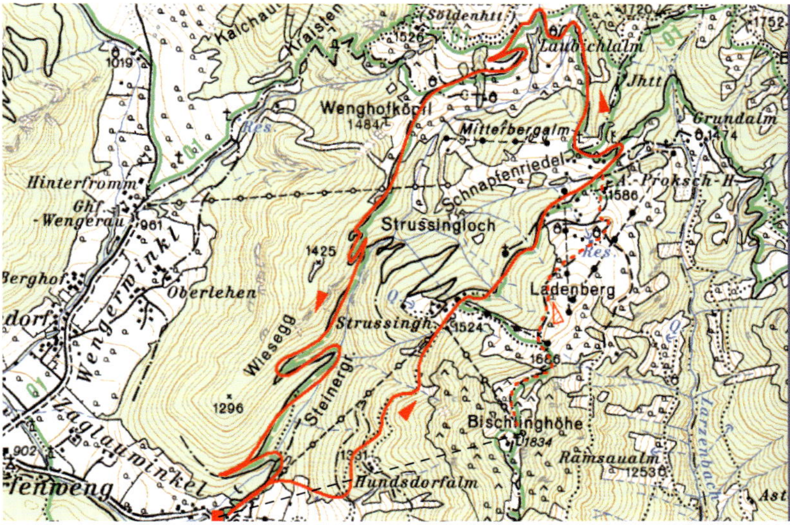

63 Dielalm, Sonneck und Tanngut

Die Dielalm, ein Paradies für große und kleine Besucher.

Gegenüber der Burg Hohenwerfen thront mit der Dielalm ein kleines, überschaubares Kinderparadies. Die anschließende, anspruchsvolle Wanderrunde über den Haidbergriedel ist hingegen etwas für „Pfad-Finder".

Alter: Dielalm ab Kleinkindalter, Wanderrunde ab sechs Jahren
Voraussetzung: gute Kondition, Spürnasen gefragt
Ausrüstung: Wanderausrüstung
Mountainbuggy: nein
Anfahrt, Ausgangspunkt: über die A 10 oder B 159 nach Werfen. Beinahe in Höhe „Parkplatz Burg Hohenwerfen" Richtung Dielalm (4 km) nach links abzweigen. Parkplatz.
Öffentliche Verkehrsmittel: bis Werfen mit Bahn oder Bus, dann mit Taxibus zur Dielalm

Beste Zeit: Sommer
Wegcharakter: breite Forstwege und schmale Pfade
Gehzeit: 3 Std.
Höhenunterschied, Weglänge: 500 Hm., 6 km
Einkehrmöglichkeiten: Dielalm
Attraktionen: Spielplatz, Minizoo, Burg Hohenwerfen (Greifvogelschau)
Informationen: www.werfen.at, www.gemeindewerfen.at, www.salzburg-burgen.at
Karte: ÖK 1:50.000 Blatt 3216 (125)

Die Dielalm, hoch über dem Ort Werfen, ist ein wahres Kinderparadies. Ein toller Spielplatz wartet auf seine kleinen Benützer, eine Miniwanderrunde wird angeboten und auch die vielen Tiere sind offensichtlich an Kinder gewöhnt. Um einiges länger und anspruchsvoller ist die einsame Runde über die Sonneckhütte und die Tanngutalm. Sie könnte ruhig ein paar Markierungspunkte mehr vertragen, aber die Pfad-Finder unter uns werden mit ihren Adleraugen den Weg finden.

Der Weg: Vom Parkplatz vor der Dielalm (1016 m) folgt die Wanderung zunächst dem Weg zur „Ostpreußenhütte". Vorerst geht es noch recht sanft über den dicht bewaldeten Haidbergriedel, aber bis zur Abzweigung in einer guten Gehstunde sind doch knappe 400, mitunter auch steile Höhenmeter zurückzulegen. Hier nun also, am höchsten Punkt der Runde, nach links dem Weg 66 („Pfarrwerfen") folgen, der aus dem Wald in das freie Gelände hinausführt. Zumindest der herrliche Ausblick auf den gegenüberliegenden Hochkönig ist frei, während der Zutritt auf die wunderschönen Wiesen leider durch einen übermannshohen Wildzaun der Kaindlschen Forstverwaltung versperrt ist. Auch der nun folgende, Gott sei Dank kurze Abschnitt auf der überbreiten, neu errichteten Forststraße ist kein echtes Vergnügen. Dann zweigt die Route 66 aber auf einen Pfad ab und nun folgt zwischen der Sonneckhütte (1221 m) der „Edelweißer" und der malerischen Tanngutalm der schönste Teil der Wanderrunde, der die anderen Nachteile vergessen lässt. Lichte Wälder, wunderbare Spielwiesen und großartige Jausenplätze ohne einen einzigen Zaun. So soll freies Wandern in den Bergen sein, mit so einer Umgebung lässt sich Begeisterung für die Natur entfachen! Ab der Tanngutalm wird es wieder kniffelig. Der sporadisch markierte Weg 66 folgt mehr oder weniger einem Graben. Besonderes Augenmerk bitte bei der Querung einer Forststraße: Hier befindet sich eine rot-weiß-rote

Blick auf das Tennengebirge und den Gegenanstieg zur Dielalm (Bildmitte).

Die Tanngutalm liegt im schönsten Abschnitt der Wanderung.

Grundstücksmarkierung mit der Nummer 176, der Pfad folgt dem Graben auf der linken Seite und führt vor einen Fischteich. Bei einem neu errichteten Schuppen einige Meter auf der Hofzufahrt nach links, dann aber nach rechts unterhalb des schönen Hofes bergwärts auf dem Traktorweg in den Wald. Nach der Einmündung in einen anderen Ziehweg 50 Meter nach rechts leicht abwärts und über das schmale Steigerl links hinauf zur Dielalm.

Noch ein abschließender „Taltipp“: Die Burg Hohenwerfen ist eine überaus anschauliche mittelalterliche Wehranlage und bietet auch immer wieder spezielle Kinderattraktionen an. Die friedliche Eroberung der Burg mit der packenden Greifvogelschau könnte ein spannender Abschluss dieses Wandertages sein.

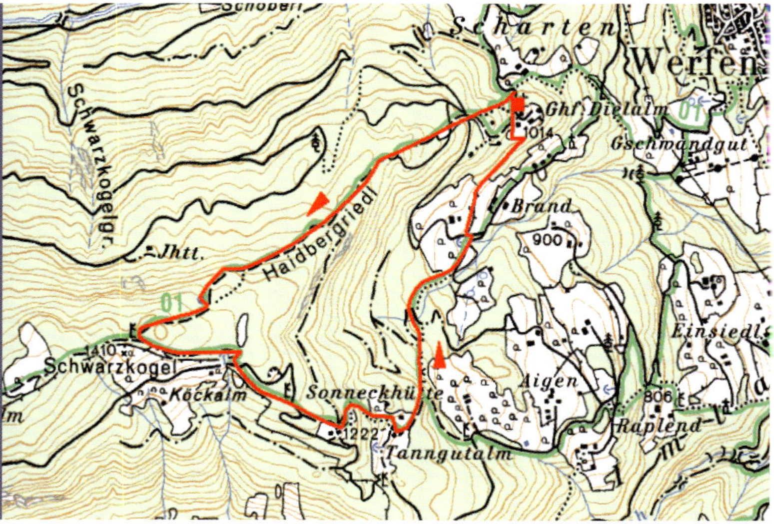

64 Sieben-Mühlen-Weg in Pfarrwerfen

Ausgangspunkt ist die Ortsmitte von Pfarrwerfen.

In Pfarrwerfen klappern gleich sieben Mühlen am rauschenden Bach. Und eine jede erzählt eine andere Geschichte.

Alter: ab drei Jahren
Voraussetzung: keine konditionellen Voraussetzungen
Ausrüstung: Turnschuhe
Mountainbuggy: nein
Anfahrt, Ausgangspunkt: über die A 10, Abfahrt Werfen, in die Ortsmitte von Pfarrwerfen
Öffentliche Verkehrsmittel: Bahn, Bus
Beste Zeit: Öffnungszeiten 1. Mai bis 31. Okt., 8 bis 18 Uhr
Wegcharakter: breiter Steig und Straße
Gehzeit: 30 Min.
Höhenunterschied, Weglänge: 50 Hm.
Einkehrmöglichkeiten: Gastronomie im Ort
Attraktionen: begehbare Mühlen
Informationen: www.7muehlen.at, www.pfarrwerfen.salzburg.at
Karte: ÖK 1:50.000 Blatt 3216 (125)

Die Streckenlänge des Sieben-Mühlen-Weges ist bescheiden, die gesamte Gezeit beträgt nicht einmal eine halbe Stunde. Allerdings sollte man doch etwas mehr Zeit einplanen, denn zum Sehen, Ausprobieren und Staunen gibt es mehr als genug. Es war bereits fünf vor zwölf, als dieses einzigartige Mühlenensemble gerade noch vor dem drohenden Verfall gerettet wurde. Nun hält jede einzelne der sieben Gmachmühlen (Gmach = Kammer, Raum) ein passendes Thema bereit. Dass es dabei ums Brot geht, ist klar, auch das faszinierende, aber gar nicht so komplizierte technische Innenleben wird erklärt. Aber dass in der Zehenthofmühle dann eine große Anzahl historischer Mäusefallen ausgestellt sind, ist schon ein witziger Einfall. Auch die letzte, die oberste Mühle hält eine Überraschung bereit. Aber dazu muss man sich, wie gesagt, etwas Zeit nehmen, denn erst nach einigen Minuten hat sich das Auge an die fahlen Lichtverhältnisse gewöhnt und alle Einzelheiten werden sichtbar.

Der Weg: Im neu gestalteten Ortszentrum machen ein stilisiertes Mühlrad und eine Übersichtstafel auf das Freilichtmuseum „7 Mühlen" aufmerksam. Von hier aus geht es nach rechts entlang der Straße 200 Meter aufwärts bis zur Bäckerei Haßlwanter, wo es nicht nur feine Mehlspeisen, sondern auch die Eintrittsjetons (Erwachsene 3 Euro, Kinder 2,20 Euro) zu kaufen gibt.
Vor der Bäckerei nun nach rechts bis zum unteren Eingang dieses

Alle Mühlen sind begehbar und erzählen aus ihrer bewegten Vergangenheit.

beeindruckenden Mühlenverbandes. Wie auf einer Perlenschnur aufgefädelt, liegen die sieben historischen Mühlen aus dem 18. Jahrhundert hintereinander, verbunden natürlich durch das „Mühlbachl“. Vor den ersten Mühlen gibt es noch einen kleinen Wasserspielplatz und einen Getreidelehrpfad. Auf beiden Seiten des Baches führen dann Wege in die Höhe zu den Mühlen hinauf. Und das Schöne daran ist, man kann bei jeder der weitgehend im Originalzustand erhaltenen Gmachmühlen abzweigen und eintreten. Oberhalb der Straße befindet sich die letzte, die Feuersengmühle. Sie beschäftigt sich auf ganz verblüffende Art mit der Genesis, der Entstehung.

Über die Straße geht es wieder das kurze Stück in die Ortsmitte zurück.

In der Unterdielmühle werden die technischen Geheimnisse des Mahlvorganges verraten.

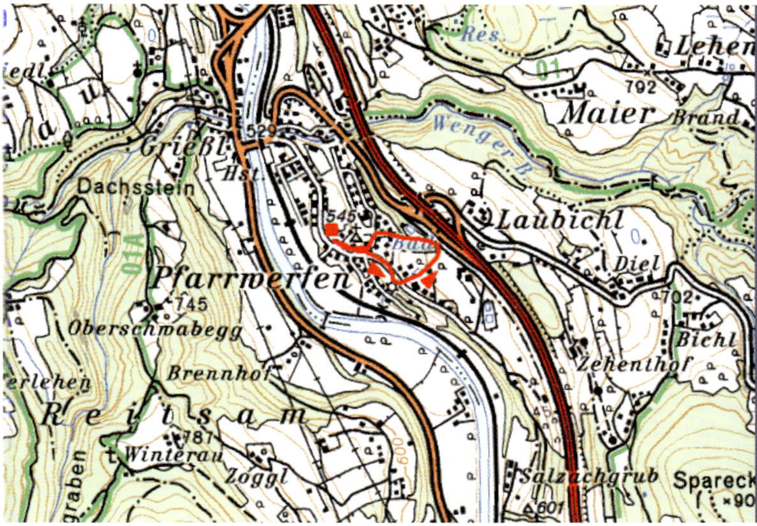

65 Hochgründeck

Der Hüttenwirt vor dem umweltfreundlichen Heinrich-Kiener-Haus.

Eine steile Wanderung auf einen anfangs eher unscheinbaren Berg, der dann aber großartige Ein- und Ausblicke garantiert.

Alter: ab sechs Jahren
Voraussetzung: gute Kondition
Ausrüstung:
Wanderausrüstung, feste Schuhe
Mountainbuggy: nein
Anfahrt, Ausgangspunkt: von der A 10 (Tauernautobahn) auf die Abfahrt Bischofshofen. Dieser 1 km entlang, dann, noch vor dem Parkplatz, nach rechts und über die Brücke nach links. Nach einem weiteren Kilometer Richtung Buchberg und dann dem grünen Schild „Hochgründeck" zum Hof Ronach folgen. Kleiner Parkplatz. Die Anfahrt direkt aus der Stadt Bischofshofen führt zuerst Richtung Bahnhof. Über die Salzach 3 km nach „Buchberg" und gemäß Schild „Hochgründeck" zum Hof Ronach.
Beste Zeit: Sommer, Herbst
Wegcharakter: steile Waldsteige
Gehzeit: 4:30 Std.
Höhenunterschied, Weglänge:
850 Hm., 8,4 km
Einkehrmöglichkeiten:
Heinrich-Kiener-Haus
Attraktionen: Themenwege, Gipfelhaus, Gipfelblick, Bergkirche
Informationen: www.bhofen.at
Karte:
ÖK 1:50.000 Blatt 3216, 3222 (125)

Auf das Hochgründeck führen viele Wege. Aus allen Himmelsrichtungen, in verschiedenen Schwierigkeitsgraden und auch die Themenschwerpunkte wurden ganz unterschiedlich gewählt. So gibt es einen Geschichte-, Geologie- und Naturlehrpfad (Ausgangspunkt Hahnbaumalm), den neuen Musikantenweg aus der Ginau bei Wagrein, den Meditationsweg von der Klammalm bei Hüttau und schließlich unseren Anstieg von der Bischofshofener Seite (Ausgangspunkt Ronachbauer). Diese Route führt über die Nordwestseite, kann also mit angenehmer Nachmittags- und Abendsonne aufwarten, was wiederum recht gut zu den beiden Wegthemen „Sport"(Aufstieg) und „Frieden" (Abstieg) passt. Vom Hochgründeck heißt es, er sei der schönste Aussichtsberg Österreichs. Man sagt aber auch, dieser Berg sei ein besonderer Strahlungsort, was sicherlich stimmt, denn Hermann Hinterhölzl, der Wirt im Heinrich-Kiener-Haus, hat hier seine ganze Energie investiert und in den Berg fließen lassen. Das Gipfelhaus steht auf ökologischen Beinen und auch bei der benachbarten St.-Vinzenz-Friedenskirche wurde keine einzige Maßeinheit dem Zufall überlassen, alles hat seine symbolische Bedeutung. Der Friedensweg und die Sportlerroute ergeben eine sinnvolle Runde, sind aber durchgehend relativ steil und daher eher für gehfeste, bergerprobte Kinder geeignet.

Gipfelruhe auf dem Hochgründeck (1827 m).

Der Weg: Vom kleinen Parkplatz führt der Anstieg (Weg 450) am angrenzenden Hof Ronach vorbei. Der „Sportwanderweg" auf das Hochgründeck zweigt nach einigen Minuten in den kühlen Hochwald nach links ab und orientiert sich an einem bequemen Hohlweg, der zunehmend steiler wird. Allmählich wird der Wald lichter und gibt erste Ausblicke auf das Salzachtal frei. Recht unerwartet öffnet sich dann der Torbogen zum Kienerhaus (1792 m) in das Öko-Reich des Hermann Hinterhölzl. Der Fernblick freilich ist vom wenige Minuten nordostwärts gelegenen Gipfel (1827 m) dann beinahe grenzenlos schön.

Die symbolträchtige St.-Vinzenz-Friedenskirche am Hochgründeck.

Der Wirt empfiehlt übrigens, die letzten Höhenmeter über den dichten Rasenteppich barfuß zurückzulegen. Tatsächlich himmlisch, nicht einmal die paar Schafspemmerln stören da. Auf diesem Grasgrat geht es die paar Meter in den Sattel auch wieder zurück und nun nach rechts Richtung „Bischofshofen“. Nach 20 Minuten trifft der Steig auf den Hofersattel (1635 m), hier nun mit dem Friedensweg nach links. Für einige Stationen sollte man sich wirklich Zeit nehmen, so einfach sie gestaltet sind, so groß ist ihre Wirkung. Auf der Seehöhe von 1232 Meter trifft der beeindruckende Themenweg auf eine Forststraße, mit der es auf die andere Grabenseite zum „Sportwanderweg“ hinübergeht. Über diesen wieder zurück an den Ausgangspunkt zum Hof Ronach.

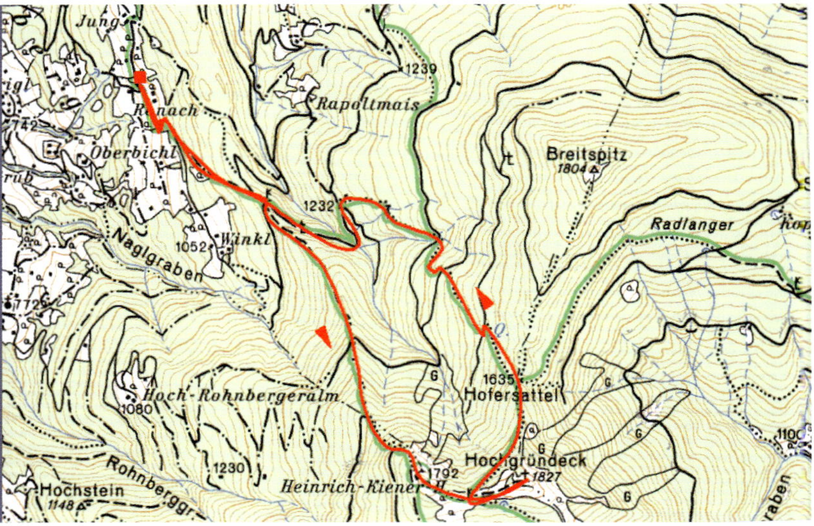

66 Vier Hütten auf der Widdersbergalm

Am Beginn der Wanderung bei der Kopphütte.

Auf der Südseite zu Füßen des Hochkönigs wartet ein wunderbar sonniges Almwandergebiet auf seine Gäste.

Alter: ab vier Jahren
Voraussetzung: Basiskondition
Ausrüstung: Wanderausrüstung
Mountainbuggy: über die Almzufahrt ja
Anfahrt, Ausgangspunkt: über die A 10, Abfahrt Bischofshofen, nach Mühlbach und dort rechter Hand über die Mandlwandstraße bis zur Abzweigung Kopphütte (links). Nach 2 km auf der schmalen Bergstraße Parken unterhalb der Kopphütte.
Öffentliche Verkehrsmittel: ab Bischofshofen Bahnhof Bus 590, ab Mühlbach Bus 591, Haltestelle Mühlbach Kopphütte
Beste Zeit: Herbst
Wegcharakter: Almwege
Gehzeit: Anstieg Kopphütte – Widdersbergalm (Vier Hütten) 1 Std., Abstieg 50 Min., über Riedingtal (Weg 86) 1:15 Std.
Höhenunterschied, Weglänge: 250 Hm., 4 bis 5,5 (Riedingtal) km
Einkehrmöglichkeiten: Kopphütte, Bergalm, Schartenhütte, Molterauhütte, Brandstatthütte
Attraktionen: Almlandschaft, Hütten, Kletterfelsen
Informationen: www.hochkoenig.at
Karte: ÖK 1:50.000 Blatt 3216, 3222 (125)

Die bildschöne Berghütte.

Die südliche Hochkönigseite hat besonders im Herbst gute Karten: Garantiert nebelfrei und Sonne von früh bis spät machen die Almwiesen unter der Wetterwand zu einem beliebten Familienwandergebiet. Noch dazu ist das Ziel eine Auswahl aus gleich vier Hütten, die da gut geschützt und höchst malerisch zu Füßen seiner Majestät, des Hochkönigs, auf die vielen Wandergäste warten. Um eine davon, die Schartenalm gab es einige Aufregung, denn das jahrhundertealte, baufällige Gebäude wurde trotz vieler Proteste abgerissen und durch eine neue, den modernen Anforderungen gerechte Hütte ersetzt. Wer noch höher hinauf will, kann dem vorerst sanften, dann steileren Rückenverlauf in nordwestlicher Richtung folgen. In maximal 1850 Meter Seehöhe ist dann bei den beginnenden Felsen Schluss, bevor es wieder in das „Basislager" zu den vier Hütten zurückgeht.

Der Weg: Ausgangspunkt ist der Parkplatz unter der Kopphütte (1307 m). Ursprünglich war dieser prächtige Alpengasthof ein Knappenhaus, der Name Kopp weist schon auf das wertvolle Kupfer hin und „Hütte" leitet sich ja von verhütten (= schmelzen) ab. Von hier geht es gemeinsam mit dem Almweg 87 in einer halben Stunde zur besonders liebevoll gepflegten Berghütte. Auch der weitere Anstieg folgt dem breiten Almweg oder sucht sich zwischen den verlockenden Kletterfelsen eine Abkürzung und trifft in einer halben Stunde auf die vier Hütten am Widdersberg. Es ist wirkliche eine jener Ansichten, bei der man tief durchatmen und den Augenblick genießen sollte, so perfekt passt hier alles zusammen. Die Auswahl fällt schwer, eine jede Hütte hat ihre eigene sympathische Note. Die Kinder brauchen hier nicht viele Spielgeräte, die es aber trotzdem gibt, in der Umgebung warten ungefährliche Kletterfelsen, überschaubare Hügel, Brunnentröge und noch vieles mehr. Wenn trotz der vielen Spielmöglichkeiten noch Energien vorhanden sind, dann kann die Wanderung noch um zusätzliche 300 Höhenmeter oder eine Stunde Gehzeit über den unmarkierten Südost-Ausläufer längstens bis zu den Felsen verlängert werden. Wieder bei den Hütten geht es nun nach links (O) über den Weg 86 Richtung Kopphütte. Urige Holzbetten am Wegesrand laden zum Probeliegen ein. Sie sollen gegen Wetterfühligkeit helfen und sind eine Station des Gesund- und Schlankwanderweges. Bei einer Weggabelung führt die schattige Variante 86 zuerst Richtung Riedingalm in den Graben und von dort zurück zur Kopphütte. Bei heißem Sommerwetter ist dieser etwas längere Weg durchaus eine kühle Überlegung. Der kürzere Abstieg (Weg 87) führt bei der Gabelung aber direkt zur Bergalm und von dort wieder zur Kopphütte.

Baumaßnahmen vor der Schartenalm.

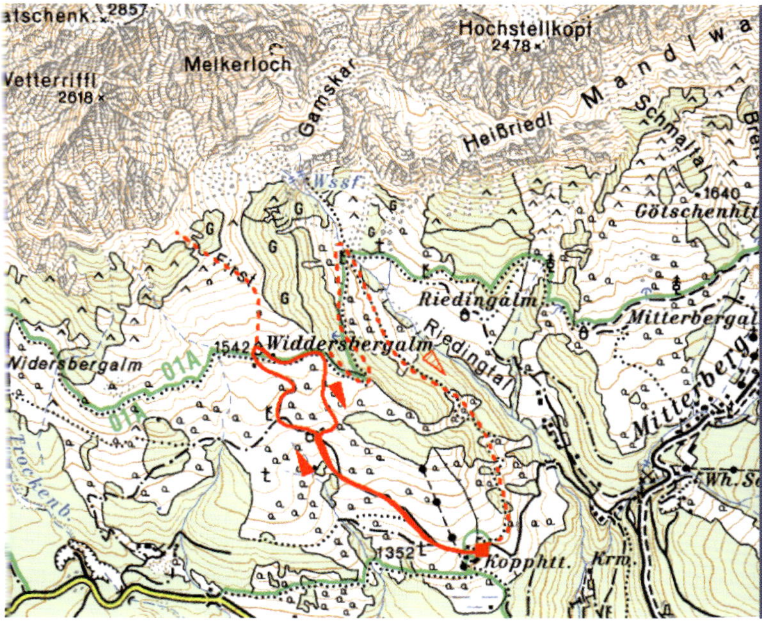

67 Penkkopf (Großarltal)

Aufstieg von der Breitenebenalm, wo sich die Runde auch wieder schließt.

Diese Wanderung im Tal der Almen führt über wahre Genusswege zu vier recht unterschiedlichen Almen. Der höchste Punkt zwischen Breitenebenalm, Großwildalm, Oberwandalm und Karseggalm ist der 2011 Meter hohe Penkkopf.

Alter: ab sechs Jahren
Voraussetzung: gute Kondition
Ausrüstung: Wanderausrüstung
Mountainbuggy: über die Wirtschaftswege zur Breitenebenalm und Karseggalm
Anfahrt, Ausgangspunkt: über die A 10, Abfahrt Knoten Pongau (Bischofshofen), über St. Johann in das Großarltal. Nach 7 km, kurz nach Au, zweigt der „Güterweg Labenbach" zur Breitenebenalm nach links ab. Parkplatz nach 3,5 km am Beginn der Privatstraße zur Breitenebenalm oder Auffahrt über diese (freie Zufahrt für Gäste zwischen 10 und 18 Uhr).
Öffentliche Verkehrsmittel: Bus 540 ab St. Johann bis Großarl Ortsmitte. Wandertaxi Raab ab Großarl Tourismusverband, Bergbahnenparkplatz 9 Uhr, Rückfahrt 17 Uhr. Tel. 0664/9062850
Beste Zeit: Almsommer
Wegcharakter: Almwege, Steige
Gehzeit: gesamt 4 Std., ab Parkplatz Schranken zusätzlich 1 Std.
Höhenunterschied, Weglänge: ab Breitenebenalm 600 Hm., 7,5 km, ab Parkplatz Schranken 800 Hm., 10 km
Einkehrmöglichkeiten: Breitenebenalm, Großwildalm, Karseggalm
Attraktionen: Almleben, Spielplätze
Informationen: www.grossarltal.info, www.salzburger-almenweg.at
Karte: ÖK 1:50.000 Blatt 3222 (125)

Almböden sind fast immer ein Garant für genussvollstes Wandern, Schauen und Gustieren. Hier im Großarltal gibt es noch über 40 bewirtschaftete Almen, zu wenigstens vier von ihnen führt diese herrliche Rundwanderung. Die Wege in diesem Wanderparadies sind unkompliziert, einzig die Kondition sollte für die Viereinhalb-Stunden-Runde über den Penkkopf passen. Aber dazu kommen ja die schönsten Almen an den äußeren Eckpunkten der Route eben gerade recht. Und der Weg dazwischen – mit seinen seltenen Blumen, den vielen Bacherln, den harmlosen Kletterfelsen und den unzähligen Heidelbeerstauden – vergeht wie im Flug.

Der Weg: Am Beginn der Privatstraße zur Breitenebenalm ist ein großer Parkplatz angelegt. Der halbstündige Aufstieg zur Alm (1420 m) kann entweder auf dem Wirtschaftsweg erfolgen, interessanter ist natürlich der steilere Wandersteig, der bald nach dem Gatter nach links abzweigt. Für Gäste ist die Zufahrt zur einladenden Breitenebenalm mit dem wunderbaren Spielplatz frei. Vorerst aber geht es auf der Gebäuderückseite mit dem Weg 67 Richtung „Großwildalm" mäßig steil bergan. Auch der beliebte „Salzburger Almenweg" zieht in diesem Almenparadies eine besonders große Schleife, bei einem malerischen kleinen Teich stößt man nach einem hölzernen Drehkreuz auf diesen Weitwanderweg, der in einer guten Gehstunde zur Großwildalm (1770 m) führt. Hier trennen sich die Wege wieder vorübergehend, unsere Route 67 auf den Penkkopf (2011 m) zweigt im spitzen Winkel nach links ab. Nach einer Stunde ist dieser herrliche Aussichtsberg erreicht. Einige Jausen- oder Klettersteine gibt es auch, denn hier ganz oben tritt im Gegensatz zum „weichen" Penkkopf-Sockel (Schwarzschiefer) hartes Gestein

Auf dem Salzburger Almenweg zur Großwildalm.

Auf der Breitenebenalm ist immer was los.

ans Tageslicht. Der Abstieg folgt dem Gratverlauf in nördlicher Richtung (Weg 712, Kitzstein, Almenweg) einen Kilometer bis in den Sattel. Hier nun mit den vielen rot-weiß markierten Pflöcken nach links in zehn Minuten zur Oberwandalm (Weg 67c) und von dort in einer weiteren halben Stunde über saftige Wiesen zur Karseggalm (Weg 72). Mit ihren 400 Jahren ist sie eine der ältesten und vielleicht auch ursprünglichsten Hütten im Großarltal. Es gibt keinen Strom, dafür aber eine offene Feuerstelle, über der mächtigen Kupferkessel hängen. Von dieser eindrucksvollen Alm (1603 m) mit ihren vielen Spezialitäten geht es über den Wirtschaftsweg wieder zu jenem Punkt mit dem kleinen Teich, an dem das große, holzgeschnitzte Enzian-Logo des Salzburger Almweges steht. Der letzte Abschnitt zurück zum Kinderparadies rund um die Breitenebenalm bzw. zum Parkplatz folgt dem bereits bekannten Weg.

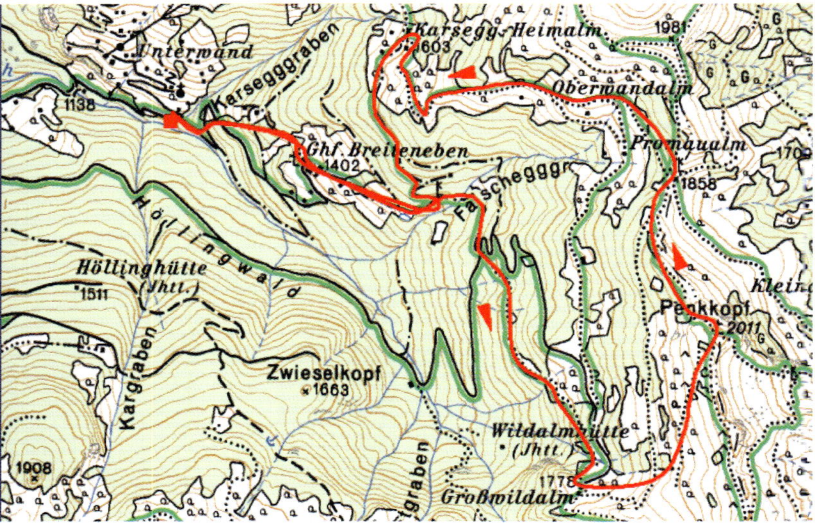

68 Amoseralmen

n der Nähe des prachtvollen Amosergutes liegt der Ausgangspunkt.

Die Amoseralmen stehen ganz im Schatten des mächtigen Bernkogel. Das färbt natürlich auch auf den bärigen Weg zur Amoseralm ab, der mit vielen abwechslungsreichen Stationen versehen ist.

Alter: ab vier Jahren
Voraussetzung: konditionelles Grundmaß
Ausrüstung: Wanderausrüstung
Mountainbuggy: über den Almwirtschaftsweg ja
Anfahrt, Ausgangspunkt: über die A 10, Abfahrt Autobahnkreuz Pongau (Bischofshofen), auf der B 311 durch das Salzachtal bis zur Abzweigung in das Gasteiner Tal. Bis kurz vor Dorfgastein auf der B 167, dann über die Brücke nach rechts Richtung Unterberg abzweigen. Der Weiler liegt 2,5 km weiter nördlich, der Parkplatz für die Besucher der Amoseralm befindet sich noch etwas außerhalb.
Beste Zeit: Almsommer
Wegcharakter: einfache Almwege
Gehzeit: Anstieg Amoser Niederalm 45 Min., Anstieg Amoser Hochalm 2 Std.
Höhenunterschied, Weglänge: Anstieg Amoser Niederalm 300 Hm., 1,4 km, Anstieg Amoser Hochalm 700 Hm., 4,2 km
Einkehrmöglichkeiten: Amoser Almen
Attraktionen: Almleben, Brotbacken (Anmeldung), Bacherlweg
Informationen: www.dorfgastein.at, www.gastein-im-bild.info, www.amosergut.at
Karte: ÖK 1:50.000 Blatt 3222 (124)

Am Ausgangspunkt Unterberg hat man die Qual der Wahl, denn einerseits verläuft hier der beliebte Gasteiner Sagenweg talauswärts Richtung Klammstein, andererseits beginnt in diesem idyllischen Dorfgasteiner Ortsteil ein sagenhaft bäriger Anstieg auf die Amoser Niederalm. Die Almleute haben sich dazu im Einzugsbereich des mächtigen Bernkogels etwas Besonderes einfallen lassen. Ob der Bergname nun einen Hinweis auf die Bären oder vielleicht doch nur auf die weiter oben massenhaft vorhandenen (Heidel-)Beeren gibt, ist nicht so eindeutig, die Wegemacher haben sich jedenfalls für Meister Petz entschieden. Und weil der einstündige Bärenweg mit seinen vielen abwechslungsreichen Stationen natürlich auch für einen Bärenhunger sorgt, sind die großen und kleinen Wanderer auf der Amoseralm zu gewissen Zeiten eingeladen, ihr eigenes Brot zu backen.

Der Weg: Zunächst aber geht es von der kleinen, für die Besucher der Alm reservierten Parkfläche etwas nördlich, außerhalb von Unterberg dem Zufahrtsweg und der Richtung „Amoseralm" folgend, über den Bernkogelbach. Aber schon in der ersten Kurve zweigt der autofreie Fußweg nach links ab. Mit angenehmer Steigung geht es auf dem alten Almweg bergan. Weiter oben wird der Fahrweg gekreuzt, nun

Gerade noch über der Nebelgrenze: die Amoseralm hoch über dem Gasteiner Tal.

wird sich der Steig eine Zeit lang an einem Bach orientieren. Vor allem an heißen Sommertagen ein besonders angenehmer Abschnitt. „Bärenkneipp“ ist eine dieser kühlen Stationen, für Kinder übersetzt, heißt das wohl Wasserschlacht. Die Alm selbst liegt dann ja ohnehin wieder im schönsten Sonnenschein und, wie gesagt, der Backofen strahlt zu speziellen Zeiten auch wohlig warm.
Eine Abstiegsalternative ist der neue Almweg. Die Almwanderung könnte aber auch noch ihre Fortsetzung zur Amoser Hochalm (1592 m) in das Reich der Schwarzbeeren finden. Der einstündige Anstieg zu dieser ebenfalls mit netten Spielmöglichkeiten ausgestatteten Hütte verläuft über den Wirtschaftsweg. Wem das zu lange dauert, kann immer wieder über die steilen Wiesen abkürzen.

Der Bär ist los!

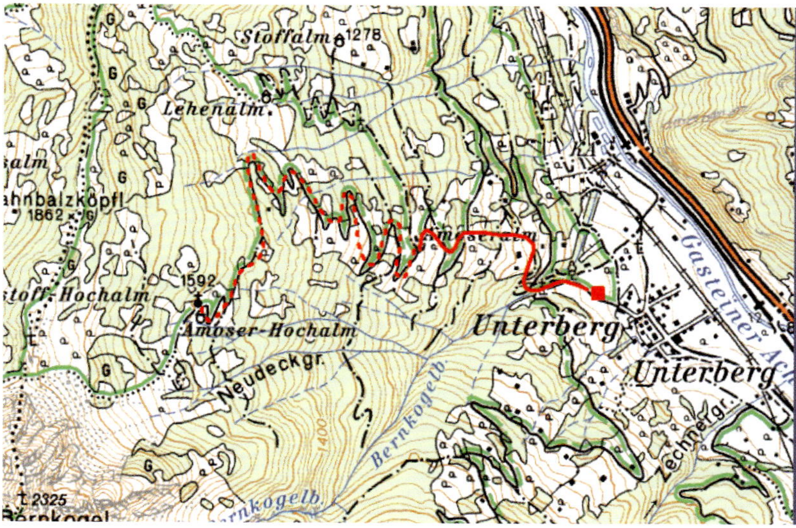

69 Gasteiner Höhenweg (Martin-Lodinger-Weg)

Ihm zu Ehren wurde die Kaiser-Wilhelm-Promenade benannt.

Ein kaiserlich schöner Weg verbindet auf der Sonnenseite des Tales Bad Gastein mit Bad Hofgastein.

Alter: ab vier Jahren
Voraussetzung: gute Grundkondition, keine Alpinkenntnisse nötig
Ausrüstung: leichte Wanderausrüstung
Mountainbuggy: ja
Anfahrt, Ausgangspunkt: über die A 10, Abfahrt Bischofshofen, durch das Salzachtal (B 311) und das Gasteiner Tal (B 167) bis nach Bad Gastein. Parken im öffentlichen (zwölfstöckigen) Parkhaus.
Öffentliche Verkehrsmittel: Bahn und Bus, Rückfahrt von Bad Hofgastein ab Busbahnhof/Schlossalmbahn
Wegcharakter: durchgehend breite, unkomplizierte Wege
Gehzeit: Bad Gastein Zentrum – Bad Hofgastein Zentrum 2:30 Std.
Höhenunterschied, Weglänge: 150 Hm. im Abstieg, 8,5 km (einfach)
Einkehrmöglichkeiten: u.a. Café Gamskar, Café Hubertus, Café Sonnberg
Attraktionen: Wasserfall, heiße Quellen, Gadaunererschlucht, Rauchbergmühle, Thermen
Informationen: www.gastein.com, www.gasteinertal.com
Karte: ÖK 1:50.000 Blatt 3228 (155)

Zumindest geographisch betrachtet haben die Orte Bad Gastein und Bad Hofgastein auf den ersten Blick nicht viele Gemeinsamkeiten. Bad Gastein muss rund um den weltberühmten Wasserfall jeden Quadratmeter ausnützen, während sich Bad Hofgastein einen Platz an der breitesten Stelle des Tales ausgesucht hat. Was die beiden Orte aber verbindet, ist einerseits die begehrte Thermenlinie und andererseits der wunderschöne Höhenweg auf der sonnigen Talseite. Zuvor gibt es den weltberühmten Wasserfall in Bad Gastein, spannend wird es auch in der Felswand der Gadaunerer Schlucht, kulinarisch genussvoll im Café Gamskar, im Hubertus oder im Sonnberg. Dann wartet auch noch eine vollständig funktionsfähige Schau-Mühle. Was bei den Kindern auch ganz gut ankommt: Es geht sanft, aber stetig bergab und der Rückweg kann sogar idealerweise per Bus erfolgen. Zusätzlicher Motivationsfaktor: die Thermen am Anfangs- bzw. Endpunkt.

Solche Backöfen – wie jener bei der Bocksbergmühle – gab es früher bei jedem Bauernhof.

Der Weg: Vom Ortszentrum Bad Gastein geht es zur berühmten Wasserfallbrücke. Tief durchatmen, gesunde, negative Ionen liegen in der Luft! Rund um den Wasserfall entspringen 18 heiße Thermalquellen, die den Ruf des „Wildbades" begründeten. Am einst glanzvollen Hotel Straubinger und der neogotischen Preimskirche vorbei auf die Kaiser-Wilhelm-Promenade, der auch bald in einer Riesenbüste höchstpersönlich präsent ist. Handzahme Vogerln und Eichkatzerln freuen sich auf die Spaziergänger, bei einer Jausenstation wird sogar sackerlweise Eichkatzlfutter verkauft. Nach einer halben Stunde zweigt der „Gasteiner Höhenweg (Martin-Lodinger-Weg)" nach links ab. Spätestens ab dem „Café Gamskar", berühmt für seine Cremeschnitten, ist die Sonne ständiger Begleiter. Ein landschaftlicher Höhepunkt ist die zum Naturdenkmal erklärte „Gadaunerer Schlucht", hier führt der atemberaubende Steig sogar

Auf dieser Höhenwanderung gibt es viel zu entdecken.

teils durch den Fels hinter einem Wasservorhang. Bis nach Bad Hofgastein sind es noch zweieinhalb Kilometer. Zuvor aber lädt noch die Rauchberg- und die unterhalb liegende Bocksbergmühle zur genaueren Inspektion ein. Früher gab es im Tal gleich 143 solcher Gmachmühlen (Gmach = Kammer). Am Zielpunkt, in Bad Hofgastein, warten verschiedene Möglichkeiten. Etwa zur Belohnung ein Besuch in der familienfreundlichen Alpentherme, bevor es mit dem Bus wieder hinauf nach Bad Gastein geht (Rückfahrt von Bad Hofgastein ab Busbahnhof/Schlossalmbahn). Der Retourweg kann natürlich auch zu Fuß erfolgen. Dazu bietet sich der Radweg über Gadaunern oder der Achenweg nach Bad Bruck an. Zusätzliche Gehzeit zweieinhalb Stunden.

70 Gadauner Hochalmen

Zur Sommerfrische auf den Gadauner Hochalmen.

Eine unkomplizierte Wanderung in die wunderbare Welt der jahrhundertealten Gadauner Hochalmen. Für Konditionstiger ist der Kalkbretterkopf (2412 m) noch eine lohnende Draufgabe.

Alter: ab sieben Jahren
Voraussetzung: gute, für die Gipfelbesteigung sehr gute Kondition
Ausrüstung: Wanderausrüstung
Mountainbuggy: über den Almweg 115a bis zu den Almen möglich
Anfahrt, Ausgangspunkt: über die A 10, Abfahrt Bischofshofen, durch das Salzach- und Gasteinertal nach Bad Hofgastein, dort über den Kreisverkehr rechts Richtung „Angertal“. An der Angertal-Seilbahnstation links unterhalb vorbei, über den Angerbach, dann rechts einige Meter weiter auf den Waldparkplatz.
Öffentliche Verkehrsmittel: ab Bad Hofgastein Bus-Bahnhof (Schlossalmbahn) fährt in der Wandersaison der Bus 551 in das Angertal
Beste Zeit: Sommer, Herbst (Almzeit)
Wegcharakter: je nach Wahl breite Almwege oder Steige
Gehzeit: Anstieg Gadaueralm 1:30 bis 2 Std., Kalkbretterkopf weitere 2 Std., gesamte Almrunde 3:30 bis 4 Std., mit Gipfel 7 Std.
Höhenunterschied, Weglänge: Gadauneralm 600 Hm., ges.10 km, Kalkbretterkopf weitere 600 Hm., 7,2 km (Auf- und Abstieg von der Gadauneralm)
Einkehrmöglichkeiten: Gadauneralmen, Thaler-Mahder-Hütte, Rockfeldalm
Attraktionen: intakte, ursprüngliche Almlandschaft, Schwammerlrevier, Ausblicke
Informationen: www.badgastein.com, www.gasteinertal.com
Karte: ÖK 1:50.000 Blatt 3228 (154)

Blick von den Gadauner Hochalmen Richtung Norden auf die gepflegten Wiesen der Rockfeldalm.

Viele Gasteiner kennen den Kalkbretterkopf als „Breitfeldkogel", was seinem Aussehen auch recht gut entspricht. Es muss sich also um fruchtbare Almböden, um „breite Felder" handeln. Und was für welche! Die wunderbare Gadauner Hochalm erstreckt sich über 1000 Hektar, die meisten Hütten liegen um die 1800 Meter, sechs davon sind im Sommer durchgehend bewirtschaftet. Schwer vorstellbar, wie der Talkessel ohne diese landschaftserhaltende Almwirtschaft ausschauen würde. Ein Blick Richtung Norden hinüber zur Rockfeldalm zeigt den bewirtschafteten und den Urzustand eindrucksvoll nebeneinander. Wenn die Kondition für 600 zusätzliche Höhenmeter noch ausreicht, dann ist natürlich auch der dominierende Kalkbretterkopf (2412 m) ein verlockendes, nicht allzu schwierig erreichbares Ziel.

Der Weg: Der Ausgangspunkt (1180 m) der Runde ist der Waldparkplatz gegenüber dem Skizentrum, auf der anderen Seite des Angerbaches, 200 Meter taleinwärts. Der Steig 115b zweigt von hier nach rechts (W) ab und führt über Wolfstall, dem Lafentalgraben folgend, rasch in die Höhe. Eine gemütlichere, aber längere Variante ist der Almweg 115a. Auf knapp über 1500 Meter Seehöhe treffen die beiden Varianten aufeinander und führen nun gemeinsam aus der Waldregion in das Gebiet der Gadauner Hochalmen (1800 m). Wer aus dieser herrlichen Almenzone noch höher hinauf will, folgt der Richtung Stanzscharte (115). Die weiter oben linker Hand abgehende Abzweigung „Kalkbretterkopf" (Breitfeldkogel) wird zunächst ignoriert. Erst aus der Stanzscharte (2098 m), dann entlang des sanften Nordrückens links über Steige mit immer umfangreicheren Ausblicken auf Sonnblick, Schareck oder Ritterkopf auf den Kalkbretterkopf (2412 m). Der Abstieg zu den Gadauner Hochalmen folgt dem bereits bekannten Weg in die Stanzscharte. Einige Bergsteiger machen sich auch an die Überschreitung Richtung Süden, diese Variante ist allerdings schwieriger und etwas für „Pfad-Finder“. Wieder bei den Almen, von denen eine jede auf ihre Art und Weise höchst einladend wirkt, mit dem Weg 115 in einer weit ausholenden Schleife auf die andere Grabenseite. Ein Weg zweigt hier zur Rockfeldalm ab (Gehzeit 20 Min.), unsere Richtung aber folgt dem gemütlichen Wirtschaftsweg talauswärts. Bald nach der ebenfalls bewirtschafteten Thaler-Mahder-Hütte zweigt ein Steig wieder nach rechts auf die gegenüberliegende, südliche Grabenseite ab. Auf dem bereits bekannten Steig 115b geht es wieder an den Ausgangspunkt zurück.

Die Präerhütte ist so wie die anderen Gadauneralmen auch gut mit dem Mountainbike zu erreichen.

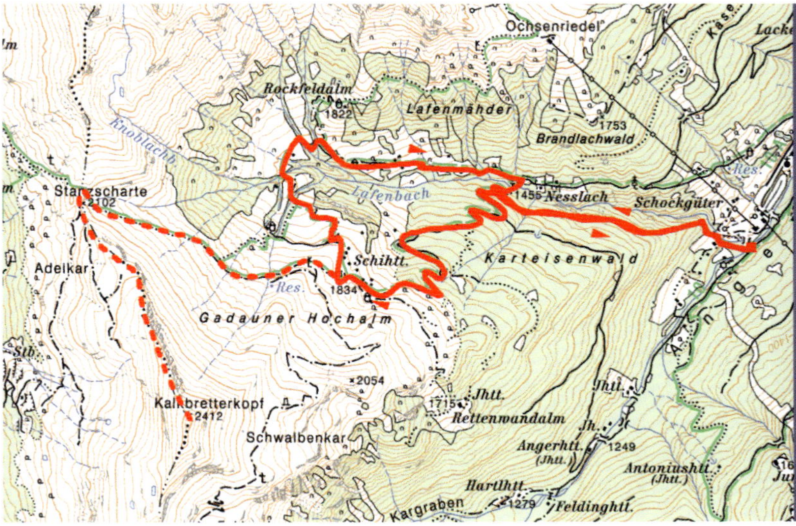

71 Poserhöhe im Kötschachtal

Die Zwerge sind am Ziel.

Der Luis-Trenker-Steig aus dem Kötschachtal ist zwar steil, aber auf der freundlichen, aussichtsreichen Poserhöhe ist alle Anstrengung wieder vergessen.

Alter: ab sechs Jahren
Voraussetzung: gute Kondition und Trittsicherheit
Ausrüstung: Wanderausrüstung
Mountainbuggy: nein
Anfahrt, Ausgangspunkt: über die A 10, Abfahrt Bischofshofen, durch das Salzachtal (B 311) und das Gasteiner Tal (B 167) bis nach Bad Gastein. Dort vor der Bahnunterführung nach links Richtung „Kötschachtal, Grüner Baum". Parkplatz Grüner Baum.
Öffentliche Verkehrsmittel: ab Bahnhof Bad Gastein mit dem Bus 555 nach Bad Gastein Grüner Baum

Beste Zeit: Sommer, Herbst
Wegcharakter: alpiner Steig
Gehzeit: gesamt 2:30 Std.
Höhenunterschied, Weglänge: 500 Hm., 4,6 km
Einkehrmöglichkeiten: Poserhöhe, Grüner Baum, Gasthof Sonnenschein, Café Gamskar
Attraktionen: Natur- und Alpinerlebnis
Informationen: www.gastein.com, www.gasteinertal.com
Karte: ÖK 1:50.000 Blatt 3228 (155)

Es ist nicht zu übersehen: Der Ort hier am Beginn des Kötschachtales ist ein besonderer. Begonnen hat alles mit den Habsburgern. Der leidenschaftliche Jäger Erzherzog Johann ließ sich im abgelegenen Kötschachtal ein Jagdhaus errichten, am Taleingang entstand in der Folge aus einfachen Anfängen die jetzige Nobelherberge „Grüner Baum". Unzählige Prominente aus allen Bereichen logierten im Laufe der Jahrzehnte in diesem stilvollen Hoteldorf. Einer dieser treuen Stammgäste war Luis Trenker, dem die Verantwortlichen einen eigenen Steig auf die Poserhöhe widmeten. Diese Rundwanderung über den Luis-Trenker-Steig ist so gegensätzlich wie die Südtiroler Bergikone selbst. Der Aufstieg führt durch steiles, atemberaubendes Felsgelände, der Abstieg benutzt großteils den gemütlicheren Wirtschaftsweg. Verkürzt wird der teils recht alpine, aber nicht allzu lange Anstieg durch eine entzückende Zwergenfamilie, die einige Abenteuer bestehen muss. Und auch das Ziel, die Wirtschaft Poserhöhe, hat ganz offensichtlich ein Herz für Kinder. Hier können sich die Zwerge ausruhen oder austoben, je nachdem, bevor es wieder zurück in das Tal zum „Grünen Baum" geht.

Jetzt wissen wir, warum die Heuschrecken so glänzen.

Der Weg: Direkt hinter dem Hotelparkplatz geht es über den Bach an dem nicht zu übersehenden Schild „Luis-Trenker-Weg" vorbei. Schon sehr bald geht es überaus steil durch eine tolle Felssturzlandschaft in die Höhe. Atemberaubend schön sind auch die Ausblicke vor allem hinüber zu Schareck, Stubnerkogel oder Zittrauer Tisch. Nach vielen, vielen Kehren wird das Gelände flacher, die Poserhöhe auf 1505 Meter Seehöhe ist erreicht. Etliche Konditionstiger wandern von hier aus gleich weiter auf einen anderen Bad Gasteiner Hausberg, den „Gamskarkogel" (2467 m). Drei zusätzliche Stunden muss man dafür einplanen (Weg 513). Nach ausgiebiger Rast auf der einladenden Poserhöhe führt der Rückweg 514 in nordwestlicher

Einfach herzig, der Alpensalamander liebt den Regen.

Richtung diesmal wesentlich angenehmer und weniger steil talwärts. Die zweite Hälfte folgt einem Wirtschaftsweg, der in die Gamskarstraße mündet. Auf dieser nach links und in 15 Minuten an den Ausgangspunkt zum „Grünen Baum" zurück.

72 Bachlalm unter dem Rötelstein

Alle wollen zur Bachlalm.

Eine lange und sonnenreiche Runde auf der Rötelstein-Südseite verbindet den Bergsteigerort Filzmoos mit der Bachlalm.

Alter: ab sechs Jahren
Voraussetzung: ausdauerndes Gehvermögen
Ausrüstung: Wanderausrüstung
Mountainbuggy: bis zur Weitenhausalm (1 Std. Anstieg) ja
Anfahrt, Ausgangspunkt: über die A 10, Abfahrt Eben, 11 km nach Filzmoos. Parken im Ort.
Öffentliche Verkehrsmittel: Bus 521 (ab Eben), Haltestelle Filzmoos Ortsmitte
Beste Zeit: Spätsommer, Herbst (Südlage)
Wegcharakter: Almwege, Steige und kurze Hofzufahrten
Gehzeit: 5:30 Std.
Höhenunterschied, Weglänge: 600 Hm., 12 km
Einkehrmöglichkeiten: Berggasthof Reit, Weitenhausalm, Bachlalm, Gastronomie im Ort
Attraktionen: Mühlräder bei und vor der Weitenhausalm, Latschenbrennerei und „Mankei" bei der Bachlalm, Naturerlebnisweg, Stege über die Feuchtwiese
Informationen: www.filzmoos.at
Karte: ÖK 1:50.000 Blatt 3217 (126)

Zwischen Filzmoos und der Bachlalm liegen zwar keine Welten, aber immerhin der mächtige Rötelstein (2247 m). Die anspruchsvolle Überschreitung ist zwar interessant, der wahre Genussweg aber verläuft tief unterhalb auf der sonnigen Rötelstein-Südseite über den Nößler Riedel (1645 m). Am sechs Kilometer entfernten Zielpunkt wartet die wunderbare Bachlalm und mit etwas Glück auch die pfiffigen Murmeltiere. Die Bachlalm (1495 m) heißt nicht umsonst so. Beim Abstieg über den Nößler Riedel fallen die vielen kleinen Quellbäche auf, die wegen der wasserundurchlässigen Tone in der Werfener Schicht gerade hier an die Oberfläche sprudeln. Den zahlreichen Weidetieren ist das ganz recht, benötigt eine Kuh doch immerhin täglich 40 bis 60 Liter Wasser.

Die Bachlalm liegt am Wendepunkt der Runde.

Der Weg: Aus dem Ort Filzmoos geht es an der Informationsstelle vorbei einige Meter Richtung Bischofsmütze und Hofalmen, dann aber gleich wieder nach rechts mit dem Weg 31c in einer halben Stunde zum herrlich gelegenen Berggasthof „Reithof". Die Route 39a (bzw. 671) „Bachlalm über Nößler Riedel" zweigt nach rechts ab und folgt ein kurzes Stück der Zufahrt zum Weitenhaushof. Bei einer neu errichteten Wildwasserverbauung verläuft eine kürzere, fußfreundliche Wald- und Wiesenwegvariante nach rechts zur Weitenhausalm. Bei der gemütlichen Alm treffen sich die Wege wieder (Gehzeit bis hierher 1 Std.), kurz darauf geht es links in Richtung Nößler (oder Nestler) ab. Mit angenehmer Steigung geht es in 45 Minuten auf den höchsten Punkt, nun kommen die südlichen Dachsteinriesen, alle knapp unter der 3000-Meter-Grenze, immer mehr ins Bild. Die Bachlalm ist ein wahres Paradies mit Spielgeräten für die Kleinen und einer eigenen Latschenbrennerei für die Großen. Für die Ansicht der Murmeltiere benötigt man etwas Glück und Geduld, die meisten Baue befinden sich in der nördlich unterhalb gelegenen Wiese am Weg Richtung Sulzenhals.

Der Rückweg von der Bachlalm folgt zunächst der bekannten Route, zweigt dann aber nach 20 Minuten nach links Richtung Filzwiese ab. Wer im Spätsommer auf diesem Weg 614 unterwegs ist, wird ziemlich sicher eine reiche Heidel-, Preisel- und Himbeerernte einfahren können. Abwechselnd über breitere Almwege und schmale Waldsteige geht es an der zauberhaften Filzwiese vorbei und über Holzstege wieder in den Hochwald. Das allerletzte Wegstück dieser langen und abwechslungsreichen Rundwanderung folgt der Zufahrt zurück in das Ortszentrum von Filzmoos. Eine andere Rückkehrmöglichkeit ab der Bachlalm bietet der saisonal verkehrende Wanderbus.

Treffpunkt Sulzenhals nordöstlich der Bachlalm.

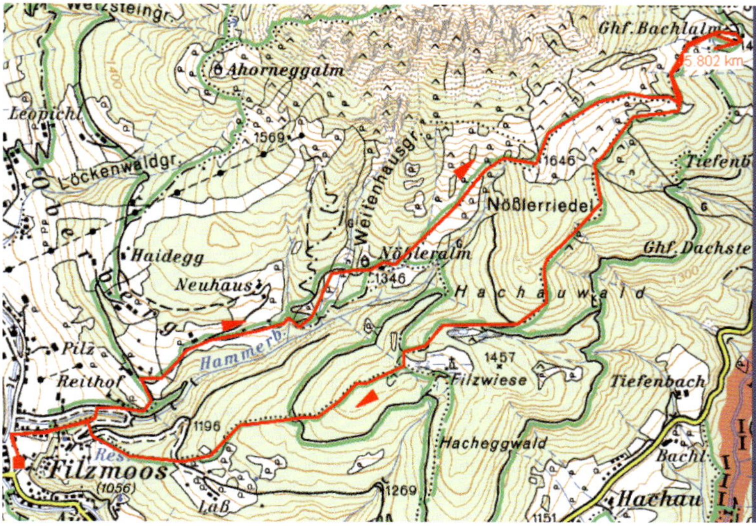

73 Wildsee und Südwiener Hütte

Blick von der Großwandspitze auf den Wildsee, an dem der Weg vorbeiführt.

Eine Rundwanderung mit faszinierenden Einblicken: in das geologisch interessante Tauernfenster und hinter den 120 Meter hohen Johannesfall.

Alter: ab acht Jahren
Voraussetzung: gute Kondition
Ausrüstung: Wanderausrüstung
Mountainbuggy: nein
Anfahrt, Ausgangspunkt: über die A 10, Abfahrt Eben, nach Radstadt und über die B 99 Richtung Obertauern. 4 km vor der Passhöhe bei der Abzweigung „Jugendhotel Felseralm“ befindet sich rechts ein großer Parkplatz und die Bushaltestelle.
Öffentliche Verkehrsmittel: Bus 780 (ab Radstadt), Haltestelle Felseralm

Beste Zeit: Sommer
Wegcharakter: Almwege, Steige
Gehzeit: 5 Std.
Höhenunterschied, Weglänge: 750 Hm., 12 km
Einkehrmöglichkeiten: Südwiener Hütte, Hütten bei der Hinteren Gnadenalm
Attraktionen: Karsee, interessante Geologie (Tauernfenster), Wasserfall
Informationen: www.obertauern.at
Karte: ÖK 1:50.000 Blatt 3223 (126, 156)

Bei dieser langen Rundtour kommt es zu ausgesprochen interessanten Einblicken in die geologischen Verhältnisse, denn hier öffnet sich das sogenannte „Tauernfenster". Dabei überraschen nicht nur ganz unterschiedliche Gesteinsformen, auch die sehr abwechslungsreiche Vegetation ist erstaunlich. Einmal sind es auf den Schieferböden sanfte Grasmulden und -kämme, dann wieder bizarre, vegetationsfeindliche Kalkgesteinshaufen wie der mächtige Pleißlingkeil. Die abenteuerlich schöne Rundwanderung über den romantischen Wildsee hinüber zur einladenden Südwiener Hütte und, als letzten Höhepunkt, der Gang hinter (!) dem 120 Meter hohen Johannes-Wasserfall meidet zwar die schwierigen bleichen Kalkriesen, aber durch seine Länge eignet sich dieser Vorschlag mehr für die großen „Kleinen".

Der Weg: Ausgangspunkt ist der große Parkplatz (Bushaltestelle) an der Tauern-Pass-Straße bei der Abzweigung zur Felseralm. Zunächst geht es in einer halben Stunde entlang der zwei Kilometer langen Zufahrtsstraße zum Jugendgästehaus Felseralm (1660 m). In einer weiteren Stunde führt der Weg 23 nun recht zügig zu einem weithin sichtbaren Kreuz. Jeder Besucher kann einen Stein in die Stahlkonstruktion legen und sorgt damit für den „Körper". Wenige Minuten später folgt der tiefblaue, glitzernde Wildsee. Er liegt etwa 50 Höhenmeter tiefer und verfügt über keinen Abfluss. Richtige Badetemperaturen herrschen hier selten, aber für ein Fußbad müsste es

Nach etwa zweieinhalb Stunden Gehzeit kommt die Südwiener Hütte gerade recht.

schon reichen. Bei einer Weggabelung folgt die Route nun dem Weitwanderweg 702 nach rechts. An der Nordostseite der mächtigen Vorderen Großwandspitze vorbei geht es über den „Oberen Hirschwandsteig" in einer Stunde auf die wenig markante, aber sehr jausenplatzfreundliche Erhebung namens Hengst (2074 m).
Durch einen wunderschönen Lärchen- und Zirbenwald führt der Abstieg zur beliebten Südwiener Hütte (1802 m). Der weitere Abstieg Richtung Gnadenalm folgt abwechselnd der breiten

Der Steig verläuft hinter dem 120 Meter hohen Johannesfall.

Almzufahrt oder einem netten Steig. Im Talboden, im Bereich der Hintergnadenalm, gibt es wieder urig schöne Hütten, die gepflegte Hausmannskost, Spielgeräte und Streicheltiere anbieten. Eine kleine Stärkung tut auch gut, denn nach der Abzweigung Johannesfall (Route 24, rechts) steigt der Weg noch knappe 200 Höhenmeter bis an den Ausgangspunkt hinauf. Dafür liegt an dieser Strecke der einzigartige Johannesfall. Der tollkühne Steig, den Erzherzog Johann nach 1817 errichten ließ, verläuft hinter dem 120 Meter hohen Wasservorhang. Über unzählige Holztreppen geht es steil aufwärts zu einer Wiese vor der Pass-Straße. Eine autofreie Alternative zum fünfminütigem Weg entlang der Straße führt durch die schmale Unterführung auf die andere Straßenseite und über die Weidefläche zurück auf den Parkplatz.

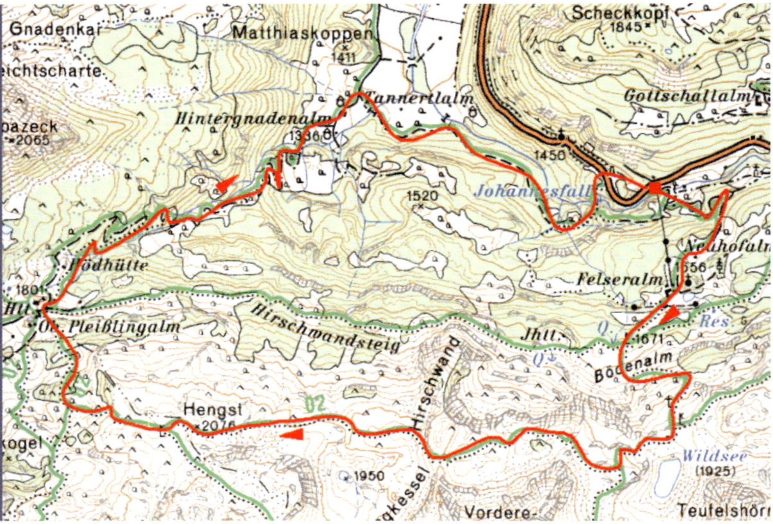

Botanische Schätze

Pinzgau

74 Loferer Alm

Die Lärchfeldschneid ist erreicht.

Zwei unterschiedliche Anstiege mit dem selben Ziel: die aussichtsreiche Bergtour auf das Grubhörndl oder eine spannende Wanderung auf dem Almerlebnisweg.

Alter: ab sechs bzw. zehn Jahren

Voraussetzung: Grundmaß an Kondition, Bergerfahrung, Trittsicherheit und Schwindelfreiheit für die Grubhörndlrunde

Ausrüstung: Wander-/Bergausrüstung

Mountainbuggy: nein

Anfahrt, Ausgangspunkt: Durch das Saalachtal nach Lofer, mit der Seilbahn zur Bergstation am Loderbichl.

Öffentliche Verkehrsmittel: Busse nach Lofer (Buslinie 260), www.postbus.at/sbg

Seilbahn: Loferer-Alm-Bahn (Gondelbahn vom Ort aus zur Bergstation „Loderbichl"), Betrieb in den Sommerferien täglich 9 bis 16 Uhr, jeweils 20 Min. zur vollen Stunde. Außerhalb der Ferien eingeschränkte Betriebstage (Tel. 06588/8450)

Beste Zeit: Mitte Juli bis Ende Sept.

Wegcharakter: Bergsteige, Alm- und Waldwege

Gehzeit: 4:30 Std. bei Ersteigung Grubhörndl und retour auf dem Almerlebnisweg, 2:30 Std. für Anstieg auf dem Almerlebnisweg zur Loferer Alm

Höhenunterschied, Weglänge: 750 Hm., 10 km (Grubhörndl-Runde), 400 Hm., 3,1 km (Almerlebnisweg, einfache Wegstrecke)

Einkehrmöglichkeiten: Gasthäuser auf der Loferer Alm, Loderbichl

Attraktionen: höchster Gipfel der Loferer Alm, Themenweg „auf die Alm", Wasserfall

Informationen: Tourismusverband Lofer, Tel. 06588/8321; www.salzburger-saalachtal.info, www.ski-lofer.at

Karte: ÖK 1:50.000 Blatt 3208, 3209, 3214, 3215 (92)

Die Randgipfel der Loferer Alm sind beeindruckende Felsgebilde. Dies gilt für das Dietrichshorn und auch für das Grubhörndl. Hinter diesen Felsmauern verbirgt sich eine weitläufige Almregion. Mit einer Fläche von über 400 Hektar ist die Loferer Alm die größte Gemeinschaftsalm im Pinzgau, deren Weiderechte bis ins Jahr 1405 zurückreichen. Dieser Wandervorschlag gliedert sich in zwei Touren: zunächst die Runde über die Bräugföllalm und auf das Grubhörndl (1747 m) mit dem Rückweg von der Loferer Alm auf dem Almerlebnisweg zur Seilbahnstation am Loderbichl. Für diese Bergtour benötigen auch die jungen Bergfexe bereits Berg- bzw. Wandererfahrung, Trittsicherheit und Schwindelfreiheit sind ebenfalls Voraussetzung. Der Anstieg auf dem Almerlebnisweg („Auf die Alm") zur Loferer Alm hingegen ist eine feine Sache, auch für kleinere Kinder. Er durchstreift dunkle Bergwälder, führt an alten Almen vorüber und zwölf interessante Stationen erklären die Besonderheiten und Naturschönheiten der Loferer Alm. Mitten im Wald taucht plötzlich ein Wasserfall auf, in mehreren Kaskaden plätschert der Bach von einem Becken ins nächste. Normalerweise sollte man für den Weg zwei bis zweieinhalb Stunden einplanen, wenn die Kinder vom Wasser zu sehr angezogen werden, kann es dann schon auch um einiges länger werden. Die Rückkehr zur Seilbahnstation kann bei beiden Varianten – Bergtour oder Themenweg – mit dem Almtaxibus erfolgen (Fahrzeiten am besten bei der Seilbahnstation erfragen).

Der Weg: Der Almerlebnisweg zur Loferer Alm beginnt gleich bei der Seilbahnstation am Loderbichl. Unsere Bergtour auf das Grubhörndl hat ebenfalls den gleichen Ausgangspunkt. Nach einem kurzen Abschnitt bergan auf der Loferer-Alm-Straße führen linker

Auch „knifflige" Fragen gibt es am Almerlebnisweg zu lösen.

Hand die Wege zur Bräugföllalm (1259 m). Von der Wiesenmulde hinter dem gemauerten Kaser (in den Chiemgauer Alpen werden die Almhütten als „Kaser" bezeichnet) führt der Weg (201a) noch ein kurzes Stück durch lichten Wald und geht bald darauf in einen Steig über, der merklich steiler zur Jöchinghöhe ansteigt. Hier dreht der Steig scharf nach rechts und führt in einigen Kehren gleichbleibend steil ansteigend in felsiges Gelände (Seilsicherungen) bis zur Lärchfeldschneid und dem Weidezaungatter hinauf. Während links der Weg zur Loferer Alm weiterführt, zieht rechter Hand der Steig am Gratrücken in einer Viertelstunde zum Gipfel des Grubhörndl (1747 m). Wieder zurück bei der Lärchfeldschneid geht es direkt zur Loferer Alm hinab. Beim Haus Gertraud beginnt der Almerlebnisweg und führt entlang des Wasserfallweges (Nr. 50) über die Bimalm und den Wastlkaser zur Seilbahnstation zurück.

Wasser begleitet den Weg „Auf die Alm".

Gut geschützt am Wegesrand

75 Vorderkaserklamm

Ein außergewöhnlicher Badeplatz in einer außergewöhnlichen Landschaft.

Im Mittelpunkt dieser Wanderung steht der Bach. Zuerst formte er in Jahrtausenden die imposante Vorderkaserklamm, dann schuf er im breiten Talboden eine wunderbare Flusslandschaft, die sich auch einmal bestens für einen Badeausflug der etwas anderen Art eignet.

Alter: ab vier Jahren
Voraussetzung: Basiskondition
Ausrüstung: Wanderausrüstung
Mountainbuggy: bis zur Vorderkaserklamm ja
Anfahrt, Ausgangspunkt: vom Autobahnknoten A 1/A 10 (Wals) über das „Kleine Deutsche Eck" nach Lofer und weiter Richtung Saalfelden. Zwischen St. Martin und Weißbach liegt an der B 311 ein großer Parkplatz, der Ausgangspunkt für die Wanderung zur Vorderkaserklamm.
Öffentliche Verkehrsmittel: ab Lofer Bus 260, Haltestelle Vorderkaserklamm
Beste Zeit: Sommer
Wegcharakter: einfache Gehwege, in der Klamm Steige und Treppen

Gehzeit: Parkplatz – Klamm 1 Std., Klammrunde 40 Min.
Höhenunterschied, Weglänge: 200 Hm., 2,5 km (einfach)
Einkehrmöglichkeiten: Jausenstation Vorderkaserklamm
Attraktionen: Vorderkaserklamm, Flussbad, Lamprechtshöhle
Informationen: www.naturgewalten.at; Klamm, Höhle und Naturbadegebiet sind gebührenpflichtig. Öffnungszeiten: Vorderkaserklamm Anfang Mai bis Ende Okt., Lamprechtshöhle ganzjährig und Naturbadegebiet Vorderkaser Mitte Mai bis Ende Sept.
Karte: ÖK 1:50.000 Blatt 3215 (92)

Es muss ja nicht immer gleich ein ganzer Badesee sein, manchmal tut es auch ein Fluss, der eine ganze Palette an außergewöhnlichen Badegelegenheiten bietet. Ideal sind natürlich heiße Sommertage, denn vorgewärmt ist der Gebirgsbach nicht. Ein wenig haben die geschickten Landschaftsplaner mit einem abgetrennten Mini-See im Schiedergraben zwischen St. Martin und Weißbach zwar schon mitgeholfen, aber dieses Naturerholungsgebiet wirkt trotz Hängebrücken, kleiner aufgestauter Bereiche und Spielebenen nicht gekünstelt. Im Mittelpunkt steht der Bach und alles, was er so mitbringt. Das können Schotterbänke, schön geformte Steine oder Hölzer sein. Am Ende des Weges steht dann die einmalige Vorderkaserklamm. Neben den geologischen Auffälligkeiten interessieren hier die unterschiedlichsten Orchideenarten, von denen manche recht gut getarnt sind. Einige Stationen des Klammweges widmen sich diesem interessanten Thema. Warum der Frauenschuh so heißt, ist nicht schwer zu erraten, aber woher hat das Knabenkraut seinen Namen? Wer nach dem Klammbesuch Lust auf mehr Berginneres hat, dem sei die nahe Lamprechtshöhle (2 km vom Parkplatz Richtung Saalfelden auf der B 311) ans Herzen gelegt. Mit einer Gesamtausdehnung von 51 Kilometer ist sie eines der größten Höhlensysteme Europas. Den Besuchern stehen zwar nur rund 700 begehbare Meter zur Verfügung, die Begeisterung wird aber riesig sein.

Der Weg: An den originellen Steinskulpturen am Rande des Parkplatzes (Ausgangspunkt) an der B 311 vorbei, geht es kurz der Autozufahrt entlang taleinwärts. Aber schon sehr bald zweigt der Gehweg nach links ab und folgt dem Schiederbach. Der Weg trifft auf viele einladend schöne Plätze, welcher der richtige ist, muss jeder selber entscheiden.

Alles ist in Bewegung. Der Bach im Schüttachgraben hat viele Gesichter – und Genussplätze.

Zur Auswahl stehen Grillplätze mit gemauerten Feuerstellen, Uferstellen mit Wasserkaskaden, ein hitverdächtiger kleiner See mit einem Holzfloß drin oder ganz einfach stille Orte für Individualisten. Auf jeden Fall sind zweieinhalb Kilometer selten so kurzweilig wie hier. Auch in der engen und kühlen Welt der Vorderkaserklamm vergeht die Zeit wie im Flug. Wer zur richtigen Zeit unterwegs ist und genau schaut, kann bis zu 15 verschiedene

Orchideenarten entdecken. Die besten Chancen dazu bestehen im Juni und Juli, das ist die Hauptblütezeit der streng geschützten Pflanzen. Die eigentliche Klamm ist 400 Meter lang, 80 Meter tief und zwischen sechs Meter und 80 Zentimeter breit bzw. eng. Der ganze Weg führt über insgesamt 51 Stege und Stiegen. Nach 373 Stufen ist Schluss, der Abstieg lässt sich im ersten Teil als Runde gestalten, dann geht es auf dem bekannten Steig wieder hinaus in den verzauberten Talboden mit seinen wunderbaren Spiel-, Rast- und Badeplätzen.

Hier beginnt der Orchideenweg, an den sich der Klammsteig anschließt.

76 Naturpark Weißbach

In der Seisenbergklamm.

H Eine einzigartige Verbindung: Das tosende Erlebnis in der Seisenbergklamm und der beschauliche Landschafts-Erlebnisweg vom Hirschbichl nach Weißbach hinunter.

Alter: ab sechs Jahren
Voraussetzung:
Grundmaß an Kondition
Ausrüstung: Wanderausrüstung
Mountainbuggy: nein
Anfahrt, Ausgangspunkt:
von Saalfelden oder Lofer durch das Saalachtal (B 311) nach Weißbach
Öffentliche Verkehrsmittel:
Buslinie 260 bis Weißbach bei Lofer, Fahrplan: www.postbus.at/sbg, AlmErlebnisBus vom Gemeindeamt Weißbach zum Hirschbichl hinauf (verkehrt Anfang Juni bis Ende Sept.)
Beste Zeit: Juni bis Okt.
Wegcharakter:
Klammsteig, Wald- und Wiesenwege
Gehzeit: 1 Std. (Klammrunde), 2:30 Std. (vom Hirschbichl am Landschafts-Erlebnisweg und die Seisenbergklamm wieder nach Weißbach hinunter)
Höhenunterschied, Weglänge:
220 Hm., 3 km (Klammrunde), 520 Hm., 6,5 km (im Abstieg vom Hirschbichl nach Weißbach)
Einkehrmöglichkeiten:
Gasthof Lohfeyer, Gasthof Hirschbichl (Dienstag Ruhetag)
Attraktionen: Seisenbergklamm, Landschafts-Erlebnisweg
Informationen: Tourismusverband Saalachtal, Tel. 06588/8321, www.naturpark-weissbach.at, www.erlebnisklamm.at, www.almerlebnisbus.com, Eintritt Klamm: Erwachsene 3,50 Euro, Kinder 2 Euro
Karte: ÖK 1:50.000 Blatt 3215 (92)

Unumstrittene Attraktion der Ortschaft Weißbach bei Lofer und ein Naturschauspiel der Spitzenklasse ist die Seisenbergklamm. Sie wird bezeichnenderweise in die zahme „Lichtklamm“ und eine tosende „Dunkelklamm“ geteilt und hat eine Länge von 600 Meter. Ein „Klammgeist“ macht diesen Ausflug für Groß und Klein zum spannenden Erlebnis. Er begleitet die Wanderer auf den hölzernen Stegen durch die Klamm und weiß allerlei Interessantes zu berichten: etwa dass sich das Wasser an der engsten Stelle der Klamm durch einen nur 80 Zentimeter breiten Spalt zwängen muss, welche Fische sich im tosenden Weißbach heimisch fühlen, wie tief sich der Bach bereits in die Felsen eingegraben hat oder wie die Seisenbergklamm entstanden ist. Um nicht zu viel zu verraten: Es begann vor ungefähr 12.000 Jahren, nach dem Ende der letzten Eiszeit! Wer sich den Klammausweis (am Eingang der Klamm erhältlich) besorgt hat, kann die interessanten Aufgaben der einzelnen Stationen lösen, die der Klammgeist seinen Besuchern stellt. Ruhig und beschaulich gibt sich hingegen der Landschafts-Erlebnisweg vom Hirschbichl in Richtung Weißbach hinunter, der durch die über Jahrhunderte von Menschenhand gepflegte Kulturlandschaft führt und an dessen Wegrand es an insgesamt zwölf Stationen vieles über Lebensräume in dieser wunderschönen Landschaft zu erfahren gibt. Dabei kann man in die Landschaft „hineinhören“,

Der Klammgeist stellt interessante Aufgaben.

den Geruchssinn am Duftbaum testen und die Düfte des Waldes wahrnehmen oder von einem Steg aus das orchideenreiche Niedermoor erforschen. Ein Tipp: Landschafts-Erlebnisweg und Seisenbergklamm lassen sich gemeinsam am besten im Abstieg vom Hirschbichl aus verbinden. Der AlmErlebnisBus bringt die Wanderer dabei bequem vom Gemeindeamt in Weißbach zum Hirschbichl (1183 m) hinauf.

Wegweiser am Landschafts-Erlebnisweg.

Der Weg: In der Ortschaft Weißbach den Wegschildern nach zur Seisenbergklamm. Wenn man nur die kurze Variante (Klammrunde) plant, so führt vom Ende der Klammstrecke der sogenannte Klammrückweg nach Weißbach zurück. Die etwas längere Tour führt vom Ende der Seisenbergklamm auf einem gut angelegten Weg durch den Wald zum Gasthaus Lohfeyer hinauf.

Am alten Grenzübergang zu Bayern, beim Gasthaus Hirschbichl beginnt der Landschafts-Erlebnisweg. Die markante Beschilderung ermöglicht eine gute Orientierung. Der Erlebnisweg führt über Hintertal durch Wälder und Wiesen bergab und endet beim Gasthaus Lohfeyer. Von hier führt der weitere Abstieg zur Seisenbergklamm und dann, wie eingangs beschrieben, durch die Klamm in den Ort zurück.

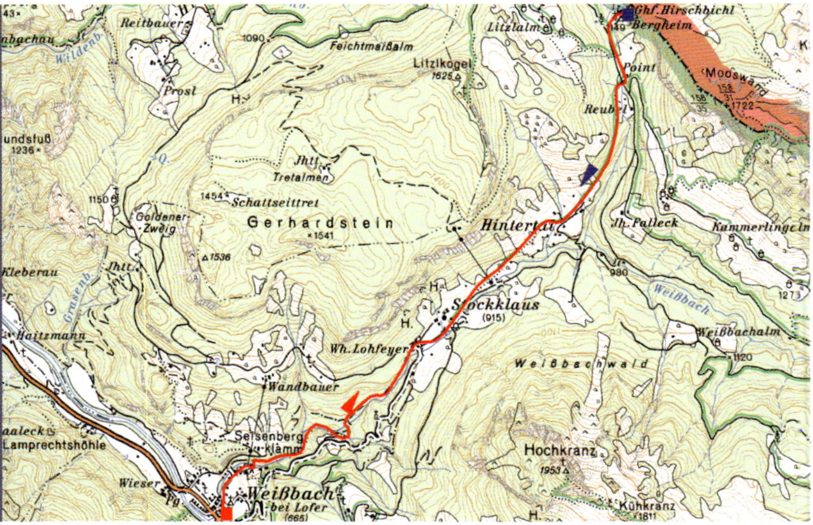

77 Birnbachloch

Am Ziel: „Ist da wirklich ein Quellgeist“?

H Glasklares Quellwasser und ein sagenumwobenes Wanderziel auf der Sonnseite der Leoganger Steinberge.

Alter: ab sechs Jahren
Voraussetzung: konditionelles Grundmaß
Ausrüstung: Wanderausrüstung
Mountainbuggy: nein
Anfahrt, Ausgangspunkt: Von Saalfelden nach Leogang. Nach der Ortseinfahrt zweigt in Rosental die Zufahrt ins Ullachtal ab. Parkplatz nach ca. 2 km taleinwärts (Güterweg Gunzenreit). Bei einer Infotafel nimmt unser Weg zum Birnbachloch seinen Ausgang.
Öffentliche Verkehrsmittel: Bus von Saalfelden aus (Linie 690), Bahn-Haltestelle: Leogang-Steinberge (Linie 201/200); www.oebb.at
Beste Zeit: Frühsommer bis Spätherbst
Wegcharakter: Almweg, Steig. Möglichst früh aufbrechen, um nicht der Mittagshitze in den Latschenfeldern im oberen Teil der Wanderung zu sehr ausgesetzt zu sein
Gehzeit: 2:30 Std. (gesamt)
Höhenunterschied, Weglänge: 480 Hm., 2 km (einfach)
Einkehrmöglichkeiten: entlang des Weges keine
Attraktionen: Naturdenkmal Birnbachloch (Quellhöhle des Birnbachs), Grillplatz
Karte: ÖK 1:50.000 Blatt 3215 (123)

Die mächtigen Leoganger Steinberge sind immer präsent.

Bei dieser Wanderung bilden die Leoganger Steinberge eine prächtige Felskulisse. Überaus mächtig steigen die Südwände des Birnhorns aus dem Ullachtal empor. Ziel unserer Wanderung ist das sagenumwobene „Birnbachloch“. Hier entspringt aus einem fünf bis sechs Meter durchmessenden Quelltopf der Birnbach. Neben dem Lamprechtsofen ist das Birnbachloch die bedeutendste Wasserhöhle der Leoganger Steinberge.
Einer Sage nach gibt es im Inneren des Berges einen See, der immer Wasser abgibt und nicht ergründbar ist: Burschen aus der Gegend wollten einst die Höhle und das geheimnisvolle Gewässer erkunden. Sie warfen Steine auf den dunklen Wasserspiegel wobei die Felsen in der Quellhöhle das Aufplatschen der Steine als Echo reflektierten. Und aus der Tiefe des Wassers kam der dumpfe Ruf: Gründ'st du mi, so schlünd' i di!“ Daraufhin machten sich die Burschen schleunigst aus dem Staub. Unweit der Quellhöhle machte um die Wende zum 20. Jahrhundert der „Birnbachgletscher“ von sich reden. Natürlich kein richtiger Gletscher, sondern von Lawinenschnee gebildete Firnfelder. Sie lieferten Eis zur Kühlung in den Münchener Biergärten und Brauereien. Die hier abgebauten Eisblöcke donnerten auf hölzernen Rutschen ins Tal und wurden mit Pferdefuhrwerken und Eisenbahnwaggons in Bayerns Hauptstadt weitertransportiert.

Der Weg: Der vorerst geschotterte Weg vom Parkplatz (Weg 10, „Birnbachloch“) folgt am Talgrund nur kurz dem Bach taleinwärts. Der Abstecher zum Grillplatz mit den Lagerfeuerstellen, der nach wenigen Minuten Gehzeit linker Hand neben dem Weg liegt, sollte am Rückweg natürlich eingeplant werden. Gemeinsam mit dem Anstieg zur Passauer

Hütte geht es dann über Almwiesen höher. Bald trennen sich aber die Wege, der Steig zum Birnbachloch schlängelt sich durch den kühlen Schluchtwald aufwärts.
An der kleinen Jenningerhornhütte (Schautafeln) vorbei geht es immer weiter in den Örgenkessel und in die Krummholzzone hinauf. Dabei immer im Blickfeld sind die gewaltigen Felswände der Steinberge. Auf Höhe der Firnfelder dreht der Steig nach rechts und überwindet noch eine kurze Felsstufe, bevor der Weg beim Birnbachloch endet.
Abstieg wie Anstieg. Dass es eine etwas längere Abstiegsvariante über Priesteregg gibt (Abzweigung bei der Jenningerhornhütte), sei nur erwähnt. Aber das wird die kleinen Wanderer bei der Aussicht auf Grillwürstl und Lagerfeuer ohnehin nur am Rande interessieren.

Der Weg zum Birnbachloch ist gut beschildert.

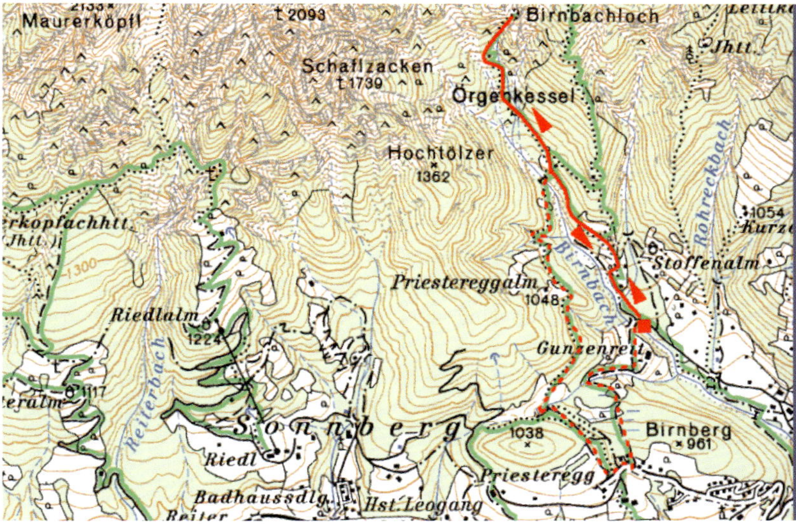

78 Steinalm und Einsiedelei am Palfen

Die Einsiedelei am Palfen bietet schöne Ein- und Ausblicke. Im Bild die Hohen Tauern Richtung Süden.

Die Einsiedelei vom Palven und die wunderschöne Steinalm unter dem Persailhorn sind die Höhepunkte einer teils recht anspruchsvollen Runde.

Alter: ab sieben Jahren
Voraussetzung: gutes Gehvermögen, Trittsicherheit
Ausrüstung: Wanderausrüstung
Mountainbuggy: nein
Anfahrt, Ausgangspunkt: vom Autobahnknoten A 1/A 10 (Wals) über das Kleine Deutsche Eck auf der B 311 nach Saalfelden. Am Ortsanfang zweigt die mit „Einsiedelei" (grünes Schild) angeschriebene Straße nach links ab. Parkplatz am Straßenende nach 2 km.
Öffentliche Verkehrsmittel: Regionalbahnen und Bus 620
Beste Zeit: Sommer, Herbst. Wegen der Südausrichtung keine zu heißer Tage wählen.
Wegcharakter: anspruchsvolle, steile Steige und Almwege
Gehzeit: Anstieg zur Steinalm 1:30 Std., Abstieg 1:30 Std., Abstieg über Weg 412b (Heidensperre) 2:30 Std.
Höhenunterschied, Weglänge: 400 Hm., 4,9 km oder 550 Hm., 10 km über Weg 412b (Heidensperre)
Einkehrmöglichkeiten: Steinalm
Attraktionen: Einsiedelei, Steinalm
Informationen: www.saalfelden.at, www.steinalm.at
Karte: ÖK 1:50.000 Blatt 3215 (124)

Die Einsiedelei am Palfen in Saalfelden hat eine lange Tradition. Im Laufe der 350 Jahre kamen Eremiten aus ganz unterschiedlichen Berufen, manche lebten bis zu 40 Jahre in der Klause. Zu den christlichen Grundgedanken kam jener ganz profane (und wahrscheinlich existenzsichernde), der den Einsiedlern auftrug, das Tal zu beobachten und im Falle eines Brandes mit der Kirchenglocke Sturm zu läuten. Sozusagen eine doppelte Versicherung mit dem Draht nach ganz oben. Auch in der heutigen Zeit hat der Eremit von Saalfelden seinen fixen Platz. Vielleicht spielt da auch die Suche nach einem Lebenssinn fernab von Konsumtreiben eine gewisse Rolle. Der jetzige Einsiedler Bruder Raimund von der Thannen kann jedenfalls viel von den Höhen und Tiefen des Lebens erzählen.

Der Weg: Der Weg zur Einsiedelei zweigt vom Parkplatz nach links ab und stilgerecht geht es gleich wie zur Läuterung durch eine Pforte und über ein Brückerl. Der Weg gewinnt bald an Höhe und trifft auf Schloss Lichtenberg, eine malerische Anlage, die erstmals 1130 erwähnt wird. Bald darauf steht rechts oberhalb eine Holzhütte, die sogenannte „heruntere Klause", die 1664 erbaut wurde und in der Anfangszeit der Einsiedelei als Notunterkunft während der strengen Winterzeit diente. Noch ein paar Minuten weiter dann wird die Eremitage schon sichtbar. Wie ein Schwalbennest klebt sie an der Felswand und vermittelt dennoch genügend Platz und Raum. Weiter oben, in einer Felsnische, befindet sich die Georgskapelle. Ein paar Meter geht es von der Einsiedelei wieder abwärts, dann zweigt der Fuchssteig zur Steinalm steil nach links aufwärts. Die ersten 70 teils mit einem Seil gesicherten Höhenmeter müssen die Wanderflöhe besonders achtgeben oder, noch besser, gleich an der Hand der Älteren gehen. Wie schon bei der Einsiedelei gibt es auch hier imposante Felsnischen, die wohl so manchen Waldbewohnern als

Die Steinalm auf der Südseite des Steinernen Meeres ist ein blumiges Wanderziel.

Schon seit 350 Jahren ist die Eremitage besiedelt.

Unterkunft dienen, dann aber wird das Gelände flacher und schließlich breiten sich traumhaft schöne Alm- und Spielwiesen aus. Am oberen Ende dieser saftigen Weiden steht dann die freundliche Steinalm (1269 m).

Der Abstieg folgt dem Anstieg bzw. zweigt dann, bevor es in Richtung Einsiedelei geht, nach links ab. Eine ungleich schwierigere Variante folgt ab der Steinalm dem Weg 412b (Saalfelden) nach links (O). Wieder quert der Weg zunächst wunderbare Almwiesen mit herrlichen Rastplätzen, dann aber kommt ein steiler, schroffer Teil. Bei einer Weggabelung führt der nun wirklich sehr anspruchsvolle Steig 412b (Haidensperre) geradeaus. Nach 200 recht steilen Höhenmetern folgt im Grabenboden wieder flaches Gelände. Am Kaltenbach entlang geht es auf unkomplizierten Wegen an den Ausgangspunkt zurück.

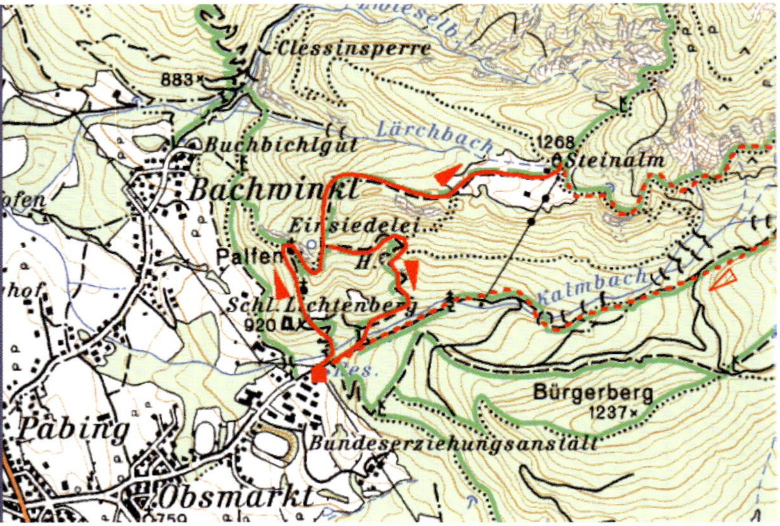

79 Ritzensee in Saalfelden

Blick von der Aussichtswarte auf die wolkenverhangenen Leoganger Steinberge und den Biberg (links), berühmt für sein Diabasvorkommen, eine ausnehmend schöne, keltische Hirschfigur und natürlich für die Sommerrodelbahn.

Es gibt kein zu schönes oder zu schlechtes Wetter. Kleine Geh-Lust-Runden wie jene am Saalfeldener Ritzensee machen zu jeder Zeit Appetit. Manchmal auch auf mehr.

Alter: ab drei Jahren
Voraussetzung: Basiskondition
Ausrüstung: leichte Wanderausrüstung
Mountainbuggy: bis auf den Aussichtspunkt Kühbichl ja
Anfahrt, Ausgangspunkt: von Lofer kommend über die B 311 nach Saalfelden und nach dem zweiten Kreisverkehr vor dem Hofer-Markt links abzweigend dem Museumsschild zum Ritzensee folgen. Großer Parkplatz beim Seebad.
Öffentliche Verkehrsmittel: ab Salzburg Hauptbahnhof mit Bus 260, ab Saalfelden Bus 63 (Haltestelle Ritzensee)
Beste Zeit: ganzjährig
Wegcharakter: breite Geh- und Zufahrtswege
Gehzeit: 1:15 Std.
Höhenunterschied, Weglänge: 80 Hm., 3,7 km
Einkehrmöglichkeiten: Café Restaurant Ritzensee
Attraktionen: See, Panoramaberg, Museum Schloss Ritzen
Informationen: www.museum-saalfelden.at
Karte: ÖK 1:50.000 Blatt 3215 (124)

Die nicht allzu lange, ausgesprochen kinderwagentaugliche Runde im Bereich des Saalfeldener Ritzensees ist sowohl bei Regenwetter als auch bei herrlichem Badewetter empfehlenswert. Als Schlechtwettervariante ist die Wanderung über gut befestigte Wege ein Beispiel dafür, dass immer etwas geht, vielleicht sogar ein Besuch im sehenswerten Heimatmuseum Schloss Ritzen, denn dort gibt es, auf drei Stockwerke aufgeteilt, echte Höhlenbärenschädel, riesige Smaragde und Bergkristalle, lebensgroße Perchten und die berühmten Krippen des Saalfeldener Krippenbaugenies Xandi Schläffer. Ein abwechslungsreiches Kinderprogramm soll die kleinen Besucher zusätzlich ansprechen.
Auch bei schönem Sommersonnenschein ist das Museum natürlich sehenswert, aber da hat wohl der herrliche Ritzensee die besseren Karten. Ein abgetrennter Kinderbadebereich, ein origineller Spielplatz und schöne Liegeplätze unter den Bäumen warten auf ihre Besucher. Auf jeden Fall wäre theoretisch auch Zeit genug für das gesamte Eltern-Kombi-Wunschprogramm Berg – Kultur – See.

Der Weg: Vom großen Parkplatz vor dem Seebad geht es mit der Zufahrtstraße leicht bergansteigend zum schön gelegenen Stillinghof. Dort schwenkt die Route nach rechts Richtung Kühbühel. Ein angenehmer Gehweg führt über Wiesen in einer Viertelstunde zum Vorderkühbühelhof. Noch aussichtsreicher als der in bester Panoramalage stehende Hof erhebt sich ostwärts der

Seebad Ritzensee und Steinernes Meer im Hintergrund.

875 Meter hohe Kühbichl, auf den ein mit „Aussichtswarte“ bezeichneter, kurzer Steig führt. Von hier heroben liegt das ganze Saalfeldener Becken zu Füßen der Gipfelbezwinger, in weiter Ferne glänzen die schneebedeckten Dreitausender der Hohen Tauern, auf der anderen, nördlichen Seite erhebt sich das Steinerne Meer und auf der gegenüberliegenden Talseite steht der unscheinbare Biberg, unschwer an der Diabas-Abbaustelle erkennbar. Dort drüben befindet sich der Fundort des berühmten keltischen Hirschleins, das entzückende Wahrzeichen des Heimatmuseums Schloss Ritzen. Am Vorderkühbühelhof vorbei geht es entlang der Zufahrt wieder bis zu einer Weggabelung zurück, hier nun aber nach links. Ein kurzes Stück folgt der Rückweg der schmalen Straße, dann geht es auf einem bequemen Weg durch den Kollingwald an den malerischen Ritzensee. Am Westufer entlang schließt sich die kleine, allwettertaugliche Runde.

Das Heimatmuseum Schloss Ritzen hat Biss. Der Bärenknochenschädel stammt aus der Gegend.

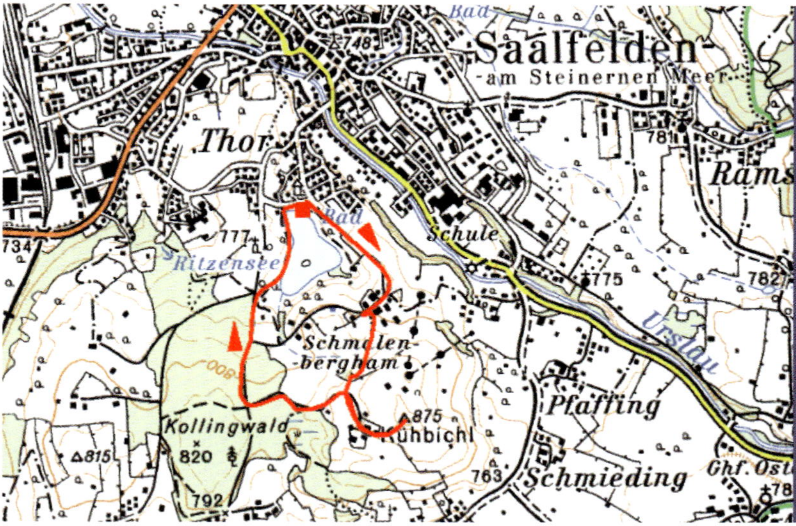

80 Lettenalm und Gabühel

Kommen und Gehen bei der freundlichen Lettenalm.

Die Dientner Grasberge sind ein gut erschlossenes Almwandergebiet. Wie man zur Lettenalm hoch über Dienten auch gelangt – lohnend sind alle drei Varianten.

Alter: ab fünf Jahren
Voraussetzung:
ausreichende bis gute Kondition
Ausrüstung:
rutschfeste Wanderausrüstung
Mountainbuggy: nein
Anfahrt, Ausgangspunkt: über die A 10, Abfahrt Autobahnknoten Pongau, über Mühlbach nach Dienten am Hochkönig. Einige Wanderparkplätze gibt es an der südlichen Ortsausfahrt. Zur Jausenstation Grünegg durch den Ort Richtung Lend, am Ortsende über eine Bergstraße nach rechts.
Öffentliche Verkehrsmittel: Bus 620 ab Saalfelden. Busse 590 und 591 ab Bischofshofen. Haltestelle Dienten Ortsmitte.
Beste Zeit: Almsommer
Gehzeiten, Höhenunterschied, Weglänge:
Variante 1 (rot) Dienten – Lettenalm – Dienten 3 Std., 500 Hm., 6,5 km;
Variante 2 (blau) Grünegg – Lettenalm – Gabühel – Grünegg 4 Std., 500 Hm., 9,7 km;
Variante 3 (pink) Gabühel – Lettenalm – Dienten 2:30 Std., 50 Hm., 6,5 km
Höhenunterschied, Weglänge: 4,7 km, geringer Höhenunterschied
Einkehrmöglichkeiten:
Grünegg, Lettenalm
Attraktionen: Almleben, landschaftliche Schönheiten, Schwarzbeerenfelder im „Urwald“
Informationen: www.Hochkoenig.at
Karte:
ÖK 1:50.000 Blatt 3221, 3222 (124)

Die Dientner Grasberge sind ein besonders familienfreundliches Alm- und Wanderparadies. Dieser sanfte Gebirgszug hat sich zwischen die Kalkriesen im Norden und den beginnenden Alpenhauptkamm im Süden geschoben. Entsprechend großartig sind auch die Aussichten, allen voran der Blick auf das zum Greifen nahe Hochkönigsmassiv. Ganz nach Lust und Laune lassen sich lange Übergänge oder auch nur kurze Ausflüge gestalten. Bei diesem Wandervorschlag mit dem Ausgangspunkt Dienten, kommt als weitere Möglichkeit noch der Gabühel-Sessellift als Aufstiegshilfe dazu. Lohnend sind jedenfalls alle Varianten, die zur Lettenalm führen.

Variante 1 Dienten – Lettenalm (rot): Vom Ortszentrum Dienten geht es mit dem Weg 440 in wenigen Minuten zur malerischen Bergkirche. Vor dieser gotischen Kirche, wohl eines der am meisten fotografierten Motive im Salzburger Land, zweigt der Waldweg zur „Lettenalm" nach rechts ab und quert in der Folge mehrmals eine Forststraße. In Höhe der unbewirtschafteten Sommereralm

Nahe der Lettenalm. Der (trockene) Anstieg verläuft am Waldrand entlang.

Das Rätsel des kopflosen Pferdes wird bei der Jausenstation Grünegg gelöst.

wird der Weg flacher, gegenüber, in südwestlicher Richtung, ist auch schon das Ziel, die Lettenalm zu sehen. Die Lettenalm heißt nicht umsonst so, der kürzeste Weg führt durch eine schmierige „Letten" der Extraklasse. Zwar überbrücken Bodenbretter die morastigsten Wegteile und kurze Rutschpartien sind ja recht lustig, aber die Chance auf unfreiwilligen Bodenkontakt ist groß. Also sagt nicht, ich hätte euch nicht gewarnt! Etwas länger, aber trockener und zudem ein schöner Logenplatz mit Blick auf die Geschehnisse am Lettenweg ist die Trasse am oberen Waldrand. Das ist auch die „offizielle", markierte Route. Von der gemütlichen Lettenalm (Gehzeit 1:30 Std.) geht es wieder zur Sommereralm zurück und nun aber über den Weg 12 zur herrlich gelegenen Jausenstation Grünegg. Dort steht ein kopfloses Pferd samt märchenhafter Erklärung, ein kleines Mühlrad dreht sich und der überaus freundliche Haushund begrüßt die Gäste. Nach Dienten sind es noch 30 Minuten.

Variante 2 Grünegg – Lettenalm – Gabühel (blau): Nach der Auffahrt zur Jausenstation Grünegg folgt die Route 12 zur Lettenalm zunächst dem Forstweg, zweigt dann aber auf einen Waldsteig nach links ab. Über die Sommereralm geht es zur Lettenalm und von dort über den flachen Wirtschaftsweg in zehn Gehminuten auf den Sattel (1528 m) zurück. Hier nun nach rechts Richtung „Gabühel" (Weg 51). Man muss nicht unbedingt zur Schwarzbärenjagd nach Kanada fahren, auf dieser einstündigen Querung zur Liftanlage Gabühel stehen Tausende Schwarzbeeren herum. Zur richtigen Zeit im Hochsommer wird da jeder zum Jäger und Sammler. Der schönste Teil der Runde ist ab den ersten Liftstützen vorüber, die Route folgt nun den breiten Zufahrtswegen (Route 50 und 51) zur Jausenstation Grünegg. Eine (steile) Abkürzungsmöglichkeit bietet sich mit der Lifttrasse an, bis diese von der Wegtrasse (Nr. 50) durchschnitten wird. Auf diesem Weg noch 20 Minuten weitgehend flach nach rechts (S) und dann auf einen steileren Waldsteig (Grünegg, 53 c) links talwärts abzweigen.

Variante 3 Gabühel – Lettenalm (pink): Der lästige, „straßenlastige" Teil entfällt, wenn man für den „Aufstieg" den Gabühel-Sessellift wählt, der direkt aus dem Ortszentrum auf den 1636 Meter hohen Dientner Hausberg führt. Von der Bergstation nun flach südwestwärts Richtung „Lettenalm" an einem gewaltigen Wasserspeicher und dem Schlepplift vorbei in das urwaldartige Schwarzbeerenrevier. In einer Stunde unter dem Grünberggipfel mit geringen An- und Abstiegen zur Lettenalm. Von der bewirtschafteten Lettenalm oder auch schon im Sattel davor auf einer der beiden Wegvarianten zur Sommereralm und weiter nach Dienten. Auch für diesen letzten Teil stehen mit dem Weg 12 über die Jausenstation Grünegg oder der etwas kürzeren, direkten Route 440 zwei Varianten zur Auswahl.

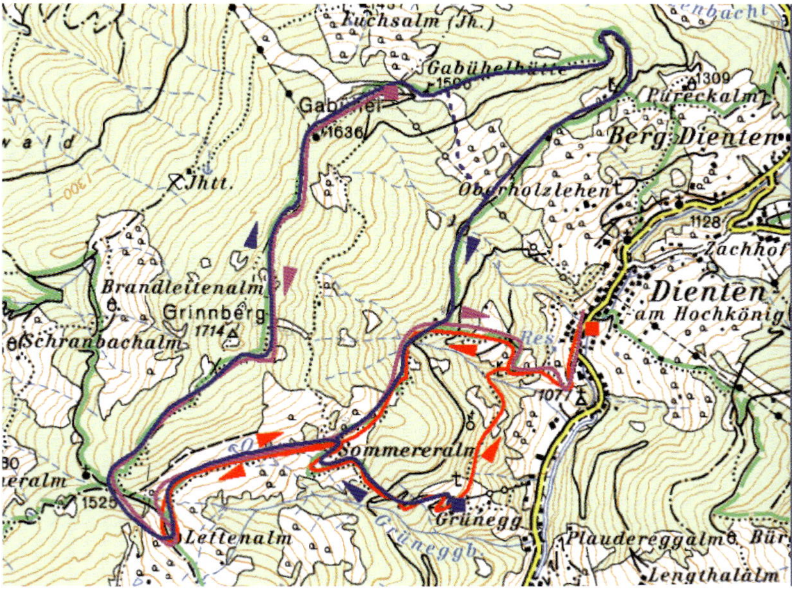

81 Bockkluft bei Dienten

Zu Füßen der bleichen Kalkriesen breiten sich die Schmetterlingswiesen aus. Hier herrscht eine bunte Lebensvielfalt.

Eine kontrastreiche Wanderung in die geheimnisvollen Bockklüfte zu Füßen seiner Majestät, des Hochkönigs.

Alter: ab vier Jahren
Voraussetzung: konditionelles Grundmaß, Trittsicherheit
Ausrüstung: Wanderausrüstung
Mountainbuggy: nein
Anfahrt, Ausgangspunkt: über die A 10, Abfahrt Knoten Pongau (Bischofshofen), nach Mühlbach und weiter Richtung Dienten. Bei der letzten Weggabelung nicht in den Ort Dienten, sondern nach rechts, 1 km Richtung Maria Alm, bis zu einer Kapelle rechts neben der Straße (Straßenkilometer 21). Einige Parkplätze und eine Informationstafel über den Bockkluftweg.
Öffentliche Verkehrsmittel: Bus 620 ab Saalfelden, Bus 590 und 591 ab Bischofshofen. Haltestelle Fuchsau.
Beste Zeit: Frühling bis Herbst
Wegcharakter: Zufahrts- und Wirtschaftswege, Steige
Gehzeit: 2:30 Std.
Höhenunterschied, Weglänge: 150 Hm., 4, 5 km
Einkehrmöglichkeiten: während der Runde keine
Attraktionen: Erlebnisweg mit 18 Stationen, interessante Flora und Fauna
Informationen: www.Hochkoenig.at
Karte: ÖK 1:50.000 Blatt 3216, 3222 (124)

Die Rundwanderung steht ganz im Banne des Hochkönigsmassivs. Gleich zu Beginn wird an Hand der neuen Wildwassersperre erkennbar, dass von dort oben allerdings nicht nur Gutes kommt. Aber solche Kraftausbrüche sind Gott sei Dank selten und außerdem haben sie ja auch diese einzigartige Landschaftsform „Bockkluft" mitgeprägt. Hier am Fuße der bleichen Dolomitriesen ist ein unerhört abwechslungsreicher Lebensraum entstanden. Im Laufe der zweistündigen Wanderung geht es von den saftigen Weidekulturflächen hinauf zu den tief eingeschnittenen Wildbächen in einer beinahe archaischen Landschaft. Dazwischen gibt es – von seltenen Pflanzen angefangen, die es fast nur hier gibt, bis zu Klanghölzern und Summsteinen – viel zu entdecken. Nicht zu vergessen die ganz wunderbaren Spiel- und Rastplätze besonders im ersten Teil der viereinhalb Kilometer langen Runde. In der zweiten Hälfte gibt es zu Beginn einige wenige Stellen im Steilgelände, wenn der Pfad das Grabengelände verlässt. Hier bitte Vorsicht walten lassen bzw. eventuell am Wendepunkt der Runde, bei der Brücke über den Wildbach, wieder umdrehen.

Die seltenen Drachenmäuler blühen zwischen Mai und Juli.

Der Weg: Neben der Kapelle an der Straße Richtung Filzensattel (1,6 km nordwestwärts von Dienten) gibt es einige Parkplätze und eine große Übersichtstafel. Hier beginnt der Bockkluftweg, der durch einen Graben und Wald in ein paar Minuten zur freien Wiese mit der ersten Panoramastation hinaufführt. Die herrliche Wiese ist ganz offensichtlich Lebensraum für unzählige Schmetterlingsarten, die Landschaft ist aber auch „hörenswert", wie das überdimensionale „Ohrwaschl" bei der nächsten Station demonstriert. Im lichten Bergwald geht es weiter aufwärts, Wegbegleiter an den sonnigen Stellen sind im Frühsommer unzählige tief violette Drachenmäuler, die es nur noch hier und an einigen Stellen in Kärnten gibt. Das Rau-

Die Wanderung zu den Bockklüften bleibt im sonnendurchfluteten grünen Genussbereich.

schen des Baches kommt immer näher, über Fluss-Steine geht es ans andere Ufer und durch einen schmalen Latschengürtel weiter aufwärts. Der nächste Wildbach ist schon ein größeres Kaliber, eine kleine Brücke überquert den Graben. Nun dreht der Weg allmählich Richtung Süden, noch ein paar Höhenmeter aufwärts, dann folgen jene zwei Stellen, wo erhöhte Vorsicht geboten ist. Bei der privaten Wirtsalm erfährt man bei der letzten Station noch einiges über Frösche und vielleicht auch über Ziegen, die vor der Alm weiden, und schon geht es über den Zufahrtsweg in einer guten halben Stunde an den Ausgangspunkt zurück.

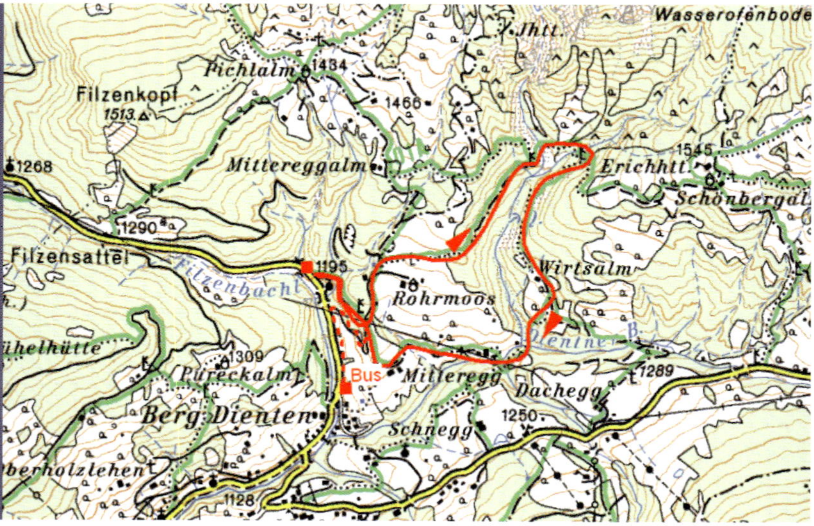

82 Kitzlochklamm

Wallfahrtsort Maria Elend mit Hochkönig im Hintergrund.

Die imposante Kitzlochklamm steckt voller Überraschungen. Die Hochebene um die Wallfahrtskirche Maria Elend ist ein idyllischer Kontrast zur engen Klamm.

Alter: ab sechs Jahren
Voraussetzung: konditionelles Grundmaß, Trittsicherheit
Ausrüstung: Wanderausrüstung
Mountainbuggy: nein
Anfahrt, Ausgangspunkt: Über die A 10, durch das Salzachtal nach Taxenbach. Am nördlichen Ortsbeginn zweigt vor einer Tankstelle links die Zufahrt zur Kitzlochklamm ab. Erster Parkplatz P2, von hier geht es noch 500 m weiter bis zum Klammeingang
Öffentliche Verkehrsmittel: Buslinie 560, www.postbus.at/sbg
Beste Zeit: Frühjahr bis Herbst (Öffnungszeiten Klamm beachten)
Wegcharakter: gesicherter Klammsteig, Treppen, Steige und Wirtschaftswege
Gehzeit: 1:30 Std. für den Klammrundweg, bei Durchschreitung der Klamm und für die Runde über Maria Elend 3:30 Std. (als Weg 4 beschildert)
Höhenunterschied, Weglänge: 430 Hm., 7,2 km (Runde)
Einkehrmöglichkeiten: am Eingang der Klamm Jausenstation, Gasthaus Maria Elend
Attraktionen: ehemalige Einsiedelei, Goldgräberstollen, Mühle am Weg in Embach
Informationen: www.kitzlochklamm.at, Tel. 06543/5219. Die Klamm ist von Anfang Mai bis Ende Sept. von 8 bis 18 Uhr und von Anfang bis Mitte Okt. von 10 bis 16 Uhr geöffnet. Eintritt: Erwachsene 4 Euro, Kinder 2 Euro
Karte: ÖK 1:50.000 Blatt 3221 und 3222 (124)

In der alten Einsiedelei.

Eine wunderbar kühle Abwechslung an heißen Sommertagen bietet die Durchwanderung der Kitzlochklamm. Die enge Pforte ins bekannte Rauriser Tal ermöglicht einen Einblick in das, was die Urgewalt des Wassers im Laufe jahrtausendelanger Arbeit in die Felsen gewaschen hat. Lange Zeit waren ja Schluchten und tosende Klammen von Sagen umwobene Orte des Schreckens, in die nur besonders Wagemutige oder Glücksritter vordrangen. Dabei bildete auch die Kitzlochklamm keine Ausnahme, sogar Goldgräber suchten hier vergeblich nach begehrtem Edelmetall. Bereits im Jahr 1877 führte ein kühn angelegter Klammweg durch die Schlucht, heutzutage lässt sich die Klamm auf den gut ausgebauten Steiganlagen und Felsdurchgängen angenehm durchwandern.

Der Weg: Für die Rundwanderung über Maria Elend ist der beschriebene Parkplatz (P2) die passendste Abstellmöglichkeit. Der Weg zur Klamm ist gut beschildert.
Oberhalb der „Teufelsschlucht", nach den steilen Holzstiegen, teilt sich der Weg: Links geht es zur Einsiedelei, wo der letzte Eremit bis 1913 die Sommermonate verbrachte. Gleich daneben die Goldgräberstollen aus dem Jahr 1553, die sich mit einer Taschenlampe erkunden lassen. Durch den von Bergknappen durch den Fels gehauenen Ritzstollen erreicht man kurz danach die „Embacher Rast". Von hier gibt es einen Verbindungsweg, der wieder zum Eingang der Klamm hinunterführt. Von der erwähnten Wegteilung führt der Klammweg hingegen rechts zur Oberen Klamm

weiter. Nach dem „Kitzloch“ geht es über eine spektakuläre Brücke hoch über der tosenden Ache zum Klammende. Es lohnt hier eine Pause einzulegen, bevor der weitere Weg vom Ausgang der Oberen Klamm der gezähmten Rauriser Ache weiter aufwärts folgt. Nach etwa einer halben Stunde taleinwärts zweigt linker Hand der Weg nach Maria Elend ab, der recht zügig durch den Wald zur idyllisch gelegenen Wallfahrtskapelle (seit 1552 ist Maria Elend Ziel von Wallfahrern) hinaufleitet. Im Gegensatz zur tosenden Klamm strahlt der aussichtsreiche Winkel um die Gnadenkapelle eine eindrucksvolle Ruhe aus und lädt zu längerem Verweilen ein. Das Wasser der Quelle aus der etwas tiefer gelegenen Ursprungkapelle soll nach Überlieferungen Augenkrankheiten heilen. Vom Wirtshaus daneben führt ein Wiesenweg gemütlich nach Embach hinüber. Hier geht es vom Salaterbauer (am südlichen Ortsbeginn) steil abwärts durch den Wald wieder ins Salzachtal hinunter.

Felsdurchbrüche in der Oberen Klamm.

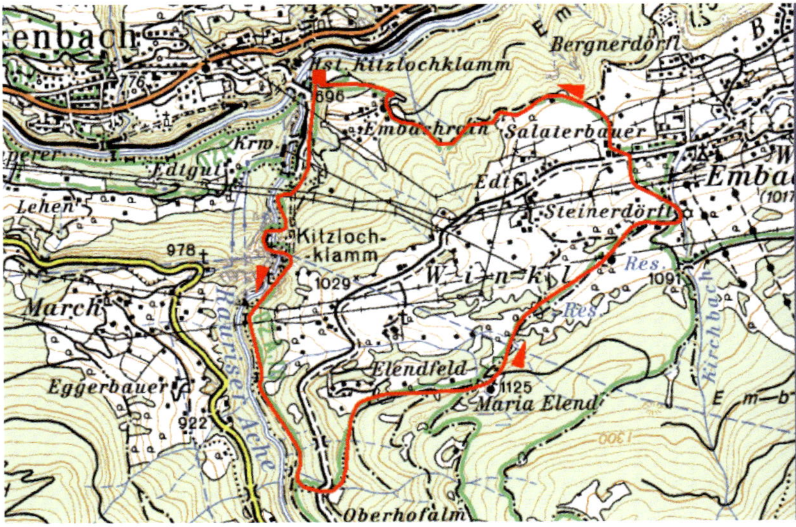

83 Krumltal

Die Bräualm im Krumltal (1601 m).

Im Krumltal, einem Seitental des Rauriser Tales, wurden die vor über 100 Jahren in den Alpen ausgerotteten Bartgeier erfolgreich wieder angesiedelt.

Alter: ab sechs Jahren
Voraussetzung: konditionelles Grundmaß
Ausrüstung: Wanderausrüstung
Mountainbuggy: ja (bis zur Bräualm)
Anfahrt, Ausgangspunkt: Über Rauris, Wörth und Bucheben in Richtung Talschluss. Nach einer lang gezogenen Steigung hinter Bucheben (etwa auf halber Strecke zum Gasthof Bodenhaus) zweigt rechts die Zufahrt zum Gasthof Lechnerhäusl ab. Nur wenige Schritte davor beginnt die Almstraße ins Krumltal.
Öffentliche Verkehrsmittel: Bus von Rauris aus Richtung Kolm Saigurn, Haltestelle Lechnerhäusl, www.postbus.at/sbg
Beste Zeit: Sommer (wenn die Bräualm bewirtschaftet ist)
Wegcharakter: gut ausgebauter Wirtschaftsweg, Steig im hinteren Krumltal
Gehzeit: 1:30 Std. bis zur Bräualm (1601 m, Weg 21), weitere 45 Min. über die Rohrmoosalm bis zum Wasserfall im hinteren Krumltal

Höhenunterschied, Weglänge: bis zur Bräualm 410 Hm., 4,3 km (einfach), bis zum Wasserfall im hinteren Krumltal 550 Hm., 5,3 km (einfach)
Einkehrmöglichkeiten: Gasthof Lechnerhäusl (am Beginn des Weges ins Krumltal), Jausenstation Bräualm (bewirtschaftet bis Mitte Sept.)
Attraktionen: Wasserfälle, Geierbeobachtung. Exkursionen ins Krumltal unter fachkundiger Führung eines Nationalpark-Rangers werden im Rahmen des Nationalpark-Sommerprogrammes angeboten.
Informationen: www.hohetauern.at; Tel. 06562/40849. Empfehlenswert ist der Besuch im Nationalparkhaus „Könige der Lüfte" in Wörth, geöffnet von Mai bis Okt. (10 bis 18 Uhr). Eintritt 2 Euro/Person, Kinder unter 6 Jahren frei
Karte: ÖK 1:50.000 Blatt 3227 (154)

Einst rottete die rücksichtslose Verfolgung durch den Menschen die Bartgeier in den Alpen beinahe aus. Wie so oft wurden Dichtung und Wahrheit vermischt. Sein früherer Name „Lämmergeier" zeugt vom schlechten Ruf des einst in den Alpen weit verbreiteten Greifvogels. Dabei beschränkt sich sein Speisezettel auf Aas und vor allem auf Knochen.
Das Krumltal ist schon lange als das „Tal der Geier" bekannt. Über den Sommer halten sich im Nationalpark traditionell eine größere Anzahl von Gänsegeiern (Weißkopfgeier) auf, die aus dem Balkangebiet stammen. Diese „Übersommerer" haben ihre Schlafplätze unter anderem auch im Krumltal. 1986 startete hier das alpenweite Wiederansiedlungsprojekt der Bartgeier. Weiters gehört das Gebiet zu den am dichtesten von Steinadlern besiedelten Tälern der Hohen Tauern.

Der Weg: Der Anstieg ins Krumltal beginnt nur wenige Schritte vom Gasthaus Lechnerhäusl entfernt. Die Almstraße gewinnt in ihrer ersten Etappe gleich mächtig an Höhenmetern, schließlich muss hier die erste Talschwelle überwunden werden. Je höher man steigt, umso weniger werden die Schatten spendenden Grauerlen, dafür wird es nach der Talstufe wieder deutlich flacher. Tief unten rumort der Krumlbach, der auch im Hochsommer noch stellenweise unter Lawinenschnee verborgen fließt. Je weiter man zur Bräualm kommt, umso zahlreicher werden auch die schrillen „Pfiffe" der Murmeltiere. Sie warnen nicht vor den zahlreichen Wanderern, an die sie mittlerweile gewöhnt

„Ich bin die Größte!" Erfrischung beim kalten Quellwasser.

sind, sondern meist vor ihrem natürlichen Feind, dem Adler, der hier öfter seine Kreise zieht. Eine Viertelstunde vor der Bräualm liegt links neben dem Weg ein kleiner Quelltümpel, an dem die Sprösslinge kaum ohne ausgiebigeren Zwischenstopp vorbeikommen werden, und sei es nur zum Kühlen der heißen Fußsohlen. Da schreckt auch das kalte Quellwasser nicht ab. Von der Bräualm aus können mit etwas Glück Gänsegeier, Bartgeier oder Steinadler beobachtet werden. Also sollte auch das Fernglas bei dieser Wanderung mit im Rucksack dabei sein. Das Almpersonal

gibt sicherlich gern Auskunft an welchen Plätzen sich die „Könige der Lüfte“ aufhalten.
Sofern noch Lust und Kondition vorhanden sind, ist die Fortsetzung der Tour ins hintere Krumltal empfehlenswert. Vom Almboden bei der Bräualm steigt man auf dem bereits sichtbaren Weg die Talstufe zur Rohrmoosalm hinauf. Der Weg setzt hinter dem Almgebäude links neben dem Zaun fort und folgt dem Bachlauf durch die Almwiesen in die Kernzone des Nationalparks Hohe Tauern. Begleitet vom Rauschen des Baches und einer farbenprächtigen Alpenflora endet der Abstecher bei einem Wasserfall im Talschluss.
Rückweg auf gleicher Route.

Rast am Gebirgsbach.

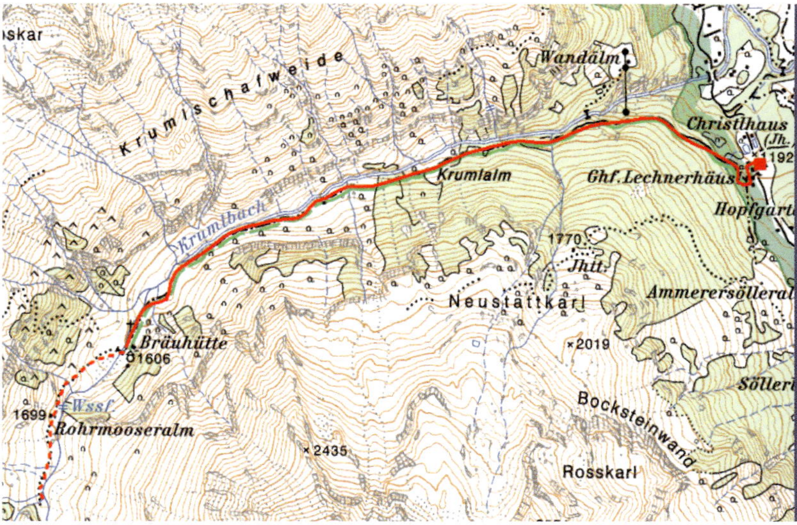

84 Rauriser Urwald

Immer im Visier: Der Sonnblick am Rückweg von der Filzenalm.

Der Rauriser Urwald ist ein Juwel in der Goldberggruppe und eine wunderbare Abenteuerlandschaft für alle Altersstufen.

Alter: ab vier Jahren
Voraussetzung: konditionelles Grundmaß, gute Kondition ab Bodenhaus
Ausrüstung: Wanderausrüstung
Mountainbuggy: die Strecke Lenzanger – Ammererhof – Filzenalm, ohne Abstecher in den Rauriser Urwald, ist buggytauglich
Anfahrt, Ausgangspunkt: über die A 10, Abfahrt Bischofshofen, auf der B 311 durch das Salzachtal nach Taxenbach und Richtung Rauris abzweigen. Parkplatz Bodenhaus (Mautstelle, Bushaltestelle) oder Parkplatz Lenzanger kurz vor Kolm Saigurn (Talschluss).
Öffentliche Verkehrsmittel: Postbus 640 ab Taxenbach bis Haltestelle Bodenhaus oder Ammererhof
Wegcharakter: breite Wirtschaftswege und gut gepflegte Steige
Gehzeit: Aufstieg ab Lenzanger 1 Std., Aufstieg ab Bodenhaus über den Knappenweg 2 Std., Abstieg zum Lenzanger 1 Std.
Höhenunterschied, Weglänge: ab Bodenhaus 650 Hm., 8 km, ab Lenzanger 300 Hm., 5 km
Einkehrmöglichkeiten: Bodenhaus, Ammerhof, Naturfreundehaus, Gainschniggalm, Durchgangsalm, Filzenalm
Attraktionen: Rauriser Urwald, „Mangeioim“ (Gainschniggalm), Goldwaschen kurz nach der Mautstelle Bodenhaus
Informationen: www.nationalpark.at, www.raurisertal.at
Karte: ÖK 1:50.000 Blatt 3227 (154)

Das Rauriser Tal ist anders. Hier ist nichts spürbar von ärmlicher Abgeschiedenheit eines schwer erreichbaren Hochtales. Das Tal ist seit Jahrhunderten ein bedeutender Siedlungsraum, innovative Entwicklungen hatten hier immer eine Chance. Der Bogen spannt sich von der ersten elektrischen Lichtanlage im Salzburger Land (1882) bis zu den alljährlich stattfindenden Rauriser Literaturtagen in der heutigen Zeit. Neues ist im Tal willkommen. Genauso wie die Könige der Lüfte, denen in Wörth eine eigene, sehr sehenswerte Nationalparkausstellung gewidmet wurde. Im nahen Krumltal wurden die riesigen Bartgeier ja erfolgreich wiederangesiedelt. Aber auch der Talschluss Kolm Saigurn, für viele der schönste im ganzen Nationalpark Hohe Tauern, birgt Überraschungen. In der Blütezeit des Goldbergbaues wurden in den Gruben des Tales 10 Prozent des gesamten Weltvorkommens zu Tage gebracht. Ein anderes Juwel aber ist der Rauriser Urwald, durch den unsere Wanderung im Talschluss führt. Natürlich kein Urwald im tropischen Sinn mit Lianen und Affengeschrei, aber mit meterlangen Flechten von den 300 Jahre alten Bäumen und seltenen Bergmolchen in den geheimnisvollen Moortümpeln. In dieser intakten Naturlandschaft gibt es für unsere jungen Forscher viel zu entdecken.

Der Weg: Ausgangspunkt für den Rauriser Urwald ist der Parkplatz Lenzanger, kurz vor dem Talschluss Kolm Saigurn. Dorthin gelangt man mit dem Auto, dem Bus oder zu Fuß ab Parkplatz Bodenhaus. Ganz interessant ist vielleicht auch die Kombination Bus mit Auf- oder Abstieg über den Knappensteig. Dieser sehr schön angelegte Knappensteig beginnt beim Parkplatz Bodenhaus, folgt, am Goldwaschplatz

Ganz klein unter dem 3000-Meter-Koloss Hocharn.

Im Rauriser Urwald gibt es 80 unterschiedlich große Moortümpel.

vorbei, ein kurzes Stück der Mautstraße, zweigt dann rechts in den Hochwald ab und trifft nach einer Stunde auf den Parkplatz Lenzanger. Hierher auch mit dem Bus oder dem PKW. Nun mit herrlicher Sicht auf den Sonnblick kaum ansteigend in 25 Minuten zum Gasthof Ammererhof (weitere Haltestelle). Dort nach links steiler aufwärts in den Wald (Rauriser Urwald, 24/30) zu einer großen Holztafel des Österreichischen Naturschutzbundes. Der Lehrpfad 30 durch den Rauriser Urwald zweigt nach links ab. An unzähligen Tümpeln, Baumriesen und gewaltigem Blockwerk vorbei wieder zurück auf den breiten Weg 24. Bevor es wieder über die Abzweigung „Parkplatz Lenzanger, 31“ talwärts retour geht, ist noch ein kurzer Abstecher auf dem flachen Weg 24 zumindest bis zur malerischen Filzenalm äußerst empfehlenswert. Rund um die Alm gibt es herrliche Rastplätze mit viel Spielraum und dem fast schon kitschig schönen Sonn-Blick.

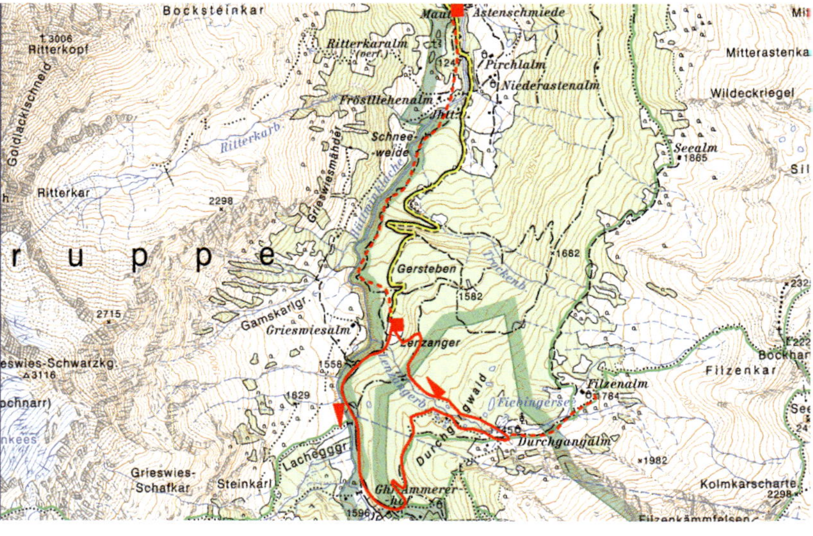

85 Auf der Platte und Pihapper

Viel Platz für alle: „Auf der Platte".

Eine herrliche Genusswanderung über schönste Almböden hoch über Hollersbach. Im Blickfeld: die höchsten Bergen Österreichs und der formschöne, aber anspruchsvolle Pihapper.

Alter: ab sechs, auf den Pihapper ab zehn Jahren
Voraussetzung: gute bis sehr gute Kondition. Der anspruchsvolle Pihapper erfordert Trittsicherheit (Steilgelände)
Ausrüstung: Wanderausrüstung
Mountainbuggy: nein
Anfahrt, Ausgangspunkt: über die A 10, Abfahrt Bischofshofen, oder das Kleine Deutsche Eck und Saalfelden nach Zell am See. Auf der B 168 Richtung Mittersill und weiter in den Ort Hollersbach. Von dort über eine steile Bergstraße zum „Berghof".
Beste Zeit: Sommer, Herbst
Wegcharakter: schöne Wald-, Alm- und Gratwege. Der Gipfelweg auf den Pihapper ist ein steiler Steig im schwarzen Schwierigkeitsbereich.
Gehzeit: Anstieg Platte 1:30 Std., Anstieg Pihapper 4 Std.
Höhenunterschied, Weglänge: Platte 600 Hm., 4 km (Anstieg), Pihapper 1300 Hm., 8,5 km (Anstieg)
Einkehrmöglichkeiten: Berghof
Attraktionen: Wandern im Vorhof der höchsten Berge Österreichs, Almwiesen, Alpinflora
Informationen: www.hollersbach.net
Karte: ÖK 1:50.000 Blatt 3220 (122, 152)

Der kegelartige Pihappper ist einer der Eckpunkte der Nationalparkzone – aber was für ein Grenzpunkt! Wie ein gewaltiger Zuckerhut markiert der phänomenale Aussichtsberg den Übergang zu den höchsten Gebirgszügen des Landes. Seinen schwarzen Punkt verdient sich der Pihapper erst auf den letzten 100 Höhenmetern. Dieser letzte Gipfelanstieg, der zum Teil über eine kurze Eisenleiter führt, ist wirklich anspruchsvoll, hier sollten nur bergerfahrene, trittsichere Jugendliche unterwegs sein.

Im Gegensatz zu restlichen Wanderung ist der Pihapper ein steiles Stück.

Die restliche Wanderung auf die Platte und eventuell weiter auf die beginnende Gratverbindung Richtung Pihapper aber ist herrlichstes Genusswandern für die ganze Familie. Ein verzauberter Flechtenwald, feine Almböden mit schwarzen Mooraugen und ein flaches Gipfelplateau in der Größe vieler Fußballfelder lassen die Stunden wie im Flug vergehen. Vielleicht bleibt aber trotzdem noch Zeit für den herrlichen Badesee in Hollersbach. Oder für einen Besuch im Kräutergarten hinter dem mittelalterlichen Klausnerhaus im Ortszentrum, der mit Sicherheit viel spannender ist, als es klingt!

Der Weg: Der Berghof oberhalb von Hollersbach in einer Seehöhe von 1200 Meter ist ein idealer Ausgangspunkt für verschiedene Routen. Der Weg auf die Platte und auch auf den Pihapper folgt zunächst der Rodelbahn, zweigt dann aber auf einen steileren Waldsteig ab. Durch den schönen Hochwald geht es recht zügig zur Pölsenalm (1704 m), die knapp über der Baumgrenze liegt und vor einiger Zeit neu errichtet wurde. Der Weg führt nun über einige Geländestufen, auf deren Ebenen sich immer wieder kleine Moorlacken verbergen, auf die „Platte". Wie nicht anders zu erwarten, ist die Platte (1788 m) ein flaches Gelände, das viel Platz zum Spielen bietet. Natürlich kann auch noch bei Lust und Laune der Weg Richtung Pihapper eingeschlagen werden. Bis zum Beginn des Grates in 2207 Meter Seehöhe, den ein auffallend großer Steinmann markiert, ist die Begehung bedenkenlos, aber auch der Pflugsberg (2414 m) kann noch ein schönes, weniger anspruchsvolles Ziel sein. Dann aber ist für den Gratweg auf den Pihapper (2513 m) Trittsicherheit gefragt, denn die Flanken werden abenteuerlich steil. Der Rückweg führt wieder zur Pölsenalm und eventuell bei einer Weggabelung danach – dann allerdings länger und mit 150 Meter Gegenanstieg – zur bildschönen Vorderlachalm in 1700 Meter Seehöhe. Von hier mit dem alten, teils überraschend steilen Almweg 20 in einer Dreiviertelstunde zurück zum Berghof.

Das prachtvolle Klausnerhaus stammt aus dem 14. Jahrhundert.

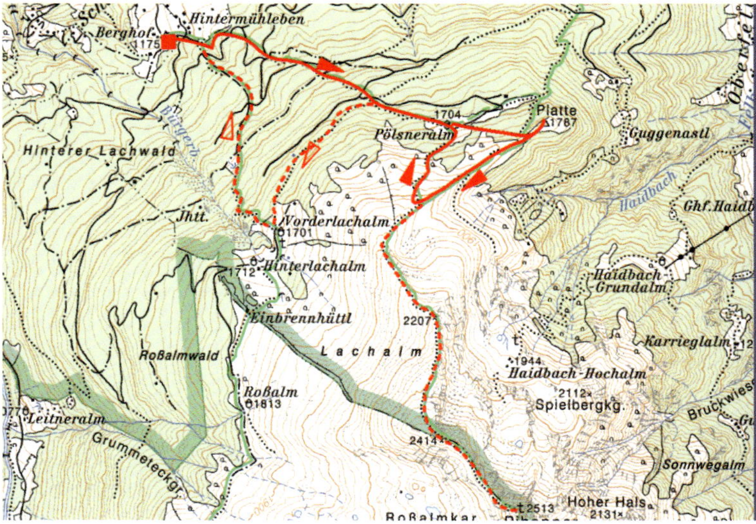

Lungau

86 Naturpark Riedingtal und Franz-Fischer-Hütte

Die Gruberalm im Riedingtal.

Eine zwar lange, aber nie langweilige Rundwanderung zu traumhaft schönen Bergseen auf der sonnigen Südseite des Riedingtales.

Alter: ab sechs Jahren
Voraussetzung: ausreichende Kondition
Ausrüstung: Wanderausrüstung
Mountainbuggy: nein
Anfahrt, Ausgangspunkt: auf der A 10 über die Abfahrt Zederhaus, dann parallel zur Autobahn zurück in das Riedingtal. Mautpflicht (8 Euro pro PKW) ab Wald, bis Parkplatz Schliereralm. Umsteigen in den Tälerbus.
Beste Zeit: Sommer
Wegcharakter: Wirtschaftswege, Themenwege, Steige
Gehzeit: 4 (mit Tälerbus) bis 5 Std.
Höhenunterschied, Weglänge: 600 Hm., 8,5 km (mit Tälerbus) bzw. 11 km (ab Schliereralm)
Einkehrmöglichkeiten: Schliereralm, Franz-Fischer-Hütte, Jakoberalm
Attraktionen: Bergsee, Themenwege
Informationen: www.naturpark-riedingtal.at, www.zederhaus.at
Karte: ÖK 1:50.000 Blatt 3223, 3229 (156)

Im Naturpark Riedingtal gilt es viele Interessen unter einen Hut zu bringen. Ein gar nicht so leichtes Unternehmen, denn in diesem großartigen Lebensraum wirken viele Kräfte zusammen und die unterschiedlichen Wege der Wanderer, der Jäger, der Landwirte, der Kraftwerksbauer müssen koordiniert werden.
Das bewanderbare Rückgrat des Riedingtales ist der Talboden, parallel dazu verläuft knapp über der 2000-Meter-Grenze der Weitwanderweg 702. Die lange, unerhört abwechslungsreiche Runde zwischen Schliereralm und Franz-Fischer-Hütte benützt diese beiden Wege. Der erste Teil folgt dem „Almwanderweg“, denn immerhin sind ja beinahe 60 Prozent der Gemeindefläche Almgebiet, der zweite, seenreiche Teil einen Stock höher beschäftigt sich mit „der Kraft der stillen Wässer“. Ein wichtiger Bestandteil des Naturparks ist der Tälerbus, der in der Wandersaison stündlich zwischen dem Ausgangspunkt Schliereralm und dem Talschluss Königalm verkehrt. Die Benützung dieses umweltfreundlichen Transportmittels ist beinahe kostenlos, da die Strecke zum Naturparkzentrum Schliereralm ohnehin mautpflichtig ist. Viele Kombinationen sind mit dem Tälerbus möglich.

Der Weg: Vom Ausgangspunkt Schliereralm entweder mit dem Tälerbus auf der gesperrten Riedingtalstraße oder in einer Stunde über den in Bachnähe parallel führenden Almwanderweg zur

Der alpine Weg verläuft von der Franz-Fischer-Hütte unter dem Mosermandl zum Essersee (rechts oberhalb).

Blick auf das Weißeck.

Abzweigung Franz-Fischer-Hütte nach rechts. Der ungewöhnlich steile Wirtschaftsweg gewinnt rasch an Höhe und erreicht in einer weiteren Stunde den idyllischen Zaunersee mit der etwas oberhalb gelegenen Franz-Fischer-Hütte (2020 m). Hier nun rechts auf die Mosermandl-Südseite und mit dem Weitwanderweg 702, immer aussichtsreicher, in südöstlicher Richtung. Nach einer weiteren Dreiviertelstunde Gehzeit ist mit dem Essersee ein weiterer Höhepunkt und sogar der höchste Punkt (2088 m) der Rundwanderung erreicht. Durch Latschenfelder geht es Richtung Jakoberalm (1839 m), nun wieder abwärts und über den nicht öffentlichen Wirtschaftsweg zurück in das Riedingtal an den Schliereralmsee. Sehr informativ und sehenswert ist dort das Naturparkzentrum, am grünen Ufer des Sees erwartet die Kinder ein Streichelzoo, Spielgeräte und Kletterbäume.

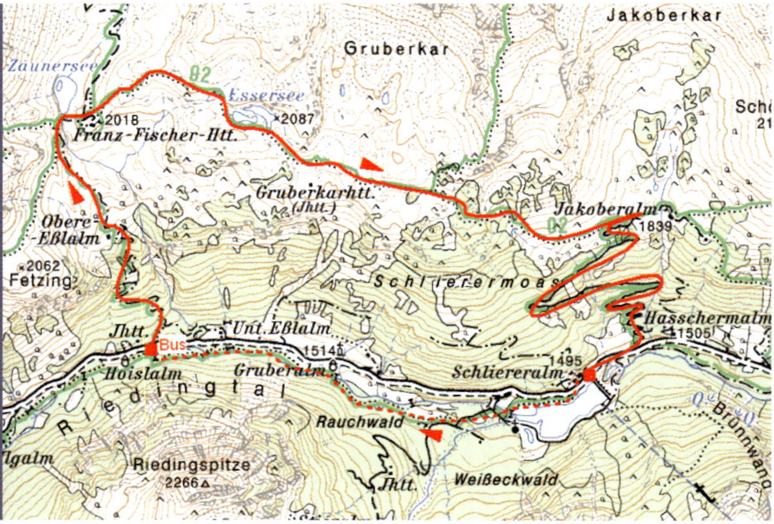

87 Tappenkarsee

Herbstliche Stille rund um den Tappenkarsee und die Tappenkarseehütte. Der Felsklotz rechts oberhalb ist der Draugstein.

Vom Lungau in den Pongau: Eine nicht allzu anstrengende Alpenüberquerung mit einer Übernachtung auf der gemütlichen Tappenkarseehütte.

Alter: ab sechs Jahren
Voraussetzung: ausreichende Kondition für Tageswanderungen
Ausrüstung: wasserfeste Wanderausrüstung, Hüttenschlafsack und Übernachtungsutensilien
Mountainbuggy: nein
Anfahrt, Ausgangspunkt: auf der A 10 über die Abfahrt Zederhaus, dann entlang der Autobahn zurück in das Riedingtal. Umsteigen in den Tälerbus zur Königalm. Der eigene PKW ist höchstens als Zubringerdienst mit Chauffeur sinnvoll, viel besser ist das gute Angebot der „Öffis".
Öffentliche Verkehrsmittel: aus dem Zentralraum Salzburg mit der Bahn nach Radstadt, ab hier mit dem Bus nach Mauterndorf, umsteigen in den Bus zur Schliereralm und zuletzt mit dem Tälerbus zur Königalm. Retour ab Jägersee mit dem Bus nach St. Johann, von dort mit der Bahn nach Salzburg.

Beste Zeit: Mitte Juli bis Mitte Sept. (Sommerfahrplan)
Wegcharakter: unkomplizierte Bergpfade
Gehzeit: 1. Tag 3:30 bis 5 Std. (Glingspitze), 2. Tag 4 Std.
Höhenunterschied, Weglänge: 1. Tag 460 Hm., 5 km (Glingspitze 760 Hm., 8,5 km), 2. Tag (Abstieg) 9,5 km
Einkehrmöglichkeiten: Schliereralm, Königalm, Tappenkarseehütte (ÖAV, Übernachtung), Tappenkarseealm, Gasthof Jägersee
Attraktionen: Hüttenübernachtung, See, Wasserfall, Gesamterlebnis
Informationen: www.taelerbus.at, www.oebb.at, www.alpenverein.at/salzburg/, www.tappenkarseehuette.at (Tel. 06418/308)18/308X
Karte: ÖK 1:50.000 Blatt 3222, 3223, 3228 und 3229 (155, 156)

Eine Alpenüberquerung in zwei Tagen – das klingt doch ganz gut! So wie es vor 2000 Jahren die Römer vorgemacht haben, suchen auch wir uns aus der südlichen Richtung eine geeignete Stelle für eine Überschreitung des Alpenhauptkammes. Die Route über Obertauern ist schon entdeckt und auch verkehrsmäßig keine Wanderidylle mehr, aber weiter westlich, am Ende des Lungauer Riedingtales, da stimmen alle Voraussetzungen. Obwohl, ohne Verkehr geht es auch hier nicht, aber es ist wenigstens der öffentliche Verkehr, der die umweltfreundliche Basis zu dieser Expedition „Mini-Trans-Alp“ schafft. Mit dem Tälerbus geht es ganz weit zurück in das hinterste Riedingtalende zur Königalm. Hier auf knapp 1700 Meter Seehöhe beginnt das Abenteuer und endet am nächsten Tag 14,5 Kilometer weiter nördlich am idyllischen Jägersee im Pongau.

Der Weg: Vor der Königalm zweigt der markierte Weg Richtung Haselloch nach rechts ab. Die intensive Almbewirtschaftung hinterlässt Spuren, aber trotz tiefer Viehgangeln ist der Steig wunderbar angelegt, quert einige Male den Wirtschaftsweg, dann wieder kleine Bachläufe und erreicht nach knapp eineinhalb Stunden oder 460 Höhenmetern das Haselloch. Am Übergang, auf 2135 Meter Seehöhe, breitet sich dann ein malerischer kleiner See aus. Die sanfte Form des Sattels und das U-förmige Tal sind typische Merkmale der gewaltigen Gletscherströme. Nur die höchsten Gipfel wie die nahe Glingspitze ragten noch vor 20.000 Jahren gerade einmal aus dem Eispanzer. Eigentlich wäre das Haselloch schon der höchste Punkt der Alpenüberquerung, aber für alle, denen noch nach einem richtigen Gipfel zumute ist, bietet sich der eineinhalbstündige Abstecher auf eben diese Glingspitze (2433 m) an. Dank Gletscherbearbeitung anfangs noch ganz sanft, ist der letzte, ehemals eisfreie Abschnitt steil und schroff. Die Belohnung ist dann der ungehinderte Blick auf die wirklichen Giganten der Hohen Tauern. Tagesziel ist aber die weithin sichtbare Tappenkarseehütte (1820 m) nördlich unterhalb. Der Abstieg dorthin ist feines Genusswandern, die Almböden mit bis zu 300 Stück Vieh die reinste „Augen-Weide"! Das Schutzhaus ist komfortabel und modern eingerichtet, Kinder werden hier besonders umsorgt.

Das erste Etappenziel, die Tappenkarseehütte, ist nicht mehr weit.

Der Bus zurück nach St. Johann hält direkt vor dem Gasthof Jägersee.

Am nächsten Morgen geht es in 20 Minuten zum sagenumwobenen Tappenkarsee hinab und hier am Westufer, teils dicht am Fels entlang, zu jener Stelle, wo der Abfluss beginnt (1762 m). Der Abstieg wird zunehmend steiler und nun wird auch klar, warum sich die römischen Straßenbaumeister nicht für diese Streckenvariante entschieden haben. Einmal führt der Weg sogar durch einen sprühenden Wasserfall. Wieder in der Ebene folgt der letzte, drei Kilometer lange Abschnitt dem Kleinarlbach, der in den romantischen Jägersee mündet. Dort wartet ein überaus gemütlicher Gasthof mit einigen Spielmöglichkeiten inklusive Bootsverleih und direkt daneben die Bushaltestelle für die Rückfahrt.

88 Landawirseen im Göriachtal

Im Göriacher Hüttendorf (1422 m).

Das Göriachtal ist ein kleines Paradies im Lungau. Eine familienfreundliche Talwanderung verbindet das einzigartige Göriacher Hüttendorf mit den beiden romantischen Landawirseen.

Alter: ab sechs Jahren
Voraussetzung: konditionelles Grundmaß. Der Gipfelanstieg auf den Pietrach ist schwierig.
Ausrüstung: Wanderausrüstung
Mountainbuggy: ja, aber sehr holpriger Almweg
Anfahrt, Ausgangspunkt: über die A 10, Abfahrt St. Michael, nach Mariapfarr und weiter nach Göriach. Über Hintergöriach noch 7 km auf enger Straße auf den Parkplatz kurz vor dem Göriacher Hüttendorf.
Öffentliche Verkehrsmittel: Tälerbus bis zum Hüttendorf
Beste Zeit: Almsommer, Frühherbst
Wegcharakter: Almwege
Gehzeit: Anstieg zur Landawirseehütte 2 Std., zum Oberen Landawirsee zusätzlich 30 Min., auf den Pietrach zusätzlich 1:30 Std.
Höhenunterschied, Weglänge: bis zur Landawirseehütte 550 Hm., 4,8 km (einfach), zum Oberen Landawirsee 600 Hm., 5,6 km (einfache Strecke)
Einkehrmöglichkeiten: Hansalhütte und Neumannhütte im Göriacher Hüttendorf, Landawirseehütte
Attraktionen: Bergseen, Murmeltiere, Schafe, Almdorf
Informationen: www.goeriach.at, www.bienenlehrpfad.at
Karte: ÖK 1:50.000 Blatt 3224 (127, 157)

Am Weg vom Unteren zum Oberen Landawirsee (2047 m).

Das Göriachtal ist gegen Süden hin offen und von Landwirtschaft geprägt, gegen Norden zu verengt sich das Tal immer mehr und wird auf seiner Ostseite gar vom höchsten Berg der Niederen Tauern, dem Hochgolling (2862 m), flankiert. In diesem Spannungsfeld verläuft die herrliche Talwanderung zu den beiden Landawirseen, die sich ganz zum Ende hin, bevor es wirklich alpin wird, auf zwei abgestuften Ebenen im hintersten Talkessel ausbreiten. Diese beiden malerischen Seen und die Hütte sind ein Höhepunkt, meistens jedenfalls der höchste Punkt, eine weitere Augen-Weide ist das Almdorf am Ausgangspunkt. Neun Hütten stehen dort an einem lawinensicheren Platz dicht beieinander. Heute sind noch die Hansalhütte und die Neumannhütte den Sommer über durchgehend bewirtschaftet. Ein ganz besonderes Erlebnis ist der Schafabtrieb um den Michaelstag (29.9.), wenn die Tiere von den steilen Bergmähdern zurück in ihre Heimathöfe kommen.

Der Weg: 300 Meter vor dem Göriacher Hüttendorf befindet sich ein Parkplatz. An den alten Holzhütten vorbei geht es auf dem angenehmen Almweg zunächst flach durch einen Lärchenwald, dann über eine Steilstufe, an einem Wasserfall entlang, auf die Talebene zwischen der Vorderen und der (verfallenen) Hinteren Zugriegelalm. Danach dreht sich die Gehrichtung gegen Westen und auch der Weg wird hier unter dem Göriachwinkel noch einmal steiler. Nach zwei Stunden Gehzeit erblickt man die stolze Landawirseehütte (1985 m), die einzige Hütte der Alpenvereinssektion Lungau. Unbedingt empfehlenswert ist der weitere, halbstündige Anstieg zu den beiden Landawirseen, die vorerst noch nicht einsehbar weiter südwestwärts liegen. Besonders beim Oberen See warten traumhafte Rast- und Spielplätze mit Blick auf den wahrlich riesenhaften Hochgolling. Die hier abzweigende sehr luftige, teils ausgesetzte Überschreitung über die Krautgartscharte und den Pietrach ist für Familien ungeeignet. Wer aber wirklich noch ein Gipfelerlebnis mitnehmen will, sollte diesen knapp 2400 Meter hohen Berg von der Landawirseehütte über die Trockenbrotscharte aus angehen. Aber auch der alpine, eineinhalbstündige Ausflug über diese sanftere Nord-Ost-Seite erfordert sehr gute Trittsicherheit. Der Rückweg von der Landawirseehütte in das beschauliche Almdorf folgt dem Anstieg.

Recht sehenswert ist auch der Göriacher Bienenlehrpfad, der beim Gasthof Lacknerhof beginnt. Wer möchte, kann sich von einem fachkundigen Imker durch das Bienenfeld führen lassen, eine Stunde Zeit sollte man jedenfalls einplanen.

Der Lungauer Tälerbus fährt bis in das Hüttendorf.

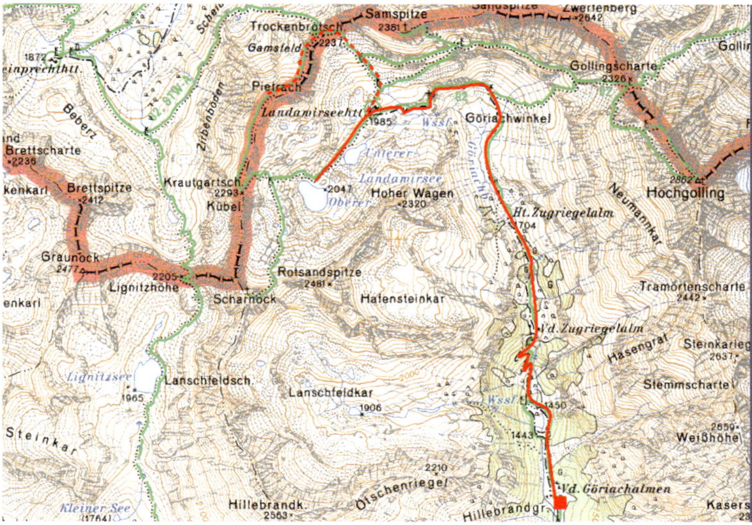

Route 88 Landawirseen im Göriachtal

89 Murursprung

Blick zurück zum markanten Weißeck.

H Von der Sticklerhütte in der einsamen Bergwelt des hintersten Murtals zum Ursprung von Österreichs zweitlängstem Fluss.

Alter: ab sechs Jahren
Voraussetzung:
Grundmaß an Kondition nötig
Ausrüstung: Wanderausrüstung
Mountainbuggy: nein
Anfahrt, Ausgangspunkt:
Von St. Michael durch das Murtal in den Ort Muhr. 6 km weiter taleinwärts beginnt beim Gasthaus Arsenhütte die schmale Mautstraße (Schranken, Gebühr 3 Euro) durch den Schmalzgraben zum Parkplatz Muritzen. Anfahrt auch mit dem Tälerbus (Zustiegstelle Gasthof Arsenhütte an der Abzweigung zum Rotgüldensee) oder von der Ortschaft Muhr möglich.
Öffentliche Verkehrsmittel:
Tälerbus, www.taelerbus.at

Beste Zeit: Juli bis Ende Sept.
Wegcharakter:
Almstraßen, Berg- und Wiesensteige
Gehzeit: 3 Std. (Sticklerhütte – Murursprung und zurück)
Höhenunterschied, Weglänge:
150 Hm., 3,5 km (zum Murursprung, einfach). Hinweis: vom Parkplatz bis Sticklerhütte 3,3 km
Einkehrmöglichkeiten: Sticklerhütte
Attraktionen: Übernachtung in der Sticklerhütte, Murursprung
Informationen: Die Sticklerhütte (ÖAV, Sektion Graz, 1752 m, 14 Betten/ 34 Matratzenlager) hat meist bis zum ersten Wochenende im Okt. geöffnet. Bei Übernachtung Reservierung empfehlenswert, Tel. 06479/349
Karte: ÖK 1:50.000 Blatt 3229 (156)

Es ist einer der entlegensten Winkel im Lungau: In der einsamen Berglandschaft des hintersten Murtals zwischen Mureck und Frauennock hat Österreichs zweitlängster Fluss sein Quellgebiet. Vom Ursprung in 1898 Meter Seehöhe mündet die Mur nach 444 Kilometer in die Drau, 57 Kilometer davon schlängelt sie sich durch Salzburgs südlichsten Bezirk.

Bei guter Witterung lässt sich dieses Ziel mit Kindern problemlos erreichen und nachdem sich die Wanderungen zum malerischen Karwassersee und zum Mururspung bei einer Übernachtung auf der gemütlichen Sticklerhütte gut kombinieren lassen, kann diese Tour – als Eineinhalb-Tages-Ausflug angelegt – auch mit diesem zusätzlichen „Highlight" punkten.

Der Weg: Beim Parkplatz Muritzen endet die Fahrmöglichkeit mit dem eigenen Auto. Nachdem der einstündige Anstieg vom Parkplatz bis zur Sticklerhütte auf dem breiten Almweg erfolgen muss und dies für den Nachwuchs eher in die Kategorie „Straßenhatscher" fällt, sollte dem Gedanken der Fahrt mit dem Tälerbus oder dem Hüttentaxi näher getreten werden.

Von der Sticklerhütte wendet sich der Weg (711) nach Südwesten. Für Kinder ist das Terrain wie geschaffen. Keine steilen Anstiege, gemütliches Dahinsteigen ist angesagt. Vorerst begleiten noch vereinzelte Bäume an den Talflanken den Weg. Im Juli sind die Almmatten überzogen von der roten Blütenpracht der Alpenrosen. Gerade am ersten Abschnitt des Weges müssen einige feuchte Stellen mit Geschick umgangen werden. Die junge Mur mäandriert durch das ausgeprägte Trogtal, das sich zwischendurch verengt und mit fortschreitender Höhe fast völlig baumfrei wird. Nun steigt der Weg über eine Geländestufe kurzzeitig etwas steiler an. Danach

Im malerischen Tal der jungen Mur.

Erstes Etappenziel: die gemütliche Sticklerhütte.

schwenkt rechts der Anstieg zum Murtörl und der Übergang ins Großarltal ab. Unsere Route führt weiter taleinwärts ins Gebiet des Nationalparks Hohe Tauern.
Bei einer verlassenen Almhütte bietet sich ein schöner Rastplatz. Nach etwa einer Stunde sind hier bereits zwei Drittel des Weges zum Ursprung der Mur geschafft. Talauswärts thront unübersehbar der helle Gipfelaufbau des Weißeck über den grünen Almwiesen. Weithin bekannt unter den Mineraliensammlern ist das Weißeck wegen der violetten, mitunter auch farblosen Flussspatkristalle (Flourite). Nach einer weiteren halben Stunde Gehzeit gelangen wir schließlich ins Quellgebiet der Mur und zu jenen flechten- und moosbedeckten Felsen, wo die Quellen aus der Schmalzgrube den Ursprung von Österreichs zweitlängstem Fluss (Bronzetafel, 1898 m) bilden. Der Rückweg zur Sticklerhütte folgt dem Hinweg.

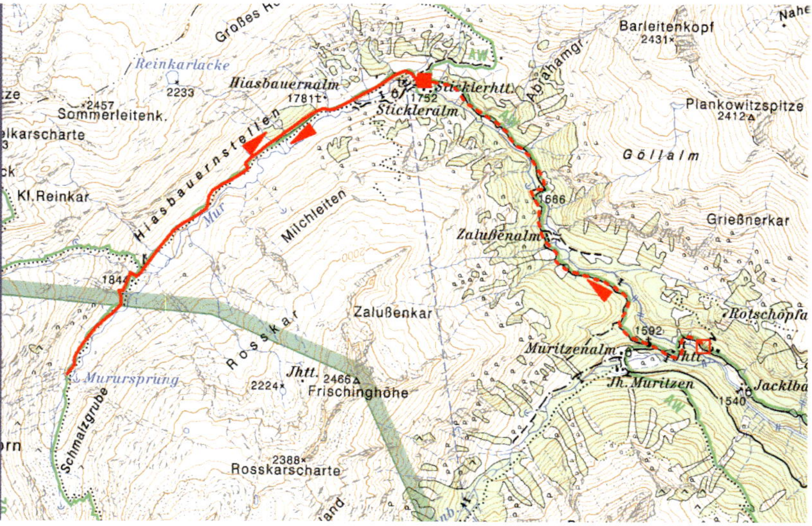

90 Karwassersee

Der Karwassersee: Im türkisgrünen Wasser spiegeln sich die umgebenden Bergspitzen.

H Vom Almdorf Muritzen wandern wir gemütlich über die Schwelle des Nationalparks Hohe Tauern zum geheimnisvollen Karwassersee.

Alter: ab sechs Jahren
Voraussetzung: Grundmaß an Kondition nötig
Ausrüstung: leichte Wanderausrüstung, aber gutes Schuhwerk
Mountainbuggy: nein
Anfahrt, Ausgangspunkt: Von St. Michael durch das Murtal in den Ort Muhr. 6 km weiter taleinwärts beginnt beim Gasthaus Arsenhütte die schmale Mautstraße (Schranken, Gebühr 3 Euro), durch den Schmalzgraben zum Parkplatz Muritzen. Anfahrt auch mit dem Tälerbus (Zustiegstelle Gasthof Arsenhütte an der Abzweigung zum Rotgüldensee) oder von der Ortschaft Muhr möglich
Öffentliche Verkehrsmittel: Tälerbus, www.taelerbus.at
Beste Zeit: Juli bis Ende Sept.
Wegcharakter: Almstraße, Waldsteige
Gehzeit: 2:45 Std. (gesamt)
Höhenunterschied, Weglänge: 350 Hm., 3,8 km (einfach)
Einkehrmöglichkeiten: keine
Informationen: Die Sticklerhütte (ÖAV, Sektion Graz, 1752 m, 14 Betten/34 Matratzenlager) hat bis zum ersten Wochenende im Okt. geöffnet. Bei Übernachtung Reservierung empfehlenswert, Tel. 06479/349.
Karte: ÖK 1:50.000, Blatt 3229 (156)

Ein idyllischer Rastplatz direkt am See.

Fährt man zum Ausgangspunkt unserer Wanderung, dem Parkplatz Muritzen, so kommt man durch die letzte Ortschaft der Gemeinde Muhr mit dem geheimnisvollen Namen Rotgülden. Woher der Name abgeleitet wurde, ist bis heute nicht eindeutig geklärt. Wahrscheinlich geht er auf den Bergbau zurück, der hier im Murwinkel seit alters her betrieben wurde. „Rothgiltig" bezeichnet eine Arsenkiesart, die in mühevoller Arbeit von den Knappen aus dem Berg herausgeholt und im Tal zerkleinert und geröstet wurde. Die Geschichte geht aber noch weiter: Bis 1884 wurde das hier erzeugte Arsenik (Arsen) nach ganz Europa exportiert. Es wurde bei der Glaserzeugung verwendet, Pferde bekamen es als „Dopingmittel" und man behandelte Kranke damit. Es wurde auch als „Gift der Gifte" bezeichnet, das so manchen Streit „abrupt" beendete und lästige Konkurrenz dahinraffte. Die Verhüttung von Arsenkies wurde schließlich 1884 eingestellt, nachdem es schon vorher massive Proteste der Bauern gegen das Rösten von Arsenik und die damit verbundene Verseuchung ihrer Böden gegeben hatte. Nach diesem Ausflug in die Geschichte wenden wir uns wieder unserem Wanderziel zu: Der Karwassersee gehört zu den geheimnisvollsten Seen und schönsten Wanderzielen im Lungauer Anteil des Nationalparks Hohe Tauern. Der kleine See liegt in 1897 Meter Höhe, vor der imposanten Kulisse der Berggipfel der Hafnergruppe.

Der Weg: Schon kurz nach dem Parkplatz Muritzen (Richtung Sticklerhütte) geht es vor einer Kapelle links zum etwas tiefer gelegenen Almdorf Muritzen (Name kommt aus dem slawischen murica = kleine Mur) hinunter. Die „Grafenkapelle" erinnert an ein jagdliches Intermezzo ungarischer Grafen, die im

19. Jahrhundert hier im hinteren Murtal großflächige Jagdgebiete gepachtet hatten. Der Weg führt vor dem Jagdhaus und einer Infotafel nach rechts und im Wald bergan. Vom stetigen Rauschen des Muritzenbaches begleitet, geht es talaufwärts. Nach der letzten Gefällstufe wird das Gelände wieder flacher, sumpfige und moorige Wegstellen müssen geschickt umgangen werden, Lärchen und urige Zirben prägen das Bild. Nach etwa eineinhalb Stunden Gehzeit ist der still gelegene See erreicht. Ein reizvoller Rastplatz unter tiefhängenden Zirben am Wasser bedeutet gleichzeitig das Ende des markierten Pfades. Rückkehr am Anstiegsweg.

Vor der Grafenkapelle führt der Weg zu den Almhütten hinab.

91 Königstuhl

Am Gipfel des Großen Königstuhl angekommen (2336 m).

Der König im Dreiländereck: Am Gipfel des Großen Königstuhl (2336 m) treffen die Grenzen der Länder Salzburg, Kärnten und Steiermark zusammen.

Alter: ab acht Jahren
Voraussetzung:
konditionelles Grundmaß, Berg- und Wandererfahrung. Vorsicht bei Nebel!
Ausrüstung: Wanderausrüstung
Mountainbuggy: nein
Anfahrt, Ausgangspunkt:
Auf der Tauernautobahn (A 10) in den Lungau, Abfahrt St. Michael, und weiter nach St. Margarethen. Ebenfalls möglich: über den Radstädter Tauernpass (1739 m) nach Mauterndorf, weiter nach St. Margarethen. Von hier über Pichlern und Bundschuh Richtung Innerkrems bis ins Schönfeld. Parken bei der Dr.-Josef-Mehrl-Hütte oder beim großen Parkplatz ca. 100 m vorher
Öffentliche Verkehrsmittel:
Tälerbus (nur Juli bis Sept.), www.taelerbus.at
Beste Zeit: Sommer bis Herbst
Wegcharakter:
Steige, Alm- und Wirtschaftswege
Gehzeit: 5:30 Std.
Höhenunterschied, Weglänge: 800 Hm. (mit Gegenanstiegen), 11 km (Runde)

Einkehrmöglichkeiten:
Dr.-Josef-Mehrl-Hütte (ÖAV, 1730 m)
Attraktionen:
Wandern über die sanften „Nocken", Hochofenmuseum in Bundschuh
Informationen: Dr.-Josef-Mehrl-Hütte, Tel. 04736/320 od. 0664/8466821 www.mehrlhuette.at.
Das Hochofenmuseum Bundschuh zeigt Schaustücke aus Bergbau und Eisenwesen vergangener Zeit. Etwas oberhalb der historischen Gebäude und von alten Mauerresten umrahmt befindet sich ein 2007 eingerichteter Spielplatz.
Weitere nützliche Adressen: www.hochofen-bundschuh.at, www.nationalparknockberge.at
Karte: ÖK 1:50.000 Blatt 3106 (183)

Der Große Königstuhl (2336 m) ist der südlichste Gipfel unseres Bundeslandes. Sanfte Höhenrücken und grüne Kuppen bilden beim Aufstieg eine wunderschöne Kulisse. Als Kontrast dazu zeigt sich die Nordseite unseres Zieles mit einem stolzen, felsigen Gipfelaufbau, der steil ins hintere Rosanintal abfällt. Der Anstieg von Schönfeld aus führt am Altenberg durch ein aufgelassenes Erzabbaugebiet (einige Infotafeln am Weg). Die Mehrl-Hütte markiert den Ausgangspunkt der Wanderung und empfiehlt sich für eine Übernachtung. Gerade für eine Bergtour mit Kindern ist eine Hüttenübernachtung das Sahnehäubchen vor oder nach der doch etwas kräftezehrenden Tour.

Der Weg: Von der Mehrl-Hütte geht es noch ein kurzes Stück weiter der Straße nach, Richtung Innerkrems, dann zweigt links der beschilderte Almweg ins Tal des Kremsbaches ab. Nach den letzten Ferienhäusern schwenkt unsere Route rechts ab (Weg 125, Seenock). Zunächst geht es auf dem breiten Ziehweg durch den lichten Wald, aber schon bald führt ein Wiesensteig zu den Erzhalden des ehemaligen Bergbaureviers am Altenberg. Die Markierungen des weiteren Anstiegs im waldfreien Gelände werden spärlicher, der Steig zunehmend steiler. Den Stubennock (2092 m) als ersten Nockengipfel kennzeichnet nur ein rot markierter, aufrecht stehender Stein. Im

Die letzte Etappe zum Gipfel.

Sommer bevölkern Pferde und Kühe die weiten Almmatten und grünen Buckel. Es lohnt die Blicke erst einmal schweifen zu lassen, bevor es weiter geht. Südwärts und zumeist am Kamm führt der Weg jetzt mit einigen kurzen Abstiegen und Gegenanstiegen über den Sauereggnock (2240 m), den Vogelsangberg (2207 m), den Seenock (2260 m) und die Friesenhalshöhe (2246 m) bis zur Königstuhlscharte, wo die Zustiege von der Kärntner Seite und vom Rosanintal einbinden. In einer halben Stunde ist dann auch die letzte Etappe geschafft und das Gipfelkreuz des Großen Königstuhl erreicht (von der Mehrl-Hütte bis zum Gipfel 3 Std.). Der Abstieg führt wieder zur Königstuhlscharte zurück und die Felsstufe zum Plateau des verlandenden Rosaninsees hinunter. Weiter über die grüne Hangschulter und die mit verstreuten Felsblöcken durchsetzte Wiesenflanke und vorbei an einigen von Sturm und Blitzschlägen gezeichneten knorrigen Zirben ins Alm- und Naturschutzgebiet des Rosanintales hinab. Hier geht der Steig in den breiten Almweg über, der talauswärts wieder zu unserem Ausgangspunkt zurückführt. Bemerkenswert sind am letzten Abschnitt die gut sichtbaren Mäander des Kremsbaches, die eine interessante – durch die eiszeitliche Gletschertätigkeit entstandene – Besonderheit darstellen.

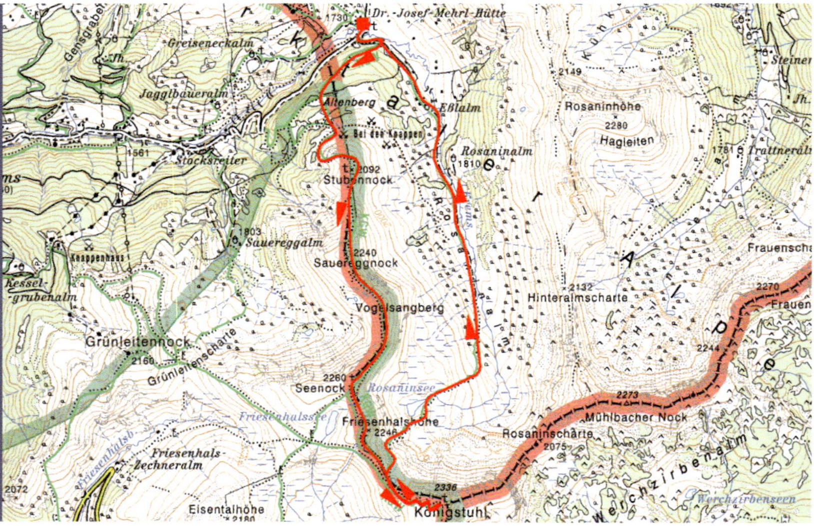

Große und kleine Tiere

Top-Sieben-Schlechtwettertipps

- **Salzbergwerk und Keltendorf am Dürrnberg (Tour 38):** Hier erfährt man, wie die Kelten lebten und wovon sie lebten.
- **Stadtwandern mit Haus der Natur und Salzburg Museum (Touren 4 und 5):** Von den Salzburger Stadtbergen ist es nur ein kurzer Umweg zu den beiden großen Stadtmuseen, die nach den großzügigen Umbauten gerade den jungen Besuchern sehr viel bieten können.
- **Hellbrunn (Tour 1):** Die Tiere im Zoo freuen sich bei jedem Wetter über Besuch. Im Tropenhaus ist es zwar auch nicht trocken, dafür aber ziemlich warm.
- **Freilichtmuseum Großgmain (Tour 16):** So rasch und bequem kommt man sonst kaum durch das ganze Bundesland.
- **Märchenpfad Aschauerweiher (Tour 8):** Der kurze Weg durch den Märchenwald ist selbst bei nicht ganz optimalem Wanderwetter noch sehr reizvoll.
- **Nationalparkzentrum Mittersill (Tour 85):** Das modernst ausgestattete neue Museum erfreut sich großer Beliebtheit.
- **Nationalparkhaus Wörth (Tour 83):** Im Rauriser Ortsteil Wörth werden die „Könige der Lüfte“ vorgestellt. Mit etwas Glück und einem Fernglas lassen sie sich im nahen Krumltal in natura beobachten.

Auflage:
5 4 3 2
2018 2017 2016 2015

© 2010 by Löwenzahn in der Studienverlag Ges.m.b.H.,
Erlerstraße 10, A-6020 Innsbruck
e-mail: loewenzahn@studienverlag.at
homepage: www.loewenzahn.at

Bibliografische Information Der Deutschen Bibliothek
Die Deutsche Bibliothek verzeichnet diese Publikation in der Deutschen Nationalbibliografie; detaillierte bibliografische Daten sind im Internet über <http://dnb.ddb.de> abrufbar.

ISBN 978-3-7066-2438-1

Fotos:
Christian Heugl, Wolfgang Tonis
Kartenunterlagen:
http://www.bev.gv.at
Touren 1–91: © BEV 2010, Vervielfältigt mit Genehmigung des BEV – Bundesamtes für Eich- und Vermessungswesen in Wien, T2010/62912
Einzeichnen der Routen:
Christian Heugl und Wolfgang Tonis

Buchgestaltung nach Entwürfen von Kurt Höretzeder
Grafische Ausstattung und Satz: Löwenzahn/Maria Strobl · www.gestro.at
Digitale Aufbereitung der Karten: Löwenzahn/Maria Strobl · www.gestro.at
Umschlag: Löwenzahn/Stefan Rasberger

Alle Rechte vorbehalten. Kein Teil des Werkes darf in irgendeiner Form (Druck, Fotokopie, Mikrofilm oder in einem anderen Verfahren) ohne schriftliche Genehmigung des Verlages reproduziert oder unter Verwendung elektronischer Systeme verarbeitet, vervielfältigt oder verbreitet werden.

Gedruckt auf umweltfreundlichem, chlor- und säurefrei gebleichtem Papier.

Hinweis:
Die einzelnen Angaben wurden von den Autoren sorgfältig nach bestem Wissen und Gewissen zusammengestellt.
Für die Richtigkeit der Angaben kann keinerlei Haftung übernommen werden.
Wandern im alpinen Gelände erfolgt stets auf eigene Gefahr. Eine Haftung des Autors oder des Verlages für selbst erlittene oder anderen zugefügte Schäden ist ausgeschlossen.